EN FAMILIA CON

KARLOS ARGUIÑANO

EN FAMILIA CON
KARLOS ARGUIÑANO

MIS MEJORES RECETAS
PARA COCINAR EN CASA

Planeta

Diagonal, 662-664, 08034 Barcelona (España)
www.editorial.planeta.es
www.planetadelibros.com

Fotografías del interior: © José Luis López de Zubiría, © Laura 10m
Diseño del interior y composición: Burman Comunicación

Primera edición: noviembre de 2014
Depósito legal: B 21.978-2014
ISBN 978-84-08-13366-7
Impresión y encuadernación: Gráficas Estella, S. L.
Printed in Spain – Impreso en España

El papel utilizado para la impresión de este libro es cien por cien libre de cloro y está calificado como **papel ecológico**

INTRODUCCIÓN

El primer recuerdo que tengo como cocinero —tendría entonces doce años— es en casa, siguiendo las indicaciones de mi madre para preparar una salsa de tomate. Unos cuantos años después vendría la escuela de hostelería, donde decidí hacerme cocinero profesional. La mayoría de los compañeros de profesión que conozco han comenzado cocinando en casa. Normalmente, son las madres las que han transmitido estos conocimientos a sus hijos, aunque en algún caso es el padre el que ejerce de maestro de los fogones en el hogar.

La cocina forma parte del patrimonio de la familia, y siempre me he esforzado en cuidarlo con esmero para transmitírselo a mis hijos. Es un bien muy preciado que va pasando de generación en generación, contribuyendo al bienestar de la familia.

Cocinar en familia, en casa, sólo tiene ventajas. Esto no quiere decir que haya que dejar de comer en restaurantes. La comida del restaurante es la cocina de los días excepcionales, la de casa es la de diario.

Entre las innumerables ventajas de cocinar en familia se encuentra la libertad de preparar el menú a tu gusto, eligiendo los productos que más te satisfagan para cocinarlos como más te plazca. Además, resulta muy económico. Para esto es importante seleccionar los productos de temporada, que son los más frescos y los más baratos por su abundancia en ese momento en el mercado.

Cocinar en casa con la familia es una manera muy participativa de enseñar a los más pequeños la importancia de una alimentación saludable y equilibrada. Aprenden a conocer los alimentos y sus características. De esta forma fomentamos la camaradería y el buen humor.

En mi casa, mientras mis hijos vivían con nosotros, siempre hacíamos al menos una comida todos juntos, habitualmente la cena. Todos participaban, unos cocinando, otros poniendo la mesa y otros sirviendo o recogiendo. Es una buena fórmula también para compartir las inquietudes de cada uno.

En este libro he reunido un buen número de recetas muy sencillas para cocinar en casa. Los ingredientes no son difíciles de encontrar. He buscado variedad y productos de temporada para que tengas donde elegir. La cocina, además de saludable, tiene que ser barata y divertida. No se trata de comer ni mucho ni caro. Se trata de comer variado y a un precio razonable.

Por último, hay un tema en el que siempre insisto y que recuerdo cada vez que puedo: la limpieza. La higiene en la cocina es imprescindible. Ésa es la primera norma que debemos aprender y no olvidar en ningún momento.

Te animo a compartir con tu familia estas recetas. En la cocina hay un ingrediente que nunca puede faltar: el cariño. Y en la familia, cuanto más, mejor.

KARLOS ARGUIÑANO

ENTRANTES

ALMEJAS RELLENAS

Desecha las almejas que tengan las conchas abiertas. En caso de duda, ponlas en un bol con agua fría. Si flotan, tíralas.

Ingredientes // 4-6 personas

36 almejas
1 escarola
1 granada
2 cebollas
½ l de leche
harina
huevo batido
pan rallado
agua
vinagre
aceite de oliva virgen extra
sal
perejil

Elaboración

1. Pon las almejas en una tartera con un poco de agua, tapa y deja cocinar hasta que se abran. Cuela el caldo y resérvalo. Separa la carne de las almejas y reserva las conchas. Pica la carne y resérvala.
2. Pela y pica las cebollas, y ponlas a pochar en una cazuela con un chorrito de aceite. Sazona. Una vez pochadas, añade la harina y cocínala un poco. Vierte el caldo de las almejas. Mezcla con una varilla y agrega la leche, poco a poco, sin dejar de remover hasta conseguir una masa homogénea y con cuerpo. Agrega un poco de perejil picado y las almejas picadas. Mezcla y deja enfriar. Una vez fría, rellena las conchas con la farsa. Pásalas por harina, huevo batido y pan rallado, y fríelas en una sartén con abundante aceite caliente. Retíralas a un plato con un papel absorbente para eliminar el exceso de grasa.
3. Limpia la escarola con agua, escúrrela y ponla en un bol. Aliña con sal, vinagre y aceite. Mezcla. Saca los granos de la granada y espárcelos por encima.
4. Sirve 6 almejas rellenas.

BOCADOS DE QUESO ROQUEFORT Y NUECES

Para que no le salga costra a la masa es importante untar la superficie con un poco de mantequilla o cubrirla con papel film de cocina de tal manera que éste quede en contacto con la masa.

Ingredientes // 12 piezas

½ l de leche
100 g de queso roquefort
12 nueces
1 cebolleta
1 zanahoria
2 dientes de ajo
50 g de harina
harina para rebozar
huevo batido
pan rallado
20 g de mantequilla
aceite de oliva virgen extra
sal
pimienta negra
perejil

Elaboración

1. Pela y pica los dientes de ajo, la cebolleta y la zanahoria, y ponlos a pochar en una cazuela con un chorrito de aceite. Sazona.
2. Cuando se ablanden un poco, agrega las nueces y el queso. Incorpora la harina y cocínala. Vierte la leche poco a poco y cocínala a fuego suave durante 10-15 minutos sin dejar de remover con una varilla. Añade un poco de perejil picado y salpimienta.
3. Pasa la masa a un recipiente de cristal, úntala con la mantequilla y deja que se enfríe. Métela en la nevera y déjala unas 3-4 horas.
4. Corta la masa en cuadrados y pásalos por harina, huevo batido y pan rallado. Fríelos en una sartén con abundante aceite. Escúrrelos sobre un plato forrado con papel absorbente de cocina. Sirve los bocados y adorna con unas hojas de perejil.

BOLAS DE PATATA Y SOBRASADA

Para que al freír no se abran las bolitas, te recomiendo que lo hagas en abundante aceite (de manera que queden cubiertas) bastante caliente. Si pones poco aceite en la sartén, no les des la vuelta, ve echándoles el aceite caliente por encima hasta que se doren.

Ingredientes // 4 personas

3 patatas
125 g de sobrasada
1 huevo
1 escarola
50 g de pistachos
1 cucharada de miel
harina
huevo batido
pan rallado
1 limón
agua
aceite de oliva virgen extra
sal
pimienta negra

Elaboración

1. Lava las patatas y ponlas a cocer en una cazuela con agua y sal. A los 30 minutos, apaga el fuego, saca las patatas, pélalas y colócalas en un bol. Aplástalas con un tenedor o majador de patatas. Salpimienta y agrega la sobrasada y un huevo. Mezcla bien.
2. Coge pequeñas porciones y forma bolitas. Pásalas por harina, huevo batido y pan rallado. Fríelas con abundante aceite. Escúrrelas sobre un plato forrado con papel absorbente de cocina.
3. Separa las hojas de la escarola y lávalas bien bajo el grifo. Sécalas y colócalas en un bol. En el momento de servir, aliña la ensalada con la mezcla de aceite, zumo de medio limón, miel y sal. Salpícala con los pistachos. Sirve las bolitas y acompáñalas con la ensalada.

BRICKS DE VERDURAS Y GAMBAS

Ingredientes // 12 piezas

8 hojas de pasta brick
32 gambas
2 zanahorias
½ col
agua
aceite de oliva virgen extra
sal
salsa de soja
perejil

Elaboración

1. Pica la col en daditos y saltéala en una sartén con un chorrito de aceite. Pásala a un bol. Pela las zanahorias y rállalas encima. Adereza con 2 cucharadas de salsa de soja. Deja templar la mezcla.
2. Pon agua a calentar en una cazuelita. Cuando empiece a hervir, añade las gambas y una pizca de sal. Cuécelas durante 2 minutos. Refresca, pela y resérvalas.
3. Extiende las hojas de pasta brick y rellénalas con la mezcla de col y zanahoria. Reparte encima las gambas y ciérralas como si fueran unos rollitos de primavera.
4. Colócalas sobre la placa del horno forrada con un trozo de papel de hornear y ásalas a 200 °C durante 15 minutos. Sirve los rollitos y acompáñalos con la salsa de soja. Adorna con unas hojas de perejil.

Si te gusta chupar las cabezas de las gambas, puedes aliñarlas con un poco de aceite, una pizca de pimentón dulce y un chorrito de aceite. Verás cómo ganan en sabor.

CÓCTEL DE POLLO Y GAMBAS

Ingredientes // 4 personas

2 pechugas de pollo
20-24 gambas
2 patatas
unas hojas de lechuga
1 tomate
1 huevo
1 naranja
4 cucharadas de salsa de tomate
1 cucharadita de salsa inglesa
¼ copa de brandy
agua
vinagre
aceite de oliva virgen extra
sal
cebollino
perejil

Elaboración

1. Pela las patatas y ponlas a cocer en un puchero con abundante agua y una pizca de sal. Retíralas a un plato, deja atemperar y córtalas en daditos. Reserva.
2. Cuece las pechugas de pollo en una cazuela con abundante agua y una pizca de sal. Retira las pechugas a un plato, deja atemperar y córtalas en daditos. Reserva.
3. Limpia la lechuga, hoja por hoja, y córtala en juliana. Sazona y reserva. Pela el tomate, córtalo en daditos y reserva.
4. Pon a hervir las gambas con agua y sal durante 2 minutos. Escurre, pélalas y resérvalas.
5. Para hacer la salsa rosa, casca un huevo en un vaso batidor. Añade una pizca de sal, un chorrito de vinagre y aceite. Introduce la batidora eléctrica hasta el fondo y bate sin mover el brazo batidor. Cuando empiece a emulsionar, mueve suavemente arriba y abajo, hasta que ligue completamente. Retira el brazo batidor y añade 3 cucharadas de salsa de tomate, un cuarto de copa de brandy, una cucharadita de salsa inglesa y el zumo de media naranja. Mezcla y reserva.
6. Reparte equitativamente la lechuga en 4 cuencos y añade en cada uno patata, tomate y pollo. Incorpora 3 o 4 cucharadas de salsa rosa y pon encima 5 gambas. Pica el cebollino y repártelo en los cuencos. Decora con una ramita de perejil y sirve un cuenco por comensal.

La lechuga es un producto perecedero, por lo que, para su conservación, se recomienda guardarla en el frigorífico sin lavar y apartada de otras hortalizas.

COGOLLOS RELLENOS CON GAMBONES EN TEMPURA

Si añades la reducción de las cabezas de los gambones a la mahonesa, consigues aligerarla y darle un toque muy especial.

Ingredientes // 4 personas

16 hojas de cogollos de Tudela
2 patatas
200 g de salmón ahumado
8 gambones
1 huevo
harina
zumo de ½ limón
4 rebanadas de pan de molde
aceite de oliva virgen extra
2 cucharadas de sésamo
agua
sal
eneldo

Elaboración

1. Pela los gambones y resérvalos. Pon un vaso de agua a hervir en una cazuelita. Añade las cabezas y cuécelas durante 15 minutos. Deja que reduzca de manera que quede un jugo concentrado. Cuela y reserva para agregar a la mahonesa.
2. Para la mahonesa, pon en un vaso batidor el huevo, un chorrito de limón, una pizca de sal y un buen chorro de aceite. Liga los ingredientes hasta que emulsionen. Agrega un poco de la reducción de los gambones y un poco de eneldo picado.
3. Coloca las rebanadas sobre un papel de hornear. Espolvorea con sésamo y cubre con otro papel. Estira con un rodillo. Tuéstalas en el horno a 200 °C durante 12-15 minutos.
4. Lava las patatas y cuécelas durante 25-30 minutos en una cazuela con abundante agua. Pélalas, trocéalas en daditos y mézclalas con el salmón picado. Sazona. Rellena las hojas de los cogollos.
5. Mezcla la harina con el agua fría. Haz un corte (a lo largo) en los gambones, sazona, úntalos en la tempura y fríelos. Escúrrelos sobre un plato forrado con papel de cocina. Pon el pan en el fondo de los platos, coloca al lado las hojas de cogollo rellenas y sirve encima los gambones. Acompaña con la mahonesa.

CROQUETAS DE CARNE

Ingredientes // 54 unidades

½ kg de zancarrón (cocido)
3 dientes de ajo
1 cebolleta
1 zanahoria
1 l de leche
100 ml de salsa de tomate
120 g de harina
harina
huevo batido
pan rallado
aceite de oliva virgen extra
nuez moscada
sal
perejil

Elaboración

1. Pica finamente la carne de zancarrón y resérvala.
2. Pela y pica los dientes de ajo, la cebolleta y la zanahoria, y ponlos a pochar en una cazuela con un chorrito de aceite. Cuando coja todo un bonito color dorado, añade la harina y rehógala un poco. Añade la leche poco a poco, sin dejar de remover. Sazona y ralla un poco de nuez moscada. Agrega la carne, añade perejil picado, mezcla bien y cocina durante 20 minutos a fuego suave. Pasa la masa a un recipiente de cristal y déjala reposar una media hora. Métela en la nevera y déjala unas 3-4 horas.
3. Coge pequeñas porciones de masa y da forma a las croquetas. Pásalas por harina, huevo batido y pan rallado, y fríelas en una sartén con abundante aceite. Escúrrelas sobre un plato forrado con papel absorbente de cocina para eliminar el exceso de aceite.
4. Sirve las croquetas sobre la salsa de tomate caliente y adórnalas con una ramita de perejil.

Si quieres congelar las croquetas, es mejor hacerlo con la forma ya dada, una vez pasadas por harina, huevo batido y pan rallado.

EMPANADILLAS DE PATATA, ACEITUNA Y ANCHOAS

Para hacer esta receta es importante que las patatas estén bien cocidas. De esta manera, el relleno quedará más cremoso y agradable al paladar.

Ingredientes // 4 personas

16 obleas para empanadillas
2 patatas
12 aceitunas verdes (sin hueso)
12 aceitunas negras (sin hueso)
6 filetes de anchoa (en aceite)
2 cebolletas
125 ml de vino blanco
agua
aceite de oliva virgen extra
sal
perejil

Elaboración

1. Pica las cebolletas en dados, ponlas a pochar en una cazuela con un chorrito de aceite y sazona. Cuando estén doradas, agrega el vino blanco. Cocina durante 10 minutos, tritura y espolvorea con perejil picado. Reserva la salsa.
2. Pon las patatas a cocer en una cazuela con abundante agua. A los 30 minutos, retira y refréscalas. Pélalas y aplástalas hasta conseguir un puré fino.
3. Pica las aceitunas en aritos y las anchoas en trozos pequeños. Mézclalos con el puré de patatas, sazona y espolvorea con perejil picado. Rellena las obleas y ciérralas presionando los bordes con un tenedor.
4. Fríelas en una sartén con abundante aceite y escúrrelas sobre un plato forrado con papel absorbente de cocina.
5. Sirve las empanadillas y acompáñalas con la salsa.

EMPANADILLAS DE SETAS Y BACALAO AHUMADO

Ingredientes // 4 personas

16 obleas para empanadillas
125 g de bacalao ahumado
500 g de setas
1 cebolleta
1 puerro grande
1 pimiento morrón
aceite de oliva virgen extra
sal
perejil

Es importante freír las empanadillas a fuego suave para que queden cocinadas por dentro y tostadas por fuera.

Elaboración

1. Para hacer la salsa, trocea el puerro y el pimiento, y colócalos sobre un recipiente apto para el horno. Sazona, riega todo con un chorro de aceite y hornea a 190 °C durante 20-25 minutos. Tritura, cuela y reserva.
2. Pica la cebolleta finamente y ponla a pochar en una sartén con aceite. Pica las setas y añádelas. Cocínalas durante 10 minutos. Sazona. Pica el bacalao ahumado y añádelo a la sartén fuera del fuego.
3. Extiende las obleas sobre una superficie lisa, pon en un lado de cada oblea una pequeña porción de la farsa. Ciérralas y presiona los bordes con un tenedor para que queden bien selladas.
4. Pon abundante aceite en una sartén. Cuando se caliente, introduce las empanadillas y fríelas a fuego suave por los dos lados hasta que queden doraditas. Escúrrelas sobre un plato forrado con papel absorbente de cocina. Sirve las empanadillas y acompáñalas con la salsa. Adorna con unas hojas de perejil.

ENDIBIAS RELLENAS DE QUESO CON BONIATO FRITO

El boniato se puede freír a medias la víspera, guardarlo en el frigorífico tapado con film de cocina y terminar la fritura al día siguiente en el momento de utilizarlo.

Ingredientes // 4 personas

4 endibias
1-2 boniatos (según tamaño)
hojas de rúcula
1 diente de ajo
300 g de queso fresco de untar
8 lonchas de tocineta
aceite de oliva virgen extra
sal
pimienta negra
cebollino
perejil

Elaboración

1. Coloca en un bol el queso fresco de untar. Pica el diente de ajo y el cebollino (10 ramitas), y añádelos. Mezcla y remueve hasta que los ingredientes queden bien integrados.
2. Separa 6-8 hojas de cada endibia dejando la parte central sin tocar. Rellena cada hoja con una porción de queso. Júntalas de nuevo sobre la parte central de la endibia y déjalas con su forma original.
3. Envuélvelas con las lonchas de tocineta y colócalas sobre un recipiente apto para el horno. Salpimienta. Riégalas con un chorrito de aceite y ásalas a 180 °C durante 20 minutos.
4. Pela los boniatos, córtalos en medias lunas y fríelos en una sartén con aceite. Escúrrelos sobre un plato forrado con papel absorbente de cocina. Sazona y espolvorea con perejil picado. Sirve las endibias y acompáñalas con los boniatos fritos y la rúcula. Riega la rúcula con un chorrito de aceite y sal.

ESPÁRRAGOS BLANCOS CON HUEVOS ESCALFADOS

Ingredientes // 4 personas

24 espárragos
½ hinojo
4 huevos
8 aceitunas negras
agua
aceite de oliva virgen extra
vinagre
sal
azúcar
perejil

Elaboración

1. Pica el hinojo en daditos. Májalos un poco en el mortero y pásalos a un bol. Cubre con abundante aceite, sazona y deja que macere. En el momento de utilizarlo, cuélalo. Pica las aceitunas finamente y agrégalas al aceite de hinojo. Reserva.
2. Retira la parte inferior del tallo de los espárragos y pélalos con un pelador de verduras.
3. Pon abundante agua a calentar. Cuando empiece a hervir, agrega una pizca de sal y una pizca de azúcar. Añade los espárragos y cuécelos durante 12-15 minutos. Escurre y resérvalos.
4. Pon abundante agua a calentar en una cazuela amplia y baja, y vierte un chorrito de vinagre y sal. Cuando empiece a hervir, añade los huevos y cuécelos durante 3-4 minutos. Sirve los espárragos, coloca encima los huevos y adereza con el aceite de hinojo y aceitunas. Adorna con unas hojas de perejil. Y, si lo deseas, espolvorea con las flores del cebollino (opcional).

Tanto los espárragos en conserva como los frescos son excelentes. Pero mi consejo es que aproveches los meses de primavera para preparar los frescos, ya que es el único momento del año en que podrás encontrarlos.

MEJILLONES GRATINADOS

El color pálido de la carne del mejillón no significa que esté en mal estado. Esta coloración se debe a que se trata de un mejillón macho. Las hembras tienen un color más intenso, anaranjado o rojizo.

Ingredientes // 4 personas

24 mejillones
3 puerros
½ ramita de apio
3 yemas
1 copita de vino blanco
250 g de mantequilla
1 cucharadita de zumo de limón
aceite de oliva virgen extra
sal
perejil

Elaboración

1. Limpia los mejillones, retirándoles las barbas y las adherencias que puedan tener pegadas. Pon el vino y la ramita de apio a calentar en una cazuela amplia y baja. Añade los mejillones, tápalos y cocínalos hasta que se abran. Reserva.
2. Limpia los puerros y pica 2 en daditos. Ponlos a pochar en una sartén con un poco de aceite. Sazona. Repártelos sobre los mejillones y extiéndelos sobre una placa de horno.
3. Funde la mantequilla y retira la espuma de la parte superior. Pon el zumo y las yemas en un bol. Sazona. Móntalas con ayuda de una varilla eléctrica. Vierte poco a poco la mantequilla y sigue montando. Napa los mejillones con la salsa holandesa y gratínalos en el horno.
4. Pica el otro puerro en juliana fina y fríelo en una sartén con aceite no muy caliente. Escurre sobre un plato forrado con papel absorbente de cocina. Sazona. Acompaña los mejillones con las hebras de puerro frito. Adorna con unas hojas de perejil.

NIDOS RELLENOS DE CHISTORRA Y HUEVOS DE CODORNIZ

Ingredientes // 4 personas

8 obleas de empanadilla
16 huevos de codorniz
200 g de chistorra
2 pimientos verdes
1 cebolleta
8 cucharadas de salsa de tomate
1 copa de vino blanco
agua
aceite de oliva virgen extra
sal
perejil

Al comprar cebolletas hay que rechazar las que estén húmedas, con manchas o con el cuello muy blando.

Elaboración

1. Para la salsa, pica la cebolleta y los pimientos finamente, y rehógalos en una sartén con un poco de aceite. Sazona. Vierte el vino y cocina durante 10 minutos para que se evapore el alcohol. Tritura y cuela la salsa. Reserva.
2. Trocea la chistorra y saltéala en una sartén. No hace falta agregar aceite porque la chistorra ya tiene suficiente grasa. Reserva.
3. Forra un molde individual con cada oblea. Colócalos en una bandeja apta para horno, pon encima de cada molde un peso y cocina en el horno (precalentado) a 180 °C durante unos 10-15 minutos. Quedarán con forma de nidos. Sácalos del horno, deja que se templen y retira el peso. Coloca dentro de cada uno una cucharada de salsa de tomate y unos trocitos de chistorra. Casca encima un par de huevos de codorniz. Pon a punto de sal y hornéalos (con el horno precalentado) a 180 °C durante 3-4 minutos.
4. Sirve los nidos y acompaña con la salsa. Adorna con unas ramas de perejil.

PIMIENTOS RELLENOS DE GAMBAS CON BECHAMEL AL JENGIBRE

Ingredientes // 4 personas

16 pimientos del piquillo
24 gambas
1 cebolleta
3 dientes de ajo
1 trocito de jengibre
1 puerro grande (con la parte verde)
harina
huevo batido
250 ml de nata
½ l de leche
aceite de oliva virgen extra
sal
pimienta negra
perejil

Elaboración

1. Pica el puerro finamente y ponlo a pochar. Sazona. Cuando se vaya ablandando, agrega la nata. Deja reducir durante 15 minutos. Reserva la salsa.
2. Pica la cebolleta y los ajos finamente, y ponlos a pochar en una cazuela con aceite. Agrega las gambas picadas, rehógalas un poco. Ralla encima el jengibre y mezcla bien. Añade 50 gramos de harina y rehoga. Vierte la leche poco a poco mientras das vueltas. Agrega un poco de perejil picado, salpimienta y cocina durante 8 minutos.
3. Deja que se enfríe la farsa y rellena los pimientos. Pásalos por harina y huevo batido.
4. Fríelos en una sartén con aceite y escúrrelos sobre un plato forrado con papel absorbente de cocina. Sirve la salsa en el fondo del plato y coloca encima los pimientos. Adorna con unas hojas de perejil.

No hay que rellenar demasiado los pimientos, porque si lo haces se saldrá la farsa. Te aconsejo que los cierres apretando los bordes hasta que queden unidos.

PIMIENTOS RELLENOS DE CHANGURRO

Puedes cocer los bueyes de mar en agua fría o en agua caliente, pero ten muy presente que el tiempo de cocción empieza a contar desde el momento en que el agua rompe a hervir.

Ingredientes // 4 personas

2 bueyes de mar
16 pimientos del piquillo
1 pimiento verde
1 cebolleta
2 dientes de ajo
400 ml de salsa de tomate
1 copa de brandy
unas gotas de salsa picante
agua
aceite de oliva virgen extra
sal
perejil

Elaboración

1. Cuece los bueyes de mar en una cazuela con abundante agua y 3 puñados de sal (un minuto por cada 100 gramos). Deja que se templen y sácales la carne. Reserva aparte un poco del coral para hacer la salsa.
2. Pela los ajos y la cebolleta. Pícalos finamente y ponlos a pochar en una sartén con un chorrito de aceite. Pica también el pimiento verde y añádelo. Cuando todo esté bien rehogado, agrega la carne de los bueyes de mar y el brandy. Flambea, agrega 100 mililitros de salsa de tomate y mezcla de nuevo. Deja templar.
3. Coloca los pimientos en una placa de horno, sálalos y riégalos con un chorrito de aceite. Hornéalos a 180 °C durante 7-8 minutos. Retíralos y deja que se templen.
4. Rellénalos y mantenlos calientes en el horno.
5. Calienta el resto de la salsa de tomate con 100 mililitros de agua. Añade el coral, unas gotas de salsa picante y una pizca de sal. Remueve con una varilla. Tritura, cuela y sirve la salsa en el fondo de la fuente. Coloca encima los pimientos y adorna con unas hojas de perejil.

RIÑONES DE TERNERA AL JEREZ

Ingredientes // 4 personas

800 g de riñones de ternera
1 cebolla
1 tomate
5 dientes de ajo
2 rebanadas de pan de molde
150 g de conchas de pasta
150 ml de vino de Jerez
agua
aceite de oliva virgen extra
1 cucharadita de pimentón dulce
sal
harina de maíz refinada
perejil picado

Elaboración

1. Pon abundante agua en una cazuela grande. Cuando empiece a hervir, agrega los riñones y déjalos dentro hasta que vuelva a hervir. Saca los riñones, cambia el agua y repite el proceso dos veces más. Córtalos en trocitos pequeños y resérvalos.
2. Pela y pica los ajos y la cebolla finamente, y ponlos a pochar en una cazuela con un chorro de aceite. Sazona. Cuando esté todo bien dorado, agrega los riñones y rehógalos brevemente. Agrega el tomate rallado, el pimentón y el vino de Jerez. Pon a punto de sal, tápalos y cocínalos durante 10 minutos. Liga la salsa con un poco de harina de maíz refinada diluida en agua fría.
3. Cuece la pasta en un cazo con agua y sal (el tiempo que indique el paquete). Cuela y saltea en una sartén con un par de dientes picaditos. Añade perejil picado.
4. Saca 4 triángulos de cada rebanada de pan y fríelos en una sartén con un chorrito de aceite (retira a un plato con papel absorbente para eliminar el exceso de aceite). Unta una de las puntas en perejil picado. Sirve los riñones y acompaña con los panes fritos y con la pasta.

Es necesario cambiar el agua y dejar hervir varias veces para que los riñones queden totalmente limpios.

ROLLITOS DE PECHUGA DE PAVO

Ingredientes // 4 personas

10 lonchas de pechuga de pavo
2 cebolletas
2 dientes de ajo
200 g de bonito en aceite
3 huevos
400 ml de leche
50 g de harina
60 g de queso rallado
agua
aceite de oliva virgen extra
sal
perejil

Elaboración

1. Desmenuza el bonito y resérvalo. Pon agua a calentar en una cazuela. Cuando empiece a hervir, agrega los huevos y cuécelos durante 10 minutos. Sazona. Refréscalos, pélalos y pícalos. Reserva.
2. Pica los dientes de ajo y las cebolletas finamente, y ponlos a pochar en una cazuela. Sazona.
3. Agrega la harina y rehógala un poco. Vierte la leche poco a poco, añade un poco de perejil picado y cocina.
4. Incorpora los huevos y el bonito, mezcla y cocina durante unos minutos. Pon a punto de sal. Pasa a una fuente y deja atemperar.
5. Corta las lonchas de pavo por la mitad a lo ancho. Rellénalas con la bechamel y enróscalas como si fueran canelones. Distribuye en 4 platos aptos para el horno. Espolvorea con el queso y calienta en el horno. Sirve y adorna con unas hojas de perejil.

Si la bechamel tiene mucha grasa te resultará difícil que ligue y espese, así que es importante escurrir bien el bonito antes de incorporarlo a la masa.

SAQUITOS DE MORCILLA Y PERA CON SALSA DE COL

Para que los saquitos no se queden pegados a la placa del horno, es importante forrarla con papel de hornear.

Ingredientes // 4 personas

8 hojas de pasta brick
1 morcilla de verduras (350 g)
2 cebolletas
1 pera
250 g de col
250 ml de nata
agua
aceite de oliva virgen extra
sal
perejil

Elaboración

1. Pica la col en juliana fina. Saltéala en una cazuela con un chorrito de aceite. Vierte la nata. Sazona y cocina durante 15 minutos. Tritura y reserva.
2. Pica las cebolletas finamente y ponlas a pochar en una sartén con aceite. Sazona. Pela la pera, pícala en daditos y añádela. Cocina brevemente.
3. Cuece la morcilla en una cazuela con abundante agua a fuego suave. A los 10 minutos sácala y retírale la piel. Mézclala con el pochado de cebolleta y pera. Cocina el conjunto durante 5 minutos y deja templar.
4. Extiende las hojas de pasta brick sobre una superficie lisa. Rellénalas con la farsa de cebolleta, pera y morcilla. Ciérralas con cuerda de cocina como si fueran saquitos. Hornea a 190 °C durante 8-10 minutos. Sirve los saquitos, acompaña con la salsa y adorna con unas hojas de perejil.

TOSTA DE CHAMPIÑONES MELOSOS

Un tomate maduro y en buenas condiciones tiene que tener un color rojo vivo y la piel lisa, y ser blando al tacto. Si aún necesita madurar, hay que colocarlo en un lugar fresco y evitando la luz directa del sol. Además, no hay que guardarlos en el frigorífico.

Ingredientes // 4 personas

400 g de champiñones en conserva
8 huevos
8 chalotas
3 dientes de ajo
1 tomate maduro
4 rebanadas de pan de hogaza
aceite de oliva virgen extra
sal
perejil

Elaboración

1. Pela y pica 3 dientes de ajo y pon a dorar en una sartén con una pizca de aceite. Pela y pica las chalotas y añádelas. Sazona y deja pochar.
2. Abre las latas de champiñones y escurre el caldo. Parte los champiñones por la mitad y agrégalos a las chalotas.
3. Unta un bol con una gotita de aceite y ponlo al baño María. En un cuenco, casca los huevos, sazona y bate. Agrega los huevos batidos al bol y deja que cuajen poco a poco. Cuando coja consistencia cremosa, retira el bol e incorpora los champiñones. Mezcla.
4. Tuesta las rebanadas de pan en el horno a 220 °C (con el horno precalentado). Cuando cojan color, retira. Pela el ajo y frota en el pan recién tostado. Parte un tomate por la mitad y úntalo bien en las tostas. Reparte el revuelto de champiñones entre las 4 tostas y sirve una por ración. Decora con una ramita de perejil.

TOSTA DE ESCABECHE DE POLLO Y RÚCULA

Además de comer el escabeche de pollo, puedes utilizarlo como ingrediente de cualquier ensalada.

Ingredientes // 4 personas

12 solomillitos de pollo
8 chalotas
8 dientes de ajo
12 aceitunas negras (sin hueso)
100 g de hojas de rúcula
½ hogaza de pan de pueblo
1 huevo
200 ml de vino blanco
400 ml de aceite de oliva virgen extra
200 ml de vinagre
sal
pimienta negra
2 hojas de laurel

Elaboración

1. Pon a calentar el aceite, el vino y el vinagre en una tartera. Pela los ajos y las chalotas y añádelos. Agrega también las aceitunas, las hojas de laurel y unos granos de pimienta. Sazona. Cocínalo a fuego suave durante 15-20 minutos con la tapa puesta.
2. Salpimienta el pollo, introdúcelo en la cazuela, tápalo y cuécelo durante 3-4 minutos. Deja que repose durante media hora aproximadamente. Retira 200 mililitros de líquido y deja que se enfríe.
3. Corta el pan de pueblo en rodajas. Tuéstalas en el horno y resérvalas. Coloca un huevo en el vaso de la batidora, vierte el escabeche frío y lígalo con la batidora eléctrica.
4. Para servir, coloca la tosta en la base de los platos y pon encima las hojas de rúcula (de manera que sobresalgan del pan), el pollo, las chalotas, los ajos y las aceitunas. Sazona y adereza con el escabeche ligado.

ENSALADAS

ENSALADA DE BACALAO Y MORRONES CON CHIPS DE ALCACHOFA

Ingredientes // 4 personas

3 alcachofas
400 g de bacalao (desalado)
1 escarola
2-3 pimientos morrones
1 huevo
agua
aceite de oliva virgen extra
vinagre
sal

Elaboración

1. Confita el bacalao a fuego suave en una cazuelita con abundante aceite y cuécelo a fuego muy suave. Déjalo templar, sácalo y suéltalo en lascas. Reserva el bacalao y el aceite por separado.
2. Lava los pimientos morrones, ponlos sobre la placa del horno, rocía con un chorrito de aceite y sazona. Ásalos a 180 °C durante 35-40 minutos. Déjalos templar, pélalos y córtalos en tiras. Reserva.
3. Cuece el huevo en una cazuela con agua y sal. Refresca, pela y pica. Colócalo en un bol y añade 100 mililitros del aceite reservado, un chorrito de vinagre y sal. Mezcla bien. Reserva la vinagreta.
4. Pela las alcachofas y córtales la parte superior del tallo. Córtalas en lonchas finas y fríelas en una sartén con el aceite reservado. Escúrrelas sobre un papel absorbente de cocina. Sazona.
5. Sirve los pimientos con el bacalao y la escarola. Sazona. Aliña con la vinagreta y acompaña con las alcachofas.

Al asar los pimientos morrones, se puede añadir un poco de agua a la bandeja del horno para que se genere vapor y así se pelen más fácilmente.

ENSALADA DE ARROZ

Para conservar el arroz, guárdalo en un envase herméticamente cerrado en un lugar fresco y seco. Aunque es un alimento que podría conservarse por mucho tiempo, es mejor usarlo durante el año.

Ingredientes // 4 personas

300 g de arroz para ensaladas
1 lechuga
1 rodaja de melón
2 lonchas gruesas de jamón cocido
2 zanahorias
10 judías verdes
6 espárragos verdes
10 aceitunas negras
10 aceitunas verdes
1 cucharada de mostaza
agua
aceite de oliva virgen extra
vinagre de Jerez
sal

Elaboración

1. Pon abundante agua a cocer. Cuando empiece a hervir, añade una pizca de sal y el arroz. Cocínalo durante 20 minutos. Escurre, refresca y reserva. Limpia la lechuga, escúrrela, córtala en juliana fina y resérvala.
2. Pica las zanahorias, las judías (en rombos) y los espárragos en dados. Colócalos en el accesorio para cocer al vapor, coloca la tapa y cuécelos durante 5 minutos. Retira y reserva.
3. Pela la rodaja de melón y córtala en dados. Corta las lonchas de jamón cocido en dados.
4. Mezcla el arroz con el resto de los ingredientes (espárragos, zanahorias, judías, aceitunas, melón y jamón). Para la vinagreta, mezcla en un bol la cucharada de mostaza, 2 cucharadas de vinagre, 6 cucharadas de aceite y una pizca de sal. Aliña la ensalada. Sirve en el fondo del plato la lechuga cortada en juliana, sazona y pon encima la ensalada de arroz.

ENSALADA DE LENTEJAS CON MOLLEJAS DE POLLO CONFITADAS

Ingredientes // 4 personas

200 g de lentejas
400 g de mollejas de pollo
2 puerros
2 tomates
2 dientes de ajo
150 g de grasa de pato
60 g de pistachos (pelados)
agua
zumo de ½ limón
aceite de oliva virgen extra
1 hoja de laurel
1 rama de romero
sal
perejil

Elaboración

1. Pon las lentejas a cocer en una cazuela con abundante agua y una pizca de sal. Cocínalas durante 20-25 minutos a fuego suave. Es importante cocerlas poco, de manera que queden al dente y no se rompan. Una vez hechas, escúrrelas y resérvalas.
2. Lava las mollejas de pollo y ponlas en la olla rápida, cúbrelas con agua, sazona, añade una hoja de laurel y la rama de romero. Coloca la tapa y cuécelas durante 20 minutos a partir de que comience a salir el vapor.
3. Escúrrelas. Ponlas en otra cazuela, añade la grasa de pato y confítalas a fuego suave otros 20 minutos. Escúrrelas y trocéalas un poco. Saltéalas en una sartén con 2 dientes de ajo pelados y picados. Reserva.
4. Pela los tomates, córtalos en dados y resérvalos.
5. Lava bien y corta los puerros en juliana fina y fríelos en una sartén con aceite. Escúrrelos sobre un plato forrado con papel absorbente de cocina y resérvalo.
6. Maja 40 gramos de pistachos (reserva el resto) y agrégales el zumo de medio limón, sal y un chorro de aceite de oliva.
7. Mezcla las lentejas con las mollejas y el tomate. Vierte la vinagreta de pistacho, mezcla y sirve. Adorna con los pistachos reservados picaditos, el puerro crujiente y una hoja de perejil.

Si se mantienen las mollejas con la grasa en la nevera durante 2 o 3 días, estarán más jugosas y sabrosas porque habrán absorbido parte de la grasa.

ENSALADA TEMPLADA DE CALAMARES

Si no quieres que los calamares te queden duros, no los cocines más de 30 segundos.

Ingredientes // 4 personas

400 g de calamares
1 escarola
1 cebolla
4 dientes de ajo
16 tomates cherry
50 g de pan (de la víspera)
harina
aceite de oliva virgen extra
vinagre
sal
perejil

Elaboración

1. Separa las cabezas de los tubos de los calamares. Retírales el pico, la pluma y las tripas. Separa los tentáculos, las corbatas, las aletas y las tintas. Corta los tubos en aros. Resérvalos.
2. Pela 3 ajos, lamínalos y ponlos a freír en una sartén con aceite. Corta el pan en costrones y añádelos a la sartén. Fríelos hasta que se doren. Escúrrelos sobre un plato forrado con papel absorbente de cocina. Reserva.
3. Corta la cebolla en aros finos, pásalos por harina y fríelos. Escúrrelos sobre un plato forrado con papel absorbente de cocina y sálalos. Saltea los calamares en una sartén (muy caliente) con una gota de aceite. Espolvoréalos con perejil picado y sálalos.
4. Limpia la escarola, sécala y córtala a tu gusto. Colócala en el fondo de la fuente, distribuye encima los tomatitos cortados por la mitad, los costrones de pan, los aros de cebolla y los calamares.
5. Pela y pica el otro diente de ajo y colócalo en un tarro, añade aceite, vinagre y sal. Cierra el bote y mézclalo bien. Aliña la ensalada con la vinagreta y sirve.

ENSALADA DE ESPINACAS Y PAVO

La manzana es una fruta que al pelarla se oxida rápidamente. Si no quieres que esto pase, rocíala con un poco de zumo de limón.

Ingredientes // 4 personas

400 g de pechuga de pavo
400 g de queso fresco
250 g de espinacas
3 rebanadas de pan de molde
1 manzana
30 g de piñones
30 g de pasas
2 cucharadas de zumo de naranja
1 cucharadita de salsa inglesa
1 cucharadita de vinagre
huevo batido
pan rallado
aceite de oliva virgen extra
sal
pimienta negra
perejil

Elaboración

1. Para preparar la vinagreta, coloca en un bol el zumo de naranja, la salsa inglesa, el vinagre, 3 cucharadas de aceite, una pizca de sal y una pizca de perejil picado. Mezcla bien y reserva.
2. Coloca los piñones en una sartén sin nada de aceite y tuéstalos un poco.
3. Corta el pan en dados y fríelos en una sartén con aceite. Escúrrelos sobre un plato forrado con papel absorbente.
4. Pica el queso en dados y resérvalos. Pela la manzana y córtala en daditos.
5. Corta el pavo en trozos de bocado, salpimienta y pásalos por huevo batido y pan rallado. Fríelos en una sartén con aceite. Escúrrelos sobre un plato forrado con papel absorbente de cocina. Sirve las espinacas con el resto de los ingredientes (piñones, queso, manzana, pasas...), sazona y aliña con la vinagreta.

ENSALADILLA DE BACALAO

Ingredientes // 4 personas

2 lomos de bacalao desalado (½ kg)
2 patatas
4 huevos
3 tomates secos hidratados en aceite
1 aguacate
½ barra de pan
zumo de ½ limón
agua
aceite de oliva virgen extra
sal
perejil

Si quieres dar un toque especial a las tostadas, te recomiendo que las untes con un diente de ajo.

Elaboración

1. Pon los lomos de bacalao en una cazuelita, cúbrelos con aceite y confítalos a fuego suave durante 10 minutos. Sácalos, sepáralos en lascas y resérvalos. Reserva también el aceite para la mahonesa.
2. Cuece 3 huevos en una cazuela con abundante agua hirviendo durante 10 minutos. Pélalos, pícalos en dados y colócalos en un bol. Cuece las patatas en un cazo con agua. Déjalas templar, pélalas y córtalas en dados. Añádelas al bol. Reserva.
3. Pon un huevo en el vaso de la batidora. Agrega el aceite reservado y el zumo de limón. Con ayuda de una batidora eléctrica, liga la mahonesa. Mézclala con las patatas y los huevos. Espolvorea con perejil picado.
4. Pela y pica el aguacate en daditos y colócalos en un bol. Pica también los tomates y añádelos. Agrega una pizca de sal y un chorrito de aceite, y mezcla bien. Corta el pan en rebanadas y tuéstalas en el horno. Sirve a tu gusto.

ENSALADA DE MEJILLONES

Ingredientes // 4 personas

28 mejillones
250 g de hojas de lechugas variadas
1 patata grande
1 diente de ajo
1 granada
1 huevo
agua
1 vaso de vino blanco
aceite de oliva virgen extra
vinagre
sal

Si después de cocer los mejillones alguno quedara totalmente cerrado, tienes que desecharlo, pero, si se abre un poco, puedes terminar de abrirlo con un cuchillo.

Elaboración

1. Pon el vino y un vaso de agua a calentar en una cazuela (amplia y baja), agrega los mejillones (limpios), tápalos y espera a que se abran. Cuela el caldo y pásalo a una cazuelita (reserva los mejillones). Pela la patata, córtala en daditos y cuécela durante 10-12 minutos en el agua resultante de cocer los mejillones. Pon a punto de sal.
2. Pica medio diente de ajo y colócalo en el vaso de la batidora. Agrega el huevo, una pizca de sal y unas gotas de vinagre. Vierte 250 mililitros de aceite, y con ayuda de una batidora eléctrica tritura los ingredientes hasta conseguir la mahonesa. Aligérala con un poco de agua y resérvala.
3. Corta la granada por la mitad. Con una cuchara, dale golpes por la parte de la piel hasta que salgan todos los granos. Resérvalos.
4. Enjuaga los brotes de lechuga y sécalos. Colócalos en una fuente. Pon encima los granos de granada y los daditos de patata. Sazona y añade la mahonesa ligera de ajo. Mezcla e incorpora los mejillones sin cáscara. Sirve.

ENSALADA DE BONITO EN ESCABECHE

Ingredientes // 4 personas

800 g de bonito
12 tomates cherry
1 lechuga lollo
2 patatas
4 cebolletas
1 cabeza de ajos
2 zanahorias
1 puerro
agua
150 ml de vinagre de manzana
150 ml de sidra
aceite de oliva virgen extra
2 ramas de tomillo
2 hojas de laurel
pimienta negra en grano
sal
perejil

Elaboración

1. Cuece las patatas en una cazuela con agua y sal durante 30-35 minutos (según el tamaño). Pélalas y córtalas en lonchas. Lava la lechuga, escúrrela y trocéala. Reserva.
2. Pon el vinagre, la sidra y 300 mililitros de aceite a calentar en una cazuela. Agrega 10 granos de pimienta negra, la rama de tomillo, las hojas de laurel, la cabeza de ajos sin pelar, las cebolletas (enteras) y las zanahorias peladas (cortadas en lonchitas). Cuece todo junto a fuego no muy fuerte durante 15-20 minutos con la tapa puesta. Retira las hierbas y las verduras y resérvalas. Reserva el escabeche.
3. Retira la piel al bonito y córtalo en 8 medallones. Salpimiéntalos e introdúcelos en la cazuela del escabeche. Cocínalos durante un minuto por cada lado. Apaga el fuego y deja que repose durante 10 minutos con la tapa puesta.
4. Corta el puerro en juliana fina, fríelo en una sartén con aceite y escúrrelo. Monta la ensalada con las patatas, las zanahorias, las cebolletas, los ajos pelados, la lechuga, el bonito y los tomates cherry. Sazona, aliña con el escabeche y decora con el puerro frito. Decora con una hojita de perejil.

Para hacer un buen escabeche es fundamental utilizar un aceite de calidad, es decir, un buen aceite de oliva virgen extra. Las hierbas, especias y verduras que podamos añadirle no harán sino acentuar los sabores y mejorar el plato.

ENSALADILLA DE PASTA Y JAMÓN

Ingredientes // 4 personas

300 g de pasta pequeña de colores
250 g de jamón cocido
100 g de maíz en conserva
2 zanahorias
2 pimientos choriceros
24 aceitunas (sin hueso)
1 huevo
agua
aceite de oliva virgen extra
vinagre
sal
1 rama de romero
perejil

Elaboración

1. Pon a calentar abundante agua en una cazuela grande. Sazona y agrega la rama de romero. Cuando empiece a hervir, agrega la pasta y cuécela durante 8-10 minutos. Retira la rama de romero, refresca, escurre la pasta y pásala a un bol grande.
2. Retira el tallo y las pepitas de los pimientos choriceros. Cuécelos durante 15 minutos en un cazo con agua hirviendo. Retira, escurre, sácales la carne y pícala finamente.
3. Pon un chorrito de vinagre, una pizca de sal y el huevo en el vaso de la batidora. Vierte el aceite y, con ayuda de la batidora eléctrica, lígalo. Agrega los pimientos choriceros y mezcla bien. Reserva.
4. Pela las zanahorias y rállalas de manera que queden como hilos finos. Corta las aceitunas en cuartos. Corta el jamón en dados. Agrega todo al bol junto con el maíz cocido. Adereza con la mahonesa de choriceros. Sirve y adorna con unas hojas de perejil.

Para cocer la pasta correctamente es necesario poner un litro de agua y una cucharadita de sal por cada 100 gramos de pasta.

ENSALADA DE MOLLEJAS DE PATO Y SETAS

Ingredientes // 4 personas

8 mollejas de pato
hojas de lechugas variadas
200 g de setas
2 dientes de ajo
5 rebanadas de pan
6 fresas
1 naranja
aceite de oliva virgen extra
vinagre
sal
pimentón dulce

Una vez añadido el pimentón, saltea las setas brevemente y retira la sartén del fuego para evitar que se te queme el pimentón y amargue el plato.

Elaboración

1. Corta el pan en dados y fríelos en una sartén con aceite. Escúrrelos sobre un plato forrado con papel absorbente de cocina. Reserva.
2. Para preparar la vinagreta, limpia las fresas, córtalas en daditos, colócalas en un bol y sálalas. Exprime media naranja y vierte el zumo encima. Riégalas con un buen chorro de aceite de oliva y un chorrito de vinagre. Deja macerar. Limpia las hojas de las lechugas y resérvalas.
3. Pica los dientes de ajo finamente y rehógalos brevemente en una sartén con un chorrito de aceite. Antes de que se doren, añade las setas picadas. Sazónalas y saltéalas durante un par de minutos. Espolvoréalas con un poco de pimentón, saltea brevemente y escurre.
4. Corta las mollejas en filetitos, extiéndelos sobre la placa del horno forrada con papel de hornear y caliéntalos a 150 °C durante 5 minutos. Sirve los ingredientes montando una buena ensalada y alíñala con la vinagreta de fresas.

ENSALADA TRES DELICIAS

Ingredientes // 4 personas

1 lechuga
250 g de arroz basmati
100 g de guisantes
100 g de gambas
1 loncha gruesa de jamón cocido
2 huevos
2 dientes de ajo
1 cebolleta
agua
vinagre
aceite de oliva virgen extra
sal
pimienta negra
perejil

Elaboración

1. Pon a dorar los dientes de ajo enteros (con la piel) en una cacerola con un chorrito de aceite. Cuando empiecen a tomar color, agrega el arroz, rehoga y vierte la misma cantidad de agua que de arroz. Sazona y cocina a fuego moderado durante 8-10 minutos. Una vez cocinado, retira los ajos y deja atemperar.
2. Pon a cocer los guisantes en un puchero con agua hirviendo y sal. Deja que se cocinen durante 10 minutos. Escurre y deja atemperar.
3. Casca los huevos en un bol, sazona y bátelos. Pon un chorrito de aceite en una sartén. Cuando se caliente, extiéndelo bien, añade el huevo y prepara una tortilla fina (de forma redonda). Corta la tortilla en cuadraditos.
4. Pon a cocer las gambas peladas en una cacerola pequeña con agua hirviendo y abundante sal. Deja que se cocinen un minuto, escurre y deja atemperar.
5. Mezcla en un bol el arroz con los guisantes, la tortilla y las gambas. Pica la cebolleta y añádela. Corta el jamón en taquitos e incorpóralos. Sazona y echa un chorro de aceite de oliva. Mezcla.
6. Limpia la lechuga, hoja por hoja, trocéala y ponla en un bol. Alíña con aceite, vinagre y sal.
7. Sirve el arroz acompañado con la ensalada de lechuga.

El arroz basmati, originario de la India, es de grano largo y contiene mucho almidón; por eso, si se quiere que el arroz quede suelto, habrá que pasarlo varias veces por agua fresca antes de cocinarlo.

ESPÁRRAGOS FRESCOS EN ENSALADA

Los espárragos verdes y los blancos no sólo se distinguen por el color, sino que, además, los primeros son más delgados, duros y amargos que los segundos.

Ingredientes // 4 personas

16 espárragos blancos frescos
300 g de habas frescas desgranadas
1 lechuga
1 tomate
2 huevos
50 g de huevas de trucha
1 cucharada de azúcar
agua
aceite de oliva virgen extra
vinagre
1 cucharada de semillas de amapola
sal
cebollino

Elaboración

1. Pela los espárragos, pásalos por agua y ponlos a cocer en una cazuela con abundante agua, una pizca de sal y una cucharada de azúcar durante 10-12 minutos. Retíralos a un plato y deja que se templen.
2. Pon a cocer los huevos en una cacerola con agua y sal durante 10 minutos. Escúrrelos, pélalos y córtalos en cuartos. Reserva.
3. Pon las habas a cocer en una cacerola con agua hirviendo y sal durante 4-5 minutos. Escurre, pela y reserva.
4. Limpia bien la lechuga, hoja por hoja, y córtala en juliana. Pela el tomate y córtalo en rodajas finas.
5. Para preparar la vinagreta, pon un buen chorro de aceite en un cuenco. Agrega un poco de vinagre, las semillas de amapola, las huevas de trucha, el cebollino picado y una pizca de sal. Mezcla bien.
6. Sirve en un plato llano 4 espárragos por ración y coloca al lado un molde con forma de aro. Rellena el fondo del molde con unas rodajas de tomate. Pon por encima un poco de lechuga y una pizca de sal. Coloca encima unas rodajas de tomate y cubre con unas habas. Por último, pon encima 2 trozos de huevo cocido. Retira el molde y aliña, tanto los espárragos como la ensalada, con la vinagreta.

ENSALADA DE CEBADA CON LANGOSTINOS

Ingredientes // 4 personas

16 langostinos
200 g de cebada
24 tomates cherry
100 g de guisantes
1 cebolleta
2 cucharadas de pasas
2 dientes de ajo
agua
vinagre
aceite de oliva virgen extra
sal
perejil

Elaboración

1. Para hacer el fumet, pela los langostinos, reserva las colas y pon las cabezas y las cáscaras en un puchero con agua y una ramita de perejil. Sazona y deja hervir durante 15 minutos. Desespuma. Cuela.
2. Pasa la cebada por agua, escurre y ponla en una olla rápida. Añade el fumet. Sazona. Cierra la olla y cocina a fuego lento durante 15 minutos a partir de que suba la válvula de seguridad. Abre y escurre.
3. Abre las colas de los langostinos por la mitad y cuécelas en un puchero con un poco de agua y una pizca de sal.
4. Desgrana los guisantes y deja hervir durante 10 minutos en una cazuela con abundante agua. Escurre. Reserva.
5. Para el aliño, pela y lamina los 2 dientes de ajo y ponlos a dorar en una sartén con un chorrito de aceite. Cuando tomen color, ponlos en un vaso batidor con un chorrito de aceite y otro de vinagre. Tritura con la batidora eléctrica.
6. Pon en un bol la cebada, los guisantes y las pasas. Pica bien la cebolleta y añádela. Mezcla. Incorpora el aliño de ajo y mezcla.
7. Haz unos cortes en cruz a los tomates cherry sin llegar a trocearlos.
8. Para servir, pon un molde en el centro del plato y rellena con la ensalada. Retira el molde y coloca unos langostinos cocidos por encima. Acompaña con 6 tomates cherry por ración y decora con una hojita de perejil.

La principal diferencia entre el langostino y la gamba es el tamaño. Mientras que los langostinos pueden alcanzar los 14 centímetros, las gambas son más pequeñas, tienen el cuerpo más ancho y las patas más largas.

ENSALADA DE PAVO Y QUESO

Ingredientes // 4-6 personas

½ pechuga de pavo (alrededor de 500 g)
100 g de queso semicurado
1 lechuga
1 lechuga roja
12 nueces
1 limón
4 rebanadas de pan
4 filetes de anchoa en aceite
2 huevos
2 dientes de ajo
agua
1 cucharada de alcaparras
1 cucharadita de mostaza
½ cucharada de salsa inglesa
aceite de oliva virgen extra
sal
pimienta negra
orégano

Elaboración

1. Salpimienta el pavo y cúbrelo con orégano. Envuélvelo en film de cocina y cierra bien el paquete (como si fuera un caramelo). Ponlo a cocer en una olla con agua hirviendo durante 20 minutos. Retíralo a un plato y deja atemperar. Quita el plástico y corta la carne en rodajas. Reserva.
2. Pela y pica 2 dientes de ajo y ponlos en el mortero. Pica las anchoas, añádelas y maja. Separa las yemas de los huevos y agrégalas. Mezcla y añade, poco a poco, aceite de oliva sin dejar de remover hasta conseguir una especie de mahonesa. Añade la mostaza y la salsa inglesa. Exprime el zumo de medio limón e incorpóralo. Mezcla bien y reserva.
3. Corta el pan en daditos y fríelos en abundante aceite caliente. Cuando se doren, retíralos a un plato con papel absorbente para eliminar el exceso de grasa.
4. Limpia bien las lechugas con agua, escúrrelas y trocéalas. Colócalas en una ensaladera y añade las alcaparras, las nueces peladas y troceadas y el pan frito. Sazona. Añade un poco del majado y mezcla.
5. Corta 12 cuñas finas de queso.
6. Sirve un poco de ensalada en el centro del plato y rodea con 3 cuñas de queso y 4 rodajas de pavo.

Al majar, para que no se mueva el mortero ni haga tanto ruido, lo mejor es colocar un paño debajo.

ENSALADA DE JUDÍAS Y PECHUGA DE PAVO

Si no quieres que los huevos se pasen, te recomiendo que no los metas en la cazuela hasta que el agua empiece a hervir.

Ingredientes // 4 personas

600 g de judías verdes
4 rodajas de queso de cabra
250 g de pechuga de pavo cocida
1 boniato
3 huevos
200 g de garbanzos cocidos
agua
aceite de oliva virgen extra
vinagre
sal
comino
perejil

Elaboración

1. Pon agua en una cazuela, sazona, agrega el boniato y cuécelo durante unos 30 minutos aproximadamente. Pela, córtalo en dados y resérvalo.
2. Coloca los garbanzos en un bol. Agrega una cucharadita de comino y un chorrito de aceite y mezcla bien. Deja que maceren durante 25-30 minutos. Saltéalos en una sartén hasta que pierdan la humedad. Reserva.
3. Retira las puntas de las judías y córtalas en bastones finos. Cuécelas al vapor con una pizca de sal durante 10 minutos. Escurre y reserva. Pica el pavo en daditos y reserva.
4. Coloca las judías y el pavo en el fondo de la fuente. Agrega los dados de boniato, los garbanzos y el queso (en lonchas). Cuece 3 huevos durante 2 minutos. Pélalos y colócalos en un vaso de batidora. Vierte un chorro de aceite, unas gotas de vinagre, una pizca de sal y perejil picado. Tritura y aliña la ensalada. Pon a punto de sal y sirve. Decora con una ramita de perejil.

VERDURAS Y HORTALIZAS

ACELGAS CON SALSA DE ALMENDRAS

Limpia las acelgas justo antes de cocerlas; si se limpian antes, se corre el riesgo de que ennegrezcan.

Ingredientes // 4 personas

8 hojas de acelga
3 chalotas
1 rebanada de pan
3 cucharadas de almendra en polvo
harina
huevo batido
agua
aceite de oliva virgen extra
sal
pimentón dulce
perejil

Elaboración

1. Para la salsa, pica las chalotas y dóralas en una sartén con un chorrito de aceite. Añade la almendra y el pan frito y troceado. Rehoga un poco. Vierte un vaso de agua, pon a punto de sal y deja que reduzca. Tritura, cuela, añade perejil picado y reserva.
2. Limpia las acelgas, retirando bien los hilitos (retira la parte verde y guárdala). Corta las pencas en trozos de 5-6 centímetros y cuécelos durante 10 minutos en una cazuela con abundante agua y una pizca de sal.
3. Escúrrelos bien, pásalos por harina y huevo batido y fríelos en una sartén con aceite de oliva. Escúrrelos sobre un plato forrado con papel absorbente de cocina para eliminar el exceso de aceite.
4. Sirve la salsa en el fondo del plato, coloca encima las pencas rebozadas y espolvorea todo con una pizca de pimentón.

ALCACHOFAS CON PATATAS

Ingredientes // 4 personas

12 alcachofas
4 huevos
3 patatas
1 cebolleta
2 dientes de ajo
agua
aceite de oliva virgen extra
vinagre
sal
perejil

Para que no se rompan los huevos al añadirlos a la cazuela, te recomiendo que los casques en una taza y desde allí los añadas. De esta manera podrás acercarte mucho al agua sin quemarte.

Elaboración

1. Pela los ajos, lamínalos y ponlos a rehogar en una cazuela con un poco de aceite. Retira la primera capa de la cebolleta, pícala en daditos y añádela. Rehoga hasta que coja un poco de color. Sazona.
2. Pela las patatas, cáscalas y agrégalas. Mezcla suavemente.
3. Pela las alcachofas (dejando sólo los cogollos) y córtalas por la mitad.
4. A medida que vayas preparándolas, mételas en la cazuela. Sazona y cubre todo con agua. Tapa y cocina durante 25 minutos aproximadamente a fuego no muy fuerte.
5. Pon agua a calentar en una cazuela amplia y baja. Sazona. Agrega un buen chorro de vinagre y, cuando empiece a hervir, agrega los huevos. Escálfalos durante 3-4 minutos. Sirve las alcachofas, acompaña con el huevo sazonado, rocía con aceite y abre la yema del huevo (si lo deseas). Espolvorea con perejil picado.

ALCACHOFAS CON TOMATE Y JAMÓN CRUJIENTE

Extiende el jamón sobre la placa del horno forrada con papel de hornear.

Corta las alcachofas en 4 y cocínalas durante 20 minutos en una cazuela con aceite.

Pela los tomates, córtalos por la mitad y quítales las pepitas.

Antes de que se doren, añade el orégano y los gajos de tomate, sazona y saltéalos.

Ingredientes // 4 personas

12 alcachofas
4 tomates
3 dientes de ajo
7 lonchas de jamón serrano
aceite de oliva virgen extra
sal
orégano
perejil

Elaboración

1. Extiende las lonchas de jamón sobre la placa del horno forrada con papel de hornear. Cúbrelas con otro papel y ásalas a 180 °C durante 10-15 minutos. Espera a que se sequen, retíralas y deja que se enfríen.
2. Corta la parte inferior del tallo de las alcachofas dejando los tallos de 5 centímetros. Prepáralas eliminando las hojas externas y pelando los tallos. Córtalas en 4 y cocínalas durante 20 minutos en una cazuela con aceite con la tapa puesta. Reserva.
3. Pela los tomates, córtalos por la mitad y quítales las pepitas. Sécalos un poco con papel absorbente de cocina y corta cada mitad en 4 trozos.
4. Pela los dientes de ajo y pícalos finamente. Rehógalos en una sartén con un poco de aceite. Antes de que se doren añade el orégano y los gajos de tomate, sazona y saltéalos. Con ayuda de un cortapastas, sirve las alcachofas, los gajos de tomate y el jamón. Adorna con unas hojas de perejil.

Puedes aprovechar lo que has quitado del tomate (pepitas y jugo) para hacer una ensalada. Basta con que lo aliñes con aceite y sal y le añadas un par de huevos cocidos y un poco de bonito en aceite.

ALCACHOFAS REBOZADAS CON PURÉ DE PATATAS Y JAMÓN CRUJIENTE

Para que el aceite no salte durante la fritura, te recomiendo que antes de rebozar las alcachofas las escurras bien y las seques con papel de cocina.

Ingredientes // 4 personas

12 alcachofas
3 patatas
8 lonchas de jamón
harina
huevo batido
100 ml de leche
agua
aceite de oliva virgen extra
1 cucharada de mantequilla
sal
pimienta negra
perejil

Elaboración

1. Pon un trozo de papel de horno sobre una placa de horno. Extiende encima las lonchas de jamón, cúbrelas con otro trozo de papel de horno y hornéalas a 200 °C durante 10 minutos (con el horno precalentado). Resérvalas.
2. Pela las alcachofas, eliminando la parte superior y las hojas exteriores. Ponlas en una cazuela con agua, unas ramas de perejil y sal. Cuécelas durante 20 minutos. Escúrrelas y córtalas por la mitad.
3. Pasa las alcachofas por harina y huevo batido con una pizca de sal. Fríelas en una sartén con abundante aceite. Escúrrelas sobre un plato forrado con papel absorbente de cocina.
4. Pela las patatas, córtalas en trozos irregulares y ponlas a cocer en una cazuela con agua y leche. Sazónalas y cuécelas durante 15 minutos. Escurre y pasa por el pasapurés. Agrega la mantequilla, salpimienta, añade perejil picado y mezcla bien. Sirve el puré de patatas en el fondo del plato. Coloca las alcachofas alrededor y el jamón en el centro. Adorna los platos con unas hojas de perejil.

ALCACHOFAS REBOZADAS CON SALSA ESPAÑOLA

Ingredientes // 4 personas

12 alcachofas
1 zanahoria
1 cebolla
1 puerro
30 g de harina
½ vaso de vino tinto
600 ml de caldo de carne
agua
aceite de oliva virgen extra
harina
huevo batido
sal
perejil

Elaboración

1. Para la salsa española, pica la cebolla, el puerro y la zanahoria y pon a pochar las verduras en una cazuela con aceite. Sazona. Agrega la harina y rehógala un poco. Vierte el vino, dale un hervor para que se evapore el alcohol y añade el caldo poco a poco sin dejar de remover. Pon a punto de sal y cocina todo durante unos 30 minutos a fuego no muy fuerte. Tritura con la batidora, cuela la salsa y resérvala.
2. Pela las alcachofas, retira la parte del rabo y ponlas a cocer en una cazuela con abundante agua, sal y unas ramas de perejil. Cuécelas durante 10-12 minutos aproximadamente. Escurre y déjalas templar.
3. Retira las hojas externas de las alcachofas y córtalas por la mitad. Sazona, pásalas por harina y huevo batido con sal, y fríelas en una sartén con aceite. Escúrrelas sobre un plato forrado con papel absorbente de cocina. Sirve la salsa y coloca las alcachofas encima. Decora con una hojita de perejil.

Para que la salsa española quede más sabrosa, es importante hacer un buen caldo previamente.

ALCACHOFAS RELLENAS CON JAMÓN

Las alcachofas se oxidan y se ennegrecen rápidamente al pelarlas y estar en contacto con el aire. Para evitarlo puedes rociarlas con un chorrito de vinagre según las vayas pelando o añadir una cucharada sopera de vinagre al agua de la cocción.

Ingredientes // 4 personas

16 alcachofas
2 lonchas gruesas de jamón serrano
2 cebolletas
1 diente de ajo
2 huevos
pan rallado
½ vaso de vino blanco
agua
aceite de oliva virgen extra
sal
perejil

Elaboración

1. Limpia las alcachofas y ponlas a cocer en la olla rápida con abundante agua. Sazona, tapa y cocina a fuego lento durante 3-4 minutos a partir de que suba la válvula de seguridad. Una vez cocinadas, abre la tapa, escurre y pon las alcachofas en un plato con papel absorbente para eliminar el exceso de agua. Deja atemperar y saca, con la ayuda de una cucharilla, el interior de las alcachofas. Pica bien la carne para el relleno y reserva tanto el interior como el exterior de las alcachofas.
2. Pon los huevos a cocer en un puchero con agua y deja hervir durante 10 minutos. Una vez cocidos, retíralos a un plato y deja atemperar. Pélalos y pícalos bien.
3. Para elaborar la farsa, pica las cebolletas y ponlas a pochar en una sartén con un chorrito de aceite. Sazona. Cuando estén bien pochadas, pica las lonchas de jamón y añádelas. Rehoga y vierte el vino blanco. Deja reducir. Añade el huevo y el interior de las alcachofas picadas. Cocina a fuego medio.
4. Coloca las alcachofas vacías en una fuente para horno y rellénalas con la farsa. Pela y pica medio diente de ajo, mézclalo con el pan rallado y espolvorea por encima de las alcachofas. Hornea a 220-240 °C durante 4-5 minutos (con el horno precalentado).
5. Sirve 4 alcachofas rellenas por comensal y decora con una hojita de perejil.

BERENJENA CON TOMATE Y QUESO DE CABRA

Las berenjenas más sabrosas son las que tienen la piel de un color morado oscuro, lisa y sin magulladuras, y pesan más en proporción a su tamaño.

Ingredientes // 4 personas

2 berenjenas
2 tomates
2 cebollas
200 g de queso de cabra
3 manzanas
agua
sal
aceite de oliva virgen extra
perejil

Elaboración

1. Descorazona las manzanas, trocéalas y ponlas a cocer con un poquito de agua en un puchero. Una vez cocidas, tritúralas con la batidora eléctrica y reserva.
2. Corta las berenjenas en rodajas. Colócalas en una fuente, sazona y deja reposar durante 30 minutos para que suelten el agua. Unta una placa de horno con un chorrito de aceite y coloca las ruedas de berenjena. Corta el tomate también en rodajas y colócalas en otra placa untada en aceite. Hornea todo a 220 °C durante 12 minutos.
3. Pela y corta las cebollas en juliana y ponlas a pochar en una sartén con un chorrito de aceite. Sazona. Una vez pochadas, escurre con un colador para eliminar el exceso de grasa. Reserva.
4. Saca las bandejas del horno (la de las berenjenas y la de los tomates) y alterna 2 rodajas de tomate partidas por la mitad sobre 4 rodajas de berenjena para hacer 4 montaditos. Pon una capa de cebolla pochada encima de cada uno y una rueda de queso de cabra. Tapa con otra rodaja de berenjena, otra media de tomate, otro montón de cebolla pochada y otra de queso. Coloca encima una última rodaja de berenjena y otra de queso. Dale un golpe de horno a 220 °C durante 4-5 minutos.
5. Sirve un montadito por ración y acompaña con el puré de manzana. Decora con una hojita de perejil.

BERENJENAS REBOZADAS CON SALSA DE VINO TINTO

Si quieres que las berenjenas te queden más suaves, es importante que suden, porque el líquido que sueltan es bastante indigesto.

Ingredientes // 4 personas

2 berenjenas
2 cebolletas
150 g de judías verdes
3 zanahorias
1 vaso de vino tinto
agua
harina
huevo batido
aceite de oliva virgen extra
sal
perejil

Elaboración

1. Pela y pica las cebolletas en dados. Ponlas a pochar y sazónalas. Cuando estén bien pochadas, agrega media cucharada de harina, el vino (dale un hervor) y 1 vaso de agua. Deja reducir durante 20 minutos y tritura. Reserva.
2. Pica las judías en daditos. Pela las zanahorias, corta cada una en 4 cilindros y tornéalas. Cuécelas al vapor durante 8-10 minutos, añádelas a la salsa y cocina el conjunto durante 5 minutos más.
3. Pela las berenjenas, córtalas en lonchas de 1 centímetro de grosor, extiéndelas sobre una fuente y sazónalas. Deja que suden y retira el líquido que suelten.
4. Seca las berenjenas, pásalas por harina y huevo batido con una pizca de sal. Fríelas en una sartén con abundante aceite. Escúrrelas sobre un plato forrado con papel absorbente de cocina. Sirve la salsa con las verduras en el fondo del plato y coloca encima las berenjenas. Adorna con unas hojas de perejil.

BERENJENAS RELLENAS DE CALABAZA Y ANCHOAS

Ingredientes // 4 personas

2 berenjenas
500 g de calabaza
2 cebollas
2 dientes de ajo
200 g de queso
12-16 anchoas en aceite
aceite de oliva virgen extra
sal
perejil

La calabaza se puede congelar fácilmente. Se corta en forma de pequeños cubos rectangulares y se escaldan en agua hirviendo. Se escurren y se dejan enfriar. Se meten en bolsas de plástico, se pone la fecha y se congelan. Aguanta perfectamente en el congelador hasta tres meses.

Elaboración

1. Abre las berenjenas por la mitad (a lo largo) y hazles unos cortes en el interior de la carne (en forma de rombos) para que se cocinen bien. Colócalas en una bandeja apta para horno. Sazona y vierte un poquito de aceite por encima de cada mitad. Hornea a 180 °C (con el horno precalentado) durante 25 minutos aproximadamente. Una vez cocinadas, separa la carne de la piel y reserva las dos por separado.
2. Pela y lamina los dientes de ajo y ponlos a dorar en una tartera con un chorrito de aceite. Pela y pica las cebollas y añádelas. Deja pochar. Sazona. Pela y corta la calabaza en dados, añádela y deja cocinar durante 5-6 minutos. Pica las anchoas e incorpóralas. Agrega también la carne de las berenjenas. Mezcla y rellena las pieles de las berenjenas con la farsa. Ralla el queso y espárcelo por encima de las berenjenas. Gratínalas durante 2-3 minutos.
3. Sirve media berenjena por ración y decora con una ramita de perejil.

BERENJENAS RELLENAS CON ENSALADA DE ENDIBIAS

Ingredientes // 4 personas

4 berenjenas
2 endibias rojas
70 g de canónigos
75 g de queso parmesano
300 g de carne picada de ternera
1 cebolla
2 dientes de ajo
50 g de harina
300 ml de leche evaporada
agua
aceite de oliva virgen extra
vinagre de frambuesa
sal
pimienta negra
cebollino
perejil

Elaboración

1. Corta las berenjenas por la mitad (a lo largo) y vacíalas sin romper la piel. Reserva las berenjenas vacías y la carne por separado.
2. Pela y pica los ajos y la cebolla finamente, y ponlos a pochar en una cazuela con un chorrito de aceite. Sazona. Pica la carne de las berenjenas, agrégala a la cazuela y cocínala un poco. Incorpora la carne picada y fríela brevemente. Salpimienta. Añade la harina, cocínala un poco y vierte la leche poco a poco sin dejar de remover. Añade perejil picado. Cocina durante unos 5 minutos aproximadamente. Reserva el relleno.
3. Escalda las berenjenas vacías en una cazuela con agua durante 3-4 minutos. Escúrrelas bien y rellénalas. Ralla encima 50 gramos de queso parmesano y gratínalas en el horno durante 3-4 minutos. Reserva.
4. Pica las endibias en juliana, mézclalas con los canónigos y con el cebollino picado. Añade unas lascas de queso parmesano y aliña con aceite, vinagre y sal. Sirve las berenjenas y acompáñalas con la ensalada. Decora con una ramita de perejil.

Para que las berenjenas, una vez vaciadas, no oscurezcan demasiado, es conveniente echarles sal por la parte interior.

BRÓCOLI CON CALABAZA AL HORNO

Ingredientes // 4 personas

400 g de brócoli
400 g de calabaza
100 g de tocineta adobada
100 g de queso rallado
50 g de piñones
agua
aceite de oliva virgen extra
sal

Elaboración

1. Separa el brócoli en ramilletes. Pela la calabaza y córtala en dados.
2. Coloca los ramilletes y los dados en el accesorio para cocer al vapor. Sazona. Tápalos y cuécelos durante 10 minutos.
3. Pica la tocineta en dados y fríelos brevemente en una sartén con un chorrito de aceite. Agrega el brócoli y la calabaza y saltea todo brevemente. Reparte las verduras en 4 recipientes aptos para el horno.
4. Mezcla el queso con los piñones y espolvorea las verduras. Gratínalas en el horno durante 2-3 minutos aproximadamente. Sirve.

Puedes aprovechar el tallo del brócoli para incluirlo en tus ensaladas. Basta con que lo peles, lo cortes finamente y lo pongas a macerar durante media hora en una mezcla de agua, vinagre y sal.

Ingredientes // 4 personas

800 g de brócoli
1 huevo
100 g de jamón serrano
2 tomates secos en aceite
harina
huevo batido
agua
aceite de oliva virgen extra
vinagre
sal

Elaboración

1. Separa el brócoli en ramilletes. Pon abundante agua a cocer con una pizca de sal y, cuando empiece a hervir, añade los ramilletes de brócoli y cuécelos durante 5 minutos. Retíralos y escúrrelos sobre una fuente forrada con papel absorbente de cocina.
2. Pasa los ramilletes de brócoli por harina y huevo batido. Fríelos en una sartén con aceite y escurre en un plato con papel absorbente para eliminar el exceso de aceite. Reserva.
3. Para la mahonesa, coloca el huevo en el vaso de la batidora, agrega un chorrito de vinagre y sazona. Vierte 200 mililitros de aceite, introduce el brazo de la batidora y dale marcha. Cuando empiece a ligar, muévela de arriba abajo hasta que espese bien (si queda demasiado espesa, aligérala con un poco de agua templada).
4. Pica el jamón y los tomates finamente. Agrégalos a la mahonesa y mezcla bien. Sirve el brócoli rebozado y acompáñalo con la mahonesa de jamón y tomate.

BRÓCOLI REBOZADO CON MAHONESA DE JAMÓN

Para que el brócoli quede al dente, no lo dejes cocer más de 5 minutos.

CALABACÍN RELLENO DE CHAMPIS Y PATO

Para conservar y mejorar el sabor de las aceitunas, guárdalas en un tarro de cristal con 2 dientes de ajo y una rama de tomillo. Cúbrelas con aceite de oliva y déjalas reposar hasta que las utilices.

Ingredientes // 4 personas

2 calabacines
12 champiñones
8 mollejas de pato confitadas
2 cebolletas
6 aceitunas negras
½ zanahoria
agua
vinagre
aceite de oliva virgen extra
sal
perejil

Elaboración

1. Pica las cebolletas y ponlas a pochar a fuego moderado en una sartén grande con un chorrito de aceite. Sazona. Cuando tomen color, añade los champiñones picados, sazona y cocina a fuego vivo hasta que se doren bien.
2. Corta cada calabacín en cuatro tubos o cilindros y retira la carne de cada tubo con la ayuda de un sacabolas sin llegar hasta la base. Pica la carne de los calabacines y añádela a la sartén con la cebolleta y los champiñones. Sazona y cocina a fuego moderado. Cuando tome color, agrega las mollejas de pato y saltea el conjunto.
3. Escalda los tubos de calabacín en una cacerola con agua y una pizca de sal. Tapa y cocina durante 2 minutos. Retíralos a un plato con papel absorbente y rellena cada tubo con el salteado de champiñones y mollejas (presionando bien). Pon los calabacines rellenos en una fuente de horno y hornea a 200 °C durante 8-10 minutos.
4. Para la vinagreta, pica las aceitunas y la media zanahoria y ponlas en un bol. Espolvorea con un poco de perejil picado y aliña con aceite y vinagre. Mezcla bien.
5. Sirve los calabacines rellenos en un plato y salsea con la vinagreta de aceituna y zanahoria. Decora con una hojita de perejil.

CANUTILLOS CRUJIENTES CON SALSA DE CALABACÍN

Ingredientes // 4 personas

16 obleas para empanadillas
200 g de panceta ahumada
300 g de setas
1 calabacín
1 cebolleta
12 ajos frescos
5-6 langostinos
1 huevo
agua
½ copa de vino blanco
aceite de oliva virgen extra
sal
perejil

Elaboración

1. Pica la cebolleta y ponla a pochar. Cuando empiece a coger color, añade la panceta picadita y saltea durante un minuto. Pica las setas, añádelas, sazona y cocínalas durante 8 minutos más. Añade los langostinos pelados y picaditos, dale un hervor y pasa a un vaso batidor. Agrega la clara de huevo, pon a punto de sal, tritura y deja templar. Introduce la masa en una manga pastelera.

2. Rellena las obleas con la masa, enróllalas en forma de cilindro y colócalas en una placa apta para horno untada de aceite. Pinta con la yema de huevo batida y mezclada con un poco de agua. Cocina en el horno a 200 °C durante 10-12 minutos. Reserva.

3. Para la salsa, pica los ajos frescos y ponlos a pochar. Antes de que cojan color, añade el calabacín cortado en cuartos de luna. Sazona. Cuando se poche un poco, vierte el vino, medio vaso de agua, dale un hervor y cocina todo a fuego suave durante 8 minutos. Tritura la salsa. Sirve los canutillos y acompáñalos con la salsa. Decora con una hojita de perejil.

No guardes la farsa durante muchos días, ya que contiene marisco crudo y huevo. Consúmela a ser posible en el mismo día.

CARDO CON SALSA DE NUECES Y HUEVOS DE CODORNIZ

Ingredientes // 4 personas

1 kg de cardo
8 huevos de codorniz
150 g de jamón serrano
300 ml de leche evaporada
20 nueces
8 dientes de ajo
agua
aceite de oliva virgen extra
sal

Elaboración

1. Casca las nueces (reserva 4) y ponlas en el vaso de la batidora. Vierte la leche y tritura. Pon la mezcla en una cazuelita. Sazona y deja reducir a fuego muy suave durante 10 minutos. Resérvala.
2. Limpia el cardo y córtalo en trozos de unos 4 centímetros. Pon agua a calentar en una cazuela grande y, cuando empiece a hervir, sazónala y agrega el cardo. Tapa la cazuela y cuece durante 30 minutos. Retira y escurre.
3. Pela 8 dientes de ajo y dóralos en una cazuela amplia y baja. Retira y reserva. Pica el jamón en dados y añádelos. Agrega el cardo y saltéalo. Vierte la salsa y cocina la mezcla durante 4-5 minutos a fuego suave.
4. Reparte la mezcla en 4 recipientes aptos para el horno. Casca 2 huevos de codorniz encima de cada uno y hornéalos a 190 °C durante 6-7 minutos. Retira los recipientes del horno, ralla encima las nueces reservadas y agrega 2 ajos por ración.

Si quieres ahorrar tiempo al cocer el cardo, puedes hacerlo en la olla rápida. En sólo 6 minutos estará en su punto.

CHAMPIÑONES CON JUDÍAS VERDES Y JAMÓN

Ingredientes // 4 personas

300 g de champiñones enteros
½ kg de judías verdes
2 cebolletas
4 lonchas gruesas de jamón cocido
2 huevos
agua
aceite de oliva virgen extra
sal

Elaboración

1. Cuece los huevos durante 10 minutos en una cazuela con agua. Refresca y pela. Pícalos finamente y resérvalos.
2. Pica las cebolletas finamente y ponlas a pochar en una cazuela con un chorrito de aceite. Limpia los champiñones, retírales la parte inferior del tallo y lamínalos. Agrégalos a las cebolletas, sazona y cocínalos durante 5 minutos aproximadamente.
3. Lava las judías, retírales los hilos y pícalas en juliana de unos 4 centímetros. Cuécelas en una cazuela con agua y sal durante 10-12 minutos y escúrrelas. Incorpora las judías verdes a la cazuela de los champiñones, sazona y saltea todo brevemente.
4. Corta las lonchas de jamón en rectángulos y cocínalas a la plancha. Sirve los champiñones con las judías, el jamón y el huevo picado. Decora con una hojita de perejil.

Para que las judías verdes conserven ese bonito color verde, una vez cocidas, refréscalas e introdúcelas en un bol con agua fría y unos hielos.

CHAMPIÑONES RELLENOS CON SALSA HOLANDESA

Ingredientes // 4 personas

16 champiñones grandes
12 gambas
2 dientes de ajo
300 g de mantequilla
3 yemas de huevo
50 ml de chacolí
aceite de oliva virgen extra
sal
pimienta negra
perejil

Elaboración

1. Retira los tallos de los champiñones y resérvalos. Pon los sombreros sobre la placa del horno, sazónalos, riégalos con un chorrito de aceite y hornéalos a 190 °C durante 15 minutos por los dos lados (con el horno precalentado). Resérvalos.
2. Pela las gambas, pícalas finamente y resérvalas. Fríe las cabezas y las cáscaras en una sartén con aceite, cuela (aplastando las cabezas) y reserva el aceite.
3. Pela y pica los dientes de ajo finamente y rehógalos en una sartén con un chorrito de aceite. Pica los tallos de los champiñones y añádelos. Incorpora las gambas picadas y saltéalas. Salpimienta y rellena los champiñones.
4. Para la salsa holandesa, pon las yemas en un bol, sazona y vierte el chacolí. Monta las yemas con la varilla (manual o eléctrica). Funde la mantequilla en una cazuela (retira la espuma) e incorpórala poco a poco a las yemas sin dejar de batir (evita echar el suero del fondo). Napa los champiñones y gratínalos en el horno. Salpica un plato con un poco de aceite de gambas y coloca encima los champiñones. Espolvorea con perejil picado y decora con una hojita de perejil.

Una vez cocinada la salsa holandesa, se recomienda consumirla en la siguiente media hora. Pasado este tiempo, la mantequilla puede endurecerse y se puede cortar la salsa.

COLES DE BRUSELAS CON CALABAZA Y MORCILLA

Si te gustan la verduras al dente, bastará con cocer las coles durante 8 minutos. Respecto a las bolas de calabaza, puedes saltearlas directamente sin cocerlas al vapor.

Ingredientes // 4 personas

800 g de coles de Bruselas
2 rodajas de calabaza
4 dientes de ajo
1 morcilla de arroz
agua
aceite de oliva virgen extra
sal
perejil

Elaboración

1. Retira la piel de la morcilla y córtala en lonchas finas. Extiéndelas sobre una placa de horno forrada con papel de hornear. Cúbrelas con otro trozo de papel y hornéalas a 180 °C durante 15 minutos (con el horno precalentado). Retíralas y deja que se endurezcan.
2. Retira las capas externas de las coles de Bruselas y el extremo del tallito. Colócalas en el accesorio para cocer al vapor, tápalas y cuécelas durante 8 minutos.
3. Con una cucharilla *parisien* saca bolas de la calabaza y colócalas al lado de las coles de Bruselas. Tapa y cuece todo junto 3 minutos.
4. Pela los dientes de ajo, lamínalos y rehógalos en una sartén. Agrega las coles de Bruselas y las bolitas de calabaza. Saltea brevemente y espolvorea con perejil picado. Sirve, sazona y adorna con los crujientes de morcilla.

Ingredientes // 4 personas

1 coliflor
2 chalotas
12 ajos frescos
100 g de maíz cocido
3 lonchas de jamón
100 g de mousse de ave
75 ml de vino de Oporto
½ l de agua
½ l de leche
250 ml de nata
aceite de oliva virgen extra
sal
perejil

Elaboración

1. Separa la coliflor en ramilletes. Cuécelos en una cazuela con medio litro de agua y medio litro de leche. Echa un chorrito de aceite, una pizca de sal y cuece durante 15 minutos. Escurre y reserva.

2. Para la salsa, pica las chalotas y ponlas a pochar en una cazuela con un poco de aceite. Agrega un chorrito de vino de Oporto, la mousse de ave y la nata. Deja reducir la salsa durante 10-15 minutos a fuego no muy fuerte. Tritura y reserva.

3. Pon un trozo de papel de horno sobre una placa. Extiende encima las lonchas de jamón, cúbrelas con otro trozo de papel de horno y hornéalas a 180 °C durante 10-12 minutos. Deja que se enfríen y pícalas finamente.

4. Pica los ajos frescos en cilindros y saltéalos en una sartén con unas gotas de aceite. Escurre y seca los granos de maíz. Agrégalos a la sartén y saltéalos. Sirve la salsa en el fondo del plato, pon encima la coliflor y el salteado de ajos y maíz. Espolvorea con el polvo de jamón y adorna con unas hojas de perejil.

COLIFLOR CON SALSA DE MOUSSE DE AVE

La coliflor suele estar sucia con restos de tierra y bichos. Si es el caso, suelta los ramilletes y ponlos en un bol con agua, vinagre y sal.

COLIFLOR CON TOCINETA Y PATATAS FRITAS

Si quieres hacer un plato vegetariano, en vez de saltear las patatas con tocineta, puedes hacerlo con unos dados de tofu o de seitán.

Ingredientes // 4 personas

1 coliflor
6 lonchas de tocineta
2 patatas
1 diente de ajo
50 ml de vino blanco
150 g de harina
agua
aceite de oliva virgen extra
sal
perejil

Elaboración

1. Separa la coliflor en flores y cuécelas al vapor durante 15 minutos aproximadamente. Escurre y reserva. Coloca la harina en un bol, vierte el agua fría (200 mililitros) y mezcla bien con una varilla manual. Deja que repose durante media hora. Sazona.
2. Pon un diente de ajo (picado) en el mortero, agrega un poco de sal gruesa y májalo bien. Añade un poco de perejil picado y el vino blanco. Mezcla bien y reserva.
3. Pela las patatas, córtalas en dados y fríelas en una sartén con aceite. Retira y escurre sobre un plato forrado con papel absorbente de cocina. Sazona.
4. Introduce la coliflor en la tempura, escurre un poco y fríela en una sartén con aceite. Escurre en una fuente con papel absorbente. Retira un poco de aceite de la sartén en la que has frito las patatas y saltea la tocineta cortada en dados. Incorpora las patatas y el majado y saltea todo bien. Sirve la coliflor en tempura con las patatas con tocineta. Pon a punto de sal y adorna con perejil picado.

COLIFLOR Y BRÓCOLI CON MAHONESA DE PIMENTÓN

Ingredientes // 4 personas

800 g de brócoli
700 g de coliflor
6 dientes de ajo
1 huevo
agua
aceite de oliva virgen extra
vinagre
1 cucharadita de pimentón ahumado
sal
comino
perejil

Fríe las láminas de ajo a fuego suave para que queden crujientes y no se quemen.

Elaboración

1. Separa la coliflor y el brócoli en flores. Cuece por separado durante 12-15 minutos en 2 cazuelas grandes con agua, una pizca de sal y otra de comino. Escurre bien.
2. Coge un cortapastas e introduce las flores de coliflor y de brócoli (aprieta un poco). Repite el proceso 3 veces más.
3. Para la mahonesa, casca el huevo en un vaso batidor, añade un chorrito de vinagre, una pizca de sal, el pimentón y 200 mililitros de aceite. Introduce la batidora eléctrica hasta el fondo y cuando empiece a ligar, realiza movimientos ascendentes y descendentes hasta que ligue del todo. Napa las verduras y gratínalas en el horno.
4. Pela los ajos, córtalos en láminas y dóralos en una sartén con aceite a fuego suave. Escurre sobre un plato forrado con papel absorbente de cocina. Sirve las verduras gratinadas, desmolda y acompaña con los ajos fritos. Decora con perejil picado.

CREPES DE PUERRO, CALABACÍN Y QUESO DE CABRA

Ingredientes // 4 personas

2 puerros
½ calabacín
100 g de queso de cabra
250 ml de vino de Oporto
3 huevos
150 g de harina
¼ l de leche
harina de maíz refinada
agua
aceite de oliva virgen extra
sal
perejil
1 nuez de mantequilla

Elaboración

1. Para hacer la masa de los crepes, casca los huevos en un vaso batidor y añade la harina, la leche, 2 cucharadas de aceite y una pizca de sal. Añade un poco de perejil picado. Tritura con la batidora eléctrica hasta que quede una masa homogénea sin grumos.
2. Funde la mantequilla en una sartén, vierte un cacillo de masa, extiéndela bien y cuando se cuaje dale la vuelta y cocina durante un minuto. Desecha siempre el primer crepe. Haz 8 crepes de esta manera, retíralos a un plato y resérvalos.
3. Limpia y pica los puerros. Ponlos a pochar a fuego medio en una sartén con un chorrito de aceite y sal. Pica el calabacín en cuartos de luna y añádelo. Tapa la sartén para que sude la verdura. Escurre y deja que se temple.
4. Coloca en un costado de cada crepe una porción de la mezcla de verduras y una rodaja de queso (que ocupe un cuarto).
5. Dóblalos (tiene que quedar un triángulo) y fríelos en una sartén con un poco de aceite. Pon el vino de Oporto a reducir hasta que coja una consistencia espesa. Liga la salsa con una cucharadita de harina de maíz refinada diluida en agua fría. Sirve los crepes y salsea el plato. Adorna con una hoja de perejil.

Si notas que la masa se pega a la sartén y no se suelta, añade un poco más de aceite a la masa.

ENDIBIA CON CEBOLLA CONFITADA, JAMÓN Y QUESO

Ingredientes // 4 personas

4 endibias
3 cebollas
4 lonchas de jamón serrano
200 g de queso semicurado
agua
aceite de oliva virgen extra
sal
perejil

Elaboración

1. Pon a cocer las endibias en una cazuela con abundante agua y una pizca de sal durante 15 minutos. Escúrrelas y ábrelas por la mitad (como un libro).
2. Pela y corta las cebollas en juliana. Deja que se pochen en una sartén con un chorrito de aceite y una pizca de sal. Escurre el exceso de aceite.
3. Pon las endibias en una placa de horno untada con un poco de aceite. Reparte la cebolla confitada sobre las endibias. Quita la grasa del jamón, pícalo y distribúyelo sobre la cebolla. Corta 2 cuñas de queso por cada endibia, ponlas encima y gratina en el horno durante 2-3 minutos.
4. Sirve una endibia por ración y decora con una ramita de perejil.

Elige las endibias frescas, blancas y con las hojas apretadas. Se pueden conservar en la nevera a 5 °C durante 5-7 días en una bolsa perforada. Antes de utilizarlas, se recomienda cortar la base del tronco, separar las hojas, lavarlas con agua fría y secarlas bien.

Ingredientes // 4 personas

16-20 espárragos blancos frescos
8 lonchas de panceta
40 g de rúcula y canónigos
40 g de brotes (shiso, cebolla negra...)
2 zanahorias
vinagre
aceite de oliva virgen extra
sal

Elaboración

1. Pon una tira de papel de cocina alrededor de un molde de aro. Envuelve por encima del papel con 2 lonchas de panceta. Vuelve a tapar con otra tira de papel de horno, un poco más alto. Engancha con un clip. Coloca en una placa de horno y hornea a 180 °C (con el horno precalentado) durante 15 minutos. Una vez tostados, saca y deja atemperar. Desmolda y quita los papeles de horno. Reserva.
2. Pela los espárragos y ponlos a remojo en un bol con agua para limpiar bien. Escurre y coloca en una fuente con papel absorbente para eliminar el exceso de agua. Pásalos a otra fuente y añade un chorrito de aceite. Cocina a la plancha por los dos lados. Reserva.
3. Pela una zanahoria y haz unas láminas con la ayuda de un pelapatatas. Coloca en un bol y mezcla con los brotes, la rúcula y los canónigos. Sazona y mezcla.
4. Pela la otra zanahoria, pica y ponla en un vaso batidor con un chorrito de vinagre y aceite. Tritura con la batidora eléctrica. Reserva.
5. Sirve 5 espárragos y un aro de panceta tostada por ración. Rellena el hueco de la panceta con la ensalada y aliña con el aceite de zanahoria.

ESPÁRRAGOS A LA PLANCHA CON ENSALADA DE BROTES

Los canónigos reciben este nombre porque antiguamente eran habituales en el menú de los clérigos. Entre sus propiedades destacan su ayuda para una mejor digestión y su acción depurativa. Son también relajantes, dado que pertenecen a la familia de las valerianáceas.

ESPÁRRAGOS AL HORNO CON SALSA DE FRESAS

Nada más pelar los espárragos, introdúcelos en agua fría para que suelten el posible amargor que pudieran tener.

Ingredientes // 4 personas

24 espárragos blancos
2 huevos
8 fresas
75 ml de vinagre
1 cucharada de azúcar
agua
aceite de oliva virgen extra
sal
perejil

Elaboración

1. Retira la parte inferior del tallo de los espárragos y pélalos. Introdúcelos en agua fría para que suelten el posible amargor que pudieran tener. Sécalos bien.
2. Unta la placa del horno con un poco de aceite, coloca encima los espárragos, sálalos, rocíalos con un chorrito de aceite y ásalos al horno caliente a 180 °C durante 40 minutos aproximadamente. Controla que no estén ni duros ni demasiado blandos.
3. Para la salsa, lava las fresas, retírales el rabito y pícalas. Colócalas en una cazuelita, añade el azúcar y el vinagre. Cocínalas durante 10 minutos a fuego suave. Tritura, cuela y deja templar. Agrega un chorro de aceite de oliva, mezcla bien y reserva.
4. Pon los huevos a cocer en una cazuela con agua. Cuando empiece a hervir, déjalos cocer durante 10 minutos. Refréscalos, pélalos y pícalos finamente.
5. Extiende los espárragos en una fuente grande, espolvorea con los huevos picados y salsea. Decora con una hojita de perejil.

ESPINACAS CON BECHAMEL

Es importante limpiar bien las espinacas porque es muy común comprarlas con bastantes restos de arenilla y tierra.

Ingredientes // 4 personas

1 kg de espinacas
250 g de bacalao desmigado desalado
4 huevos
½ l de leche
40 g de harina
50 g de queso rallado
agua
aceite de oliva virgen extra
sal
pimienta negra
nuez moscada
perejil

Elaboración

1. Limpia bien las espinacas y pícalas en juliana. Reserva.
2. Cuece los huevos en una cazuela con agua durante 10 minutos. Refresca, pela y corta en rodajas. Resérvalas.
3. Corta el bacalao en trocitos y rehógalos en una cazuela amplia y plana con un chorrito de aceite. Retíralo a un plato y agrega las espinacas a la cazuela, sazona y saltea durante 4-5 minutos. Incorpora el bacalao y mezcla bien. Escurre y reparte la mezcla en 4 recipientes aptos para el horno. Reserva.
4. Para la bechamel, pon a calentar un poco de aceite en una cazuela, agrega la harina y rehógala bien con la varilla. Vierte la leche poco a poco sin dejar de remover. Ralla encima un poco de nuez moscada, salpiméntala y cocínala durante 10 minutos aproximadamente.
5. Distribuye las rodajas de huevo en los recipientes, cúbrelos con la bechamel y espolvorea con el queso rallado. Gratina en el horno. Retira los recipientes del horno y adórnalos con unas hojas de perejil.

FILETES DE BERENJENA RELLENOS CON ENSALADA DE ZANAHORIA Y MANZANA

Si no tienes mandolina, utiliza un rallador o un cuchillo y corta en juliana muy fina.

Ingredientes // 4 personas

2 berenjenas
2 manzanas rojas
2 zanahorias
1 cebolleta
1 puerro
2 dientes de ajo
250 g de leche evaporada
100 g de chorizo
25 g de harina
harina para rebozar
huevo batido
pan rallado
aceite de oliva virgen extra
vinagre
sal
pimienta negra
perejil

Elaboración

1. Para la bechamel, pica los ajos, el puerro y la cebolleta finamente y ponlos a pochar en una cazuela con aceite. Pela y pica el chorizo y añádelo. Rehógalo un poco y agrega la harina. Rehógala un poco y vierte la leche poco a poco sin dejar de remover. Salpimienta y cocina durante 10 minutos a fuego suave y deja templar.
2. Corta 16 lonchas de berenjena con la mandolina, extiéndelas sobre una fuente, sazónalas y déjalas reposar al menos durante 30 minutos. Sécalas y coloca 8 lonchas sobre una fuente, extiende una porción pequeña de bechamel sobre cada loncha y cúbrelas con las otras 8.
3. Pásalas por harina, huevo batido y pan rallado y fríelas por los dos lados en una sartén con aceite. Escúrrelas sobre un plato forrado con papel absorbente de cocina.
4. Pela y ralla las zanahorias y las manzanas con la mandolina (de manera que queden cortadas en hilitos). Aliña con aceite, vinagre y sal. Sirve los filetes de berenjena con la bechamel y acompaña con la ensalada. Decora con una hojita de perejil.

GRATINADOS DE CALABACÍN, SETAS Y QUESO CON VINAGRETA DE TOMATE

Entre tanda y tanda de setas, la sartén tiene que quedar completamente limpia, porque si queda algún trocito de ajo seguro que se quemará y amargará el plato.

Ingredientes // 4 personas

½ kg de setas de cardo
1 calabacín (grande)
200 g de queso de cabra
2 tomates
50 g de aceitunas negras
1-2 cucharadas de miel
2 dientes de ajo
aceite de oliva virgen extra
sal
1 cucharadita de hierbas de Provenza
perejil

Elaboración

1. Para la vinagreta, pela los tomates, córtalos en daditos y colócalos en un bol. Pica las aceitunas negras en aritos y añádelas. Sazona y agrega la miel, un chorrito de aceite y las hierbas de Provenza. Mezcla bien y deja que macere.
2. Corta los calabacines en rodajas, colócalas sobre la placa de horno untada con un poco de aceite. Sazona y cocina en el horno (precalentado) a 190 °C durante 15-20 minutos.
3. Pela los ajos, pícalos y colócalos en un recipiente, añade un poco de aceite y mezcla bien.
4. Pon un poco de aceite en la plancha y caliéntala bien. Agrega las setas (sin tallo), sazona y úntalas con el ajo picado mezclado con aceite. Cocínalas durante 3 minutos. Dales la vuelta y vuélvelas a untar con el ajo. Cocínalas 3 minutos más. Espolvorea con perejil picado.
5. Corta el queso en lonchas. Monta en 4 recipientes (aptos para el horno) las setas, las lonchas de calabacín y las de queso. Hornea a 180 °C durante 5 minutos. Sirve y acompaña los gratinados con la vinagreta de tomate y aceituna.

FLAN DE ZANAHORIA Y QUESO CON CREMA DE JUDÍAS VERDES

Ingredientes // 6-8 personas

800 g de zanahorias
1 cebolla
100 g de queso semicurado
6 huevos
1 vaso de leche
1 vaso de nata líquida
200 g de judías verdes
1 patata
pan rallado
mantequilla
aceite de oliva virgen extra
agua
nuez moscada
sal
pimienta negra
perejil

Elaboración

1. Pela y pica la cebolla finamente, y pela y corta las zanahorias en rodajas. Saltea las verduras en una sartén con un chorrito de aceite durante 10-12 minutos. Sazona y reserva.
2. Casca los huevos en un cuenco, salpimienta y bátelos. Vierte la leche y la nata. Agrega una pizca de nuez moscada rallada y mezcla. Haz daditos de queso y añádelos. Incorpora la zanahoria y la cebolla salteadas. Mezcla bien todo. Forra un molde con papel de horno, de tal manera que cubra bien la base y sobresalga por los extremos. Úntalo con mantequilla y espolvorea con pan rallado. Vierte el contenido del cuenco en el molde y colócalo sobre una bandeja apta para el horno con 2 dedos de agua. Hornea al baño María (con el horno precalentado) a 180 °C durante 35-40 minutos. Deja templar y desmolda. Corta el flan en raciones y reserva.
3. Para hacer la crema de judías verdes, pela y trocea la patata y colócala en una cazuela. Retira los rabitos de las judías verdes, trocéalas y añádelas a la cazuela. Cubre con agua, sazona y deja cocer durante 12-15 minutos. Retira el exceso de caldo y tritura con la batidora eléctrica. Sirve la crema en un plato y coloca encima una ración de flan. Decora con una hojita de perejil.

Al comprar zanahorias, selecciona ejemplares de piel suave y de pequeño o mediano tamaño, ya que suelen presentar un sabor más agradable. El color debe ser anaranjado vivo y la textura firme.

GRELOS CON COSTILLA Y CHORIZO

Ingredientes // 4 personas

1,2 kg de grelos
½ kg de costilla de cerdo salada
1 chorizo fresco (100 g)
4 patatas
agua
aceite de oliva virgen extra
sal
pimentón dulce
pimienta negra

Elaboración

1. Cuece por separado los grelos, la costilla (remojada la víspera) y el chorizo. A los 10 minutos escurre y pasa todo a la olla.
2. Cubre con agua fresca (un litro aproximadamente) y pon a calentar. Cuando empiece a hervir, tapa la olla y cuece el conjunto durante 10 minutos. Cuela y reserva el caldo.
3. Pon las patatas a cocer en una cazuela. Sazona. A los 25-30 minutos, saca, deja templar, pela y pasa por el pasapurés.
4. Adereza el puré con sal, pimienta, un poco de pimentón y un chorrito de aceite. Sirve a un lado el puré de patatas y al otro los grelos. Coloca el chorizo encima de los grelos y la costilla encima del puré. Sirve el caldo aparte.

Primero hemos cocido los grelos, el chorizo y las costillas por separado con una clara intención: eliminar el amargor de los grelos, la sal de las costillas y la grasa del chorizo.

GUISANTES CON CEBOLLETAS, HUEVO ESCALFADO Y SALSA HOLANDESA

Para que las cebolletas lleguen a hacerse por dentro sin que se quemen por fuera, cocínalas cubriendo la sartén con una tapa.

Ingredientes // 4 personas

500 g de guisantes
2 bollos redondos de pan
4 huevos
2 yemas
8 cebolletas pequeñas
100 g de mantequilla
agua
25 ml de chacolí
aceite de oliva virgen extra
vinagre
sal

Elaboración

1. Pon un poco de aceite en una sartén, agrega los guisantes y saltéalos. Vierte un vaso de agua, sazona, tapa y cocina a fuego suave durante 10 minutos. Reserva.
2. Corta un poco la parte verde de las cebolletas, lávalas, retira la primera capa y ponlas a confitar en una sartén con aceite a fuego suave durante 15-20 minutos. Sazona. Reserva.
3. Corta los bollos de pan por la mitad, quítales un poco de la miga del centro y colócalos sobre la placa del horno.
4. Para escalfar los huevos, pon abundante agua a calentar con un chorrito de vinagre. Cuando empiece a hervir, baja el fuego, casca los huevos y añádelos. Cocínalos durante 3 minutos. Escurre e introdúcelos en los huecos de la miga de pan.
5. Para la salsa holandesa, pon las yemas en un bol, sazona y vierte el chacolí. Monta las yemas con la batidora de varillas eléctrica. Funde la mantequilla en una cazuela (retira la espuma) e incorpórala a las yemas poco a poco sin dejar de batir (evita echar el suero del fondo). Napa los huevos y gratínalos en el horno. Sazónalos. Sirve los bollos con el huevo, y acompáñalos con los guisantes y las cebolletas. Riega con el jugo de las cebolletas.

HABAS, GUISANTES, HUEVO Y TOCINO

Si al colocar el tocino encima de los guisantes y de las habas no se pone transparente, es que las verduras están frías y convendría calentar el plato en el horno.

Ingredientes // 4 personas

400 g de guisantes
400 g de habas
2 cebolletas
4 huevos
4 lonchas finas de tocino ibérico
agua
aceite de oliva virgen extra
sal
pimentón dulce
perejil

Elaboración

1. Cuece los guisantes en una cazuela con agua y sal durante 8 minutos. Escurre y reserva los guisantes y el caldo. Cuece las habas en otra cazuela con agua y una pizca de sal durante 8 minutos. Escurre y reserva.
2. Pica las cebolletas finamente y ponlas a pochar en una cazuela con aceite. Añade las habas y los guisantes, sazona, vierte un poco del caldo de los guisantes y cocina durante unos 2 minutos. Repártelo en 4 recipientes.
3. Corta las lonchas de tocino por la mitad, y cubre los guisantes y las habas.
4. Corta 4 trozos de film de cocina. Colócalos en 4 recipientes (tipo taza), échales unas gotas de aceite, casca encima los huevos y cierra el plástico retorciéndolo bien. Ata con una cuerda de cocina en el sentido contrario al que has retorcido el plástico. Pon a calentar abundante agua en un recipiente amplio y cuando empiece a hervir introduce los huevos. Cocínalos durante 2-3 minutos. Retira el plástico a los huevos y colócalos encima de cada recipiente. Sazona el huevo con sal gruesa y adorna con pimentón y perejil picado. Sirve.

HORTALIZAS EN SALSA ESPAÑOLA

La aguja de ternera es una carne que tiene mucho jugo. Te la recomiendo especialmente para hacer la salsa española, ya que le aportará mucho sabor.

Ingredientes // 4 personas

400 g de aguja de ternera
1-2 cebollas
1 puerro
5 dientes de ajo
300 g de judías verdes
300 g de habas
1 nabo
300 g de setas de primavera
1 boniato
4 zanahorias
100 ml de vino blanco
2-3 cucharadas de harina
2 l de agua
aceite de oliva virgen extra
sal
pimienta negra
perejil

Elaboración

1. Para la salsa, pica la cebolla, los ajos y el puerro, y pon todo a pochar en una cazuela con un chorrito de aceite. Cuando la verdura coja color (marrón), trocea la carne, añádela y deja que se tueste bien. Salpimienta. Agrega la harina y rehógala bien hasta que coja un bonito color tostado. Vierte el vino, dale un hervor y agrega el agua. Cuece todo durante 45 minutos a fuego no muy fuerte. Tritura, cuela la salsa y colócala en una cazuela amplia y plana.
2. Retira las puntas de las judías y córtalas en rombos. Pela el nabo y córtalo en dados. Cuece las judías, los dados de nabo y las habas en una cazuela con agua y una pizca de sal durante 10 minutos. Escurre y añádelas a la cazuela amplia y plana.
3. Pela las zanahorias, córtalas en lonchas y fríelas en una sartén con aceite. Pela el boniato, córtalo en medias lunas y añádelas a la sartén. Fríe y escurre todo sobre un plato forrado con papel absorbente de cocina. Sazona y añade a la cazuela amplia y plana.
4. Pon un poco de aceite a calentar, añade las setas, sazona y saltéalas con 2 dientes de ajo laminados. Espolvorea con perejil picado. Incorpóralas a la cazuela y cocina todo junto durante 4-5 minutos. Sirve en la cazuela y decora con una hojita de perejil.

HORTALIZAS EN TEMPURA CON SALSA ROMESCO

Ingredientes // 4 personas

2 zanahorias
1 berenjena
1 cebolleta
½ pimiento rojo
12 ajos frescos
200 g de harina
250-300 ml de agua fría
20 g de sésamo tostado
2 tomates maduros
4 dientes de ajo
1 rebanada de pan
20 almendras
20 avellanas
5 ñoras
1 cucharada de vinagre
aceite de oliva virgen extra
sal
perejil

Elaboración

1. Para la salsa, asa los ajos y los tomates en el horno a 180 °C durante 15 minutos. Deja templar, pela y coloca en el vaso de la batidora.
2. Remoja las ñoras durante 20 minutos. Sácales la carne y añádela al vaso. Agrega la rebanada de pan troceada.
3. Incorpora las almendras y las avellanas. Vierte una cucharada de aceite, el vinagre y una pizca de sal. Tritura hasta conseguir una salsa homogénea. Reserva.
4. Mezcla la harina tamizada con el agua fría, una pizca de sal y el sésamo. Corta las hortalizas en trozos grandes, introdúcelos en la tempura, escurre un poco y fríelos en una sartén con abundante aceite. Sirve las hortalizas y acompáñalas con la salsa. Sazona y decora con perejil picado.

La tempura es una masa que no necesita reposo. Lo único verdaderamente importante es mezclar la harina con agua muy fría.

JUDÍAS VERDES CON PATATAS

Las judías verdes han de tener una forma regular y no ser muy duras al tacto.

Ingredientes // 4 personas

800 g de judías verdes
4 patatas
4 lonchas de jamón serrano
4 dientes de ajo
agua
aceite de oliva virgen extra
1 cucharada de pimentón dulce
sal
perejil

Elaboración

1. Limpia bien las judías verdes, retira las puntas y los hilos laterales y córtalas en juliana. Ponlas a cocer en una cazuela con agua hirviendo y una pizca de sal. Escurre y reserva.
2. Lava las patatas y ponlas a cocer en una cazuela con agua y una pizca de sal. A los 30 minutos, sácalas, y cuando estén templadas pélalas, pícalas y pásalas por el pasapurés. Pon a punto de sal y reserva el puré en un cuenco.
3. Coloca un papel de hornear sobre una placa de horno y pon encima las lonchas de jamón. Cubre con otro papel de hornear y presiona. Hornea a 180 °C (con el horno precalentado) durante 15 minutos. Retira los papeles de hornear y reserva el jamón.
4. Para hacer el refrito, pela los dientes de ajo, córtalos por la mitad y fríelos en una sartén con aceite. Retira los ajos de la sartén a un plato y resérvalos. Separa la sartén del fuego y deja que se temple el aceite. Agrega el pimentón a la sartén, remuévelo un poco y échalo sobre el puré de patatas. Añade perejil picado y mezcla bien.
5. Con ayuda de un molde, sirve el puré al pimentón en la base, coloca encima las judías y encima de estás el jamón. Desmolda y decora con los ajos fritos.

MACEDONIA DE HORTALIZAS

Ingredientes // 6-8 personas

2 patatas
1 calabacín
500 g de calabaza
250 g de judías verdes
250 g de coliflor
250 g de brócoli
100 g de lombarda
2 dientes de ajo
150 ml de vino blanco
agua
aceite de oliva virgen extra
sal

Elaboración

1. Pela las patatas y la calabaza. Saca bolitas con una cuchara *parisien* (sacabolas) de las patatas, la calabaza y el calabacín (con piel). Cuécelas durante 10 minutos en una cazuela con agua y una pizca de sal. Reserva por separado las hortalizas y un cuarto de litro del caldo.
2. Separa el brócoli y la coliflor en pequeños ramilletes. Colócalos en el accesorio para cocer al vapor. Pica las judías (rombos) y colócalas al lado. Coloca la tapa y cocina todo al vapor durante 10 minutos. Sazona.
3. Pica los dientes de ajo finamente y rehógalos en una cazuela (amplia y baja) con aceite. Añade las verduras cocidas, el vino y el caldo. Mezcla todo suavemente y cocina durante 5 minutos.
4. Pica la lombarda en juliana fina, sazona y saltéala en una sartén con un chorrito de aceite. Sirve la macedonia en cuencos y pon un poco de lombarda encima de cada uno.

Si no tienes cuchara sacabolas, puedes cortar las patatas, la calabaza y el calabacín en forma de cubitos rectangulares de 2 × 2 centímetros. El calabacín no hace falta pelarlo, pero límpialo bien con agua.
Si quieres darle un toque extremeño a este plato, saltea junto con los ajos unos taquitos de jamón serrano y una cucharadita de pimentón dulce de la Vera.

Saca bolitas con una cuchara *parisien* y cuécelas durante 10 minutos.

Cocina todo al vapor durante 10 minutos. Sazona.

Pica los dientes de ajo finamente y rehógalos en una cazuela (amplia y baja) con aceite.

Pica la lombarda en juliana fina, sazona y saltéala con un chorrito de aceite.

MENESTRA DE PRIMAVERA

Ingredientes // 4 personas

300 g de judías verdes
250 g de guisantes desgranados
250 g de habas desgranadas
8 alcachofas
2 patatas
2 zanahorias
1 cebolleta
2 dientes de ajo
2 lonchas de jamón
6 huevos
harina
agua
aceite de oliva virgen extra
vinagre
sal
perejil

Elaboración

1. Pon las habas y los guisantes en una cazuela con agua hirviendo y un poco de sal. Corta las judías verdes y añádelas. Pela y pica las zanahorias y agrégalas. Pela y trocea las patatas e incorpóralas. Deja cocinar.
2. Pon un chorro de aceite en una tartera. Pela y pica los dientes de ajo y ponlos a dorar. Pela y pica la cebolleta. Añádela, sazona y deja pochar. Cuando se pochen, pica el jamón y agrégalo. Rehoga. Añade 2 cucharadas de harina y cocínala un poco. Incorpora las verduras cocidas y un poco del caldo. Deja cocinar a fuego suave durante 4-5 minutos.
3. Limpia las alcachofas y ponlas en la olla rápida con un poco de agua. Sazona. Cierra la olla y cocina al vapor a fuego suave durante 5 minutos. Escurre y parte en cuartos. Casca 2 huevos en un bol y bátelos. Pasa las alcachofas por harina y huevo, y fríelas. Retíralas a un plato con papel absorbente para eliminar el exceso de grasa.
4. Pon en una cazuela ancha abundante agua a punto de ebullición. Sazona, echa un chorro de vinagre y casca 4 huevos dentro. Deja escalfar durante 4 minutos. Retíralos a un plato con papel absorbente para eliminar el exceso de agua.
5. Sirve un poco de menestra con un huevo escalfado encima por ración. Decora con una ramita de perejil.

Para elegir alcachofas frescas, no te guíes por el tamaño, porque no es representativo. Acércate la alcachofa al oído, aprieta y, si suena crujiente, es que está en buenas condiciones. Evita las de hoja blanda y abierta.

MENESTRA DE VERDURAS CON SALSA ESPAÑOLA

Un truco al cocinar alcachofas, para evitar que ennegrezcan y se pongan feas, es añadir un chorrito de jugo de limón.

Ingredientes // 4-6 personas

400 g de vainas
1 coliflor
2 puerros
5 zanahorias
4 alcachofas
2 huevos
2 cebollas
1 pimiento verde
1 hueso de jamón (trozo)
1 o 2 cucharadas de harina
1 vaso de vino blanco
½ l de caldo de carne
4 cucharadas de salsa de tomate
aceite de oliva virgen extra
agua
sal

Elaboración

1. Trocea 4 zanahorias, los puerros, las alcachofas, la coliflor y las vainas y cuece todo en una cazuela con abundante agua durante 15-16 minutos. Escurre y reserva.
2. Para hacer la salsa española, pica las cebollas y póchalas en una sartén con un chorro de aceite y una pizca de sal. Cuando estén bien doraditas, añade una zanahoria picada, el pimiento verde picado y la harina. Cocina todo un poco y agrega el hueso de jamón, el vino blanco, el caldo de carne, la salsa de tomate y una pizca de sal. Deja reducir durante 10-12 minutos. Retira el hueso de la cazuela y pasa el resto por el pasapurés. Reserva.
3. Cuece los huevos en una cazuela con abundante agua y una pizca de sal durante 10 minutos. Deja templar, pela, trocea y reserva.
4. Pon las verduras en una sartén grande y vierte la salsa española. Cocina a fuego suave durante 5-6 minutos. Incorpora los huevos duros y sirve la menestra en un plato hondo.

MILHOJAS DE CHAMPIÑONES

Ingredientes // 4 personas

5 láminas de pasta filo
1 kg de champiñón laminado
1 manojo de ajos frescos
2 cebolletas
12 espárragos verdes
1 patata
1 trozo de guindilla picante
agua
aceite de oliva virgen extra
mantequilla
sal
perejil

Elaboración

1. Para hacer la salsa, pica los espárragos (reserva 8 puntas) y la patata pelada. Rehógalos en una cazuela con un chorrito de aceite. Sazona. Cubre con agua y deja hervir durante 10-12 minutos. Tritura con la batidora eléctrica y reserva la salsa.
2. Pica las cebolletas y los ajos frescos, y póchalos en una cazuela con un poco de aceite y el trocito de guindilla picante. Cuando coja color, agrega los champiñones laminados. Sazona y cocina hasta que el champiñón suelte el agua. Deja que se enfríe. Retira la guindilla y reserva.
3. Corta las láminas de pasta filo por la mitad de manera que queden 10. Extiende un par de hojas sobre una bandeja de horno (una encima de otra) y pon encima una capa del relleno de champiñones bien repartido. Cubre con otras 2 láminas de pasta filo, unta con mantequilla fundida, coloca encima otra capa de champiñones y repite el proceso hasta completar 4 capas de champiñones. Termina con 2 láminas de pasta y hornea a 180 °C durante 20 minutos (con el horno precalentado). Reserva.
4. Corta las puntas de los espárragos reservadas por la mitad (a lo largo) y saltéalas en una sartén con un chorrito de aceite. Sazona. Corta los milhojas en porciones y sirve un rectángulo por comensal. Sirve una porción de milhojas en el plato y coloca encima unas puntas de espárrago. Acompaña con la salsa de espárrago y adorna con unas hojas de perejil.

Te aconsejo no adquirir espárragos verdes con tierra entre las escamas del tallo porque requerirán un excesivo lavado que provocará pérdidas de nutrientes.

MONTADITOS DE CALABACÍN Y TRUCHA CON SALSA ROJA

Para que al majar el ajo no salte, te recomiendo que le añadas un poco de sal o de azúcar.

Ingredientes // 4 personas

1 trucha grande
1 calabacín
2 tomates en rama
400 ml de salsa de tomate
1 diente de ajo
1 guindilla de cayena
harina
huevo batido
aceite de oliva virgen extra
sal
azúcar
pimienta negra
perejil

Elaboración

1. Para preparar la salsa, pela los tomates, córtalos en dados y saltéalos a fuego fuerte en una sartén con aceite. Añade una pizca de sal y otra de azúcar. Agrega la salsa de tomate. Maja el ajo con la guindilla e incorpora a la sartén. Cocina el conjunto durante 15-20 minutos.
2. Corta el calabacín en 12 lonchas ovaladas de un centímetro de grosor. Extiéndelas sobre un plato, sazónalas y deja que suden durante unos 20 minutos. Sécalas bien para eliminar el exceso de agua y pásalas por harina y huevo batido. Fríelas y escúrrelas sobre un plato forrado con papel absorbente de cocina. Resérvalas.
3. Limpia la trucha, retirándole la cabeza y las espinas.
4. Saca los lomos y corta cada uno en 4 trozos. Salpimienta y dóralos en una plancha con una gota de aceite.
5. Para hacer el montadito, coloca sobre la placa del horno una loncha de calabacín, cúbrela con un trozo de pescado, otra de calabacín, otro de pescado y finaliza con una loncha de calabacín. Repite el proceso hasta conseguir 4 montaditos.
6. Sirve la salsa de tomate en el fondo de la fuente y coloca encima los montaditos. Adorna con unas hojas de perejil.

MORRONES CON VERDURAS Y QUESO

Ingredientes // 4 personas

4 pimientos morrones
2 pimientos verdes
3 cebolletas
2 zanahorias
8 espárragos verdes
200 g de queso semicurado
1 cucharada de sésamo
aceite de oliva virgen extra
sal
perejil

Elaboración

1. Lava los pimientos y colócalos en una fuente apta para el horno. Sazona y hornea a 200 °C durante 25 minutos. Deja que se templen, retira el rabito, escúrrelos del jugo que hayan soltado y pélalos con cuidado para que no se rompan demasiado. Reserva.
2. Corta en juliana las cebolletas, los pimientos, las zanahorias y los espárragos, y saltéalos en una sartén con un poco de aceite y una pizca de sal.
3. Abre los pimientos y rellénalos con la farsa de verduras, enróllalos y colócalos de nuevo en la fuente apta para el horno. Corta el queso en lonchas y colócalas sobre los pimientos. Espolvorea con el sésamo y gratina durante 2-3 minutos. Decora con una hojita de perejil y sirve enseguida.

También puedes asar los pimientos en el microondas. Poniéndolo en la potencia máxima tardarán más o menos 12 minutos. Al igual que para el horno, hay que sazonarlos y untarlos con aceite.

MORRONES RELLENOS DE CHAMPIÑONES

No escaldes los pimientos más de un minuto y medio para que no se cuezan.

Ingredientes // 4 personas

2 pimientos morrones (hermosos)
600 g de champiñones laminados
1 cebolleta
1 puerro
1 manojo de ajos frescos
1 huevo
agua
vinagre
aceite de oliva virgen extra
sal
perejil

Elaboración

1. Lava los pimientos y retírales la parte inferior y la parte superior. Córtalos por la mitad a lo ancho. Cuécelos en una cazuela con agua hirviendo durante 4 minutos. Retíralos y escúrrelos bien.
2. Limpia el puerro y la cebolleta, y pícalos finamente. Ponlos a pochar en una sartén con un chorrito de aceite junto con los ajos frescos picados. Añade los champiñones laminados. Cocina todo y sazona.
3. Coloca el huevo en el vaso batidor, agrega un chorrito de vinagre y una pizca de sal. Vierte el aceite poco a poco y, con ayuda de la batidora eléctrica, lígalo hasta conseguir una mahonesa con consistencia.
4. Coloca los pimientos en la placa de horno, rellénalos con la farsa de champiñones y ajos. Nápalos con la mahonesa y gratínalos en el horno. Retíralos y adorna cada uno con una ramita de perejil.

PASTEL DE BRÓCOLI Y COLIFLOR CON CREMA DE ZANAHORIA

Ingredientes // 4 personas

400 g de brócoli
400 g de coliflor
6 huevos
¼ l de leche
¼ l de nata
6 zanahorias
1 cebolla
1 puñado de arroz
2 rebanadas de pan de molde
pan rallado
mantequilla
agua
aceite de oliva virgen extra
sal
pimienta negra
perejil

Elaboración

1. Introduce el brócoli en un puchero con agua y sal. Tapa y cocina durante 4-5 minutos. Escurre y retíralo a un vaso batidor. Tritura con la batidora eléctrica. Reserva.
2. En otro puchero, cuece la coliflor durante 10-12 minutos. Escurre y coloca en un vaso batidor. Tritura con la batidora eléctrica. Reserva.
3. Casca los huevos en un bol. Condimenta con sal y pimienta negra molida. Bate. Añade la leche y la nata, y mezcla. Añade 4 cazos de la mezcla a la crema de brócoli, mezcla y reserva. Añade otros 3 cazos a la crema de coliflor, mezcla y reserva.
4. Fríe las rebanadas de pan en una sartén con abundante aceite caliente. Cuando cojan color, retíralas a un plato con un papel absorbente para eliminar el exceso de grasa.
5. Forra el fondo del molde con papel de horno, úntalo con mantequilla y pan rallado. Vierte la mezcla de brócoli. Cubre con 2 rebanadas de pan tostado. Vierte por encima la mezcla de coliflor. Introduce el molde en una fuente de horno llena de agua. Hornea a 180 °C (con el horno precalentado) durante 40 minutos. Desmolda y reserva.
6. Para elaborar la crema de zanahoria, pela y pica la cebolla y ponla a pochar en un puchero con un chorrito de aceite. Pica las zanahorias y agrégalas. Rehoga y añade el arroz. Sazona. Cubre con agua y deja cocer. Tritura con la batidora eléctrica y cuela para que quede una crema bien fina.
7. Corta el pastel en rebanadas y sirve 1 o 2 (según el grosor) por ración. Acompaña con la crema de zanahoria y decora con una hojita de perejil.

Para disminuir el peculiar olor de la coliflor durante la cocción, añade un chorrito de leche o unos granos de comino.

PATATAS EN SALSA VERDE CON MORRONES

Las patatas se pueden sustituir perfectamente por calabacines o berenjenas, siempre que no estén cocidas previamente.

Ingredientes // 4 personas

3 patatas
4 huevos
1 pimiento morrón
1 cebolleta
2 dientes de ajo
harina
huevo batido
50 ml de vino blanco
agua
aceite de oliva virgen extra
sal
perejil

Elaboración

1. Pon agua a calentar en una cazuela. Cuando empiece a hervir, agrega 4 huevos y cuécelos durante 10 minutos. Refresca, pela y corta en cuartos. Resérvalos.
2. Coloca el pimiento sobre la placa del horno. Riégalo con un chorro de aceite y sazónalo. Ásalo en el horno a 180 °C durante 30 minutos (con el horno precalentado). Pélalo y córtalo en tiras. Reserva.
3. Cuece las patatas durante 25 minutos. Pélalas, córtalas en rodajas, sazónalas y pásalas por harina y huevo batido. Fríelas en una sartén con aceite. Escúrrelas sobre un plato forrado con papel absorbente de cocina.
4. Para la salsa verde, pela y lamina los ajos y la cebolleta finamente. Ponlos a rehogar en una cazuela (amplia y baja). Sazona. Cuando cojan un poco de color, añade una cucharada de harina, remueve y cocina un poco. Vierte el vino y dale un hervor. Añade 300 mililitros de agua y mezcla bien. Introduce las patatas, espolvorea con perejil picado y cocínalas durante 5 minutos más. Decora con los trozos de huevo, las tiras de pimiento y una hojita de perejil.

PASTEL DE PATATA Y CARNE

Elaboración

1. Pela y pica el diente de ajo y la cebolla, y ponlos a pochar en una sartén con un chorrito de aceite. Pica el pimiento, agrégalo, sazona y deja cocinar. Una vez pochados, incorpora la carne picada de ternera y la de cerdo. Mezcla y rehoga. Salpimienta. Añade un poco de orégano. Pica unas hojas de albahaca e incorpóralas. Mezcla. Vierte la salsa de tomate y deja cocinar a fuego suave para que se evapore el agua de la salsa. Reserva.
2. Lava las patatas y ponlas (con la piel) en la olla rápida cubiertas con agua y una pizca de sal. Cierra la olla y cocina a fuego lento durante 5-8 minutos (dependiendo del tamaño) a partir de que suba la válvula de seguridad. Abre, retira las patatas a un plato y deja atemperar. Quítales la piel, trocéalas y pásalas por el pasapurés. Salpimienta. Casca un huevo, añádelo y mezcla. Separa el puré en dos cuencos diferentes y agrega perejil picado a uno de ellos. Mezcla.
3. Pon un molde en el centro del plato y rellena una primera capa con puré de patatas. Coloca encima otra capa de carne y termina con otra de puré con perejil. Desmolda y pon encima un poco de queso emmental. Decora con una hojita de perejil y sirve.

Ingredientes // 4 personas

5 patatas
200 g de carne de ternera picada
150 g de carne de cerdo picada
150 g de queso emmental en crema
1 huevo
1 cebolla
1 pimiento verde
1 diente de ajo
1 vaso de salsa de tomate
agua
aceite de oliva virgen extra
sal
pimienta negra
orégano
albahaca
perejil

Si te ha sobrado carne picada, no la tires. Métela en una bolsa de plástico, aplástala un poco y congélala. De esta manera ocupará menos espacio y resultará más fácil de descongelar.

PASTEL DE ZANAHORIAS Y JUDÍAS VERDES CON SALSA ROQUEFORT

A medida que pasa el tiempo, el queso roquefort va intensificando su sabor, así que te recomiendo comprar la cantidad exacta que vayáis a utilizar.

Ingredientes // 8 personas

600 g de zanahorias
500 g de judías verdes redondas
5 huevos
250 ml de nata
50 g de queso roquefort
2 cucharadas de vino blanco
1 barra de chapata
agua
mantequilla
harina
sal
pimienta negra
perejil

Elaboración

1. Corta el pan en rebanadas y tuéstalas en el horno a 190 °C durante 8-10 minutos. Unta un molde (tipo plumcake) con mantequilla, colócale a lo largo una tira de papel de horno de manera que sobresalga por los bordes, úntalo con más mantequilla y espolvoréalo con harina. Reserva.
2. Corta las puntas de las judías, cuécelas durante unos 10 minutos en una cazuela con agua y sal. Escurre y reserva. Pela las zanahorias, trocéalas y cuécelas en otra cazuela con agua y una pizca de sal. Escurre y tritura. Bate los huevos y salpimienta. Agrega las zanahorias y la nata. Mezcla bien.
3. Vierte al molde un tercio de la mezcla y añade un tercio de las judías. Repite el proceso hasta terminar con todos los ingredientes. Cocínalo en el horno al baño María a 170 °C durante 45 minutos.
4. Para la salsa, pon la nata, el queso y el vino blanco en una cazuelita. Calienta y deja que reduzca durante 10 minutos aproximadamente. Sirve el pastel con la salsa, acompaña con el pan y decora el plato con unas hojas de perejil.

PATATAS EN SALSA VERDE CON MORRONES

Las patatas se pueden sustituir perfectamente por calabacines o berenjenas, siempre que no estén cocidas previamente.

Ingredientes // 4 personas

3 patatas
4 huevos
1 pimiento morrón
1 cebolleta
2 dientes de ajo
harina
huevo batido
50 ml de vino blanco
agua
aceite de oliva virgen extra
sal
perejil

Elaboración

1. Pon agua a calentar en una cazuela. Cuando empiece a hervir, agrega 4 huevos y cuécelos durante 10 minutos. Refresca, pela y corta en cuartos. Resérvalos.
2. Coloca el pimiento sobre la placa del horno. Riégalo con un chorro de aceite y sazónalo. Ásalo en el horno a 180 °C durante 30 minutos (con el horno precalentado). Pélalo y córtalo en tiras. Reserva.
3. Cuece las patatas durante 25 minutos. Pélalas, córtalas en rodajas, sazónalas y pásalas por harina y huevo batido. Fríelas en una sartén con aceite. Escúrrelas sobre un plato forrado con papel absorbente de cocina.
4. Para la salsa verde, pela y lamina los ajos y la cebolleta finamente. Ponlos a rehogar en una cazuela (amplia y baja). Sazona. Cuando cojan un poco de color, añade una cucharada de harina, remueve y cocina un poco. Vierte el vino y dale un hervor. Añade 300 mililitros de agua y mezcla bien. Introduce las patatas, espolvorea con perejil picado y cocínalas durante 5 minutos más. Decora con los trozos de huevo, las tiras de pimiento y una hojita de perejil.

PATATAS RELLENAS DE ESPINACAS Y PIÑONES

Ingredientes // 4 personas

4 patatas hermosas
700 g de espinacas
250 g de calabaza
50 g de arroz
75 g de piñones
1 cucharada de harina
1 vaso de leche
2 dientes de ajo
agua
aceite de oliva virgen extra
sal
nuez moscada
perejil

Elaboración

1. Pela la calabaza, trocéala y ponla a cocer junto con el arroz en una cazuela con un poco de agua. Sazona. Tritura con la batidora eléctrica. Reserva.
2. Pela y lamina los dientes de ajo y ponlos a dorar en una sartén con un chorrito de aceite. Añade la mitad de los piñones y las espinacas. Tapa y deja cocinar.
3. Pon a cocer las patatas en un puchero con abundante agua hirviendo y un poco de sal. Deja cocer a fuego moderado durante 30-35 minutos. Retíralas a un plato, deja atemperar y ábrelas por la mitad. Vacía el interior de las patatas con la ayuda de una cucharilla y reserva las medias patatas vacías. Machaca con un tenedor la patata retirada hasta conseguir un puré y mézclalo con las espinacas y los piñones.
4. Coloca las patatas vacías en una bandeja de horno, rellénalas con la masa de patata, espinacas y piñones. Reserva.
5. Para hacer la bechamel, pon una gotita de aceite en un puchero, añade la harina y cocínala un poco. Vierte la leche, poco a poco, sin dejar de remover con la varilla. Ralla un poco de nuez moscada, agrega los piñones restantes y pon a punto de sal. Cubre las patatas con la bechamel y gratínalas hasta que se doren.
6. Sirve la crema de calabaza en el fondo del plato con 2 patatas rellenas por ración. Decora con una ramita de perejil.

Los piñones son de los frutos secos más caros porque para conseguir un kilo de piñones pelados se necesitan entre 20 y 30 kilos de piñas. Es un fruto seco excelente para deportistas y también para disminuir el colesterol.

PATATAS RELLENAS PICANTES

Si no tienes microondas o no quieres cocer las patatas en él, límpialas sin pelar con agua. Ponlas a cocer en una cazuela con sal. Déjalas que hiervan 20 minutos. Retíralas del agua y deja que se enfríen. Córtalas por la mitad y con la ayuda de una cucharilla vacíalas con cuidado de que no se rompan. Sazónalas y ya estarán listas para rellenar.

Ingredientes // 4 personas

4 patatas medianas
300 g de carne picada de pollo
2 cebolletas
1 kg de tomate triturado
1 alegría riojana
3 dientes de ajo
4 lonchas de queso semicurado
aceite de oliva virgen extra
sal
azúcar
pimienta negra
orégano
perejil

Elaboración

1. Para hacer la salsa de tomate, pica una cebolleta y los dientes de ajo. Rehógalos en una cazuela con aceite. Agrega el tomate triturado, la alegría riojana, una pizca de sal y una pizca de azúcar. Cocínalo durante 25 minutos y tritúralo con la batidora eléctrica. Reserva.
2. Pica la otra cebolleta finamente y ponla a pochar en una sartén con aceite. Cuando esté dorada, añade el picadillo, una pizca de orégano, salpimienta y saltea brevemente. Reserva.
3. Lava las patatas, colócalas en un plato, cúbrelas con film de cocina y hazle un agujerito para que salga el vapor. Cocínalas en el microondas durante 16 minutos (4 minutos por patata). Cuando pase este tiempo, déjalas reposar 5 minutos más con el plástico para que la patata no se rompa.
4. Córtalas por la mitad a lo largo y rellénalas con la carne. Échales la salsa de tomate picante, cúbrelas con una loncha de queso cortada por la mitad y gratínalas en el horno. Sirve y decora con una hojita de perejil.

PENCAS RELLENAS DE BAGNA CAUDA

Ingredientes // 4 personas

8 hojas de acelga hermosas
2 patatas
2 puerros
8-10 filetes de anchoa en aceite
8 dientes de ajo
harina
1 huevo batido
agua
aceite de oliva virgen extra
sal
perejil

Elaboración

1. Separa las pencas de acelga, retira los hilos y ponlas a cocer en una cacerola con agua hirviendo y sal. Escurre las pencas y resérvalas. Déjalas atemperar y córtalas en trozos grandes.
2. Para hacer la bagna cauda, pela los dientes de ajo y confítalos a fuego suave en una sartén con aceite. Escurre el aceite y colócalos en el mortero. Añade las anchoas y maja hasta obtener una pasta. Reserva.
3. Para hacer la crema, limpia y pica los puerros. Pela y trocea las patatas. Pon todo a cocer en una cazuela con agua y sal. Retira el exceso de caldo y tritura con la batidora eléctrica. Añade un poco de perejil picado y reserva.
4. Unta la mitad de las pencas con la bagna cauda y tápalas con otro trozo. Pásalas por harina y huevo batido y fríelas en una sartén con aceite caliente. Retíralas a un plato con papel absorbente para eliminar el exceso de aceite. Sirve unos montoncitos de crema en cada plato y coloca encima de cada montoncito una penca rellena. Decora con una hojita de perejil.

La bagna cauda, receta originaria de la región italiana del Piamonte, se elabora mezclando aceite de nuez, ajos cocidos y anchoas en salazón. Se trituran los ingredientes y se calienta sin dejar que hierva. En algunos lugares se sustituye el aceite de nuez por crema de leche o nata. Se acompaña con todo tipo de verduras y hortalizas, tanto en crudo como cocidas.

PENCAS RELLENAS CON SALSA VIZCAÍNA

Ingredientes // 4 personas

8 hojas de acelga
2 pimientos verdes
3 lonchas de queso semicurado
3 lonchas de jamón
2 dientes de ajo
2 cebollas rojas
1 manzana
5 pimientos choriceros
20 g de miga de pan
100 ml de vino
harina
huevo batido
agua
aceite de oliva virgen extra
sal
perejil

Elaboración

1. Para la salsa, pon a remojar los pimientos choriceros en agua caliente durante unos 20-30 minutos aproximadamente y sácales la carne. Resérvala.
2. Pela los dientes de ajo, lamínalos y ponlos a dorar en una cazuela con un poco de aceite. Pela y pica las cebollas rojas y agrégalas. Pela la manzana, pícala y añádela. Sazona y deja pochar suavemente. Agrega la carne de pimiento choricero, la miga de pan, el vino y 300 mililitros de agua. Cocina a fuego suave durante 10 minutos. Tritura, cuela y reserva.
3. Separa las hojas de las pencas. Limpia bien las hojas y resérvalas. Retira los hilos de las pencas, córtalas en trozos de unos 7 centímetros y cuécelos en una cazuela con agua y sal durante 10 minutos. Escurre y reserva.
4. Corta las lonchas de queso y de jamón del tamaño de los trozos de las pencas y resérvalas.
5. Corta los pimientos verdes en trozos del tamaño de las pencas y fríelos a fuego suave en una sartén con aceite. Escúrrelos sobre papel absorbente de cocina. Sazona.
6. Extiende la mitad de las pencas sobre una fuente. Pon encima de cada una un trozo de jamón, uno de pimiento y uno de queso. Tápalas con el resto de las pencas. Pásalas por harina y huevo batido, y fríelas en una sartén con aceite por los dos lados. Escúrrelas sobre un plato forrado con papel absorbente. Sirve la salsa y coloca encima las pencas rellenas. Adorna con una rama de perejil.

Bate el huevo en un recipiente ancho y plano para que las pencas rellenas no se desmonten al pasarlas.

PENCAS RELLENAS DE PAVO Y QUESO

Si vas a tardar en cocer las pencas y no quieres que oscurezcan, te recomiendo que las mantengas en un bol con agua y un chorro de limón hasta el momento de cocerlas.

Ingredientes // 4 personas

8 hojas de acelga
2 pimientos verdes
3 lonchas de queso semicurado
4 lonchas de pechuga de pavo
200 ml de vino blanco
agua
harina
huevo batido
aceite de oliva virgen extra
sal
perejil

Elaboración

1. Pica los pimientos en dados y ponlos a pochar en una cazuela con aceite. Cuando empiecen a ponerse blandos, vierte el vino y deja reducir. Cuécelos durante 15 minutos a fuego suave, tritura, cuela y reserva.
2. Separa las hojas de las pencas. Reserva las hojas para otra ocasión y retira los hilos de las pencas. Corta cada penca en 3 trozos de 7 centímetros aproximadamente. Cuécelos en una cazuela con agua y sal durante 12 minutos. Escurre y reserva.
3. Extiende la mitad de las pencas sobre una fuente. Corta las lonchas de queso del tamaño de los trozos de las pencas y cubre los trozos de penca. Corta las lonchas de pavo en 3 porciones (a lo ancho). Dobla cada trozo por la mitad y colócalas sobre el queso. Tápalas con el resto de las pencas.
4. Pásalas por harina y huevo batido, y fríelas por los dos lados en una sartén con aceite no muy caliente. Escúrrelas sobre un plato forrado con papel absorbente de cocina. Sirve, acompáñalas con la salsa y adórnalas con unas hojas de perejil.

PUERROS CON JAMÓN COCIDO

Ingredientes // 4 personas

6 puerros
6 lonchas de jamón cocido
3 dientes de ajo
harina
huevo batido
1 copa de vino blanco
agua
aceite de oliva virgen extra
sal
perejil

Elaboración

1. Quita el verde a los puerros y corta cada uno en 2 trozos de la misma medida. Ponlos a cocer durante 18-20 minutos en una cazuela con abundante agua y una pizca de sal. Una vez cocidos, retíralos a una fuente con papel absorbente y reserva el caldo de la cocción.
2. Corta las lonchas de jamón por la mitad y envuelve con cada una un trozo de puerro. Casca los huevos en un bol, sazónalos y bátelos. Pasa los puerros con jamón por harina y huevo batido y fríelos en una sartén con abundante aceite caliente. Retíralos a un plato con papel absorbente para eliminar el exceso de grasa. Reserva y cuela el aceite de la sartén.
3. Pon en una tartera 2 cucharaditas del aceite de la fritura colado. Pela y pica los dientes de ajo, añádelos y rehógalos. Cuando tomen color, agrega 3 cucharaditas de harina y vierte el vino blanco. Remueve y vierte 2 vasos del caldo de la cocción reservado. Añade perejil picado y remueve. Incorpora los puerros rebozados y deja hervir suavemente durante 4-5 minutos.
4. Sirve 3 rollitos de puerro por ración. Salsea y decora con una ramita de perejil.

Elige los puerros de tallo recto, consistente, firme y bien blanco, sin marcas. Evita los puerros amarillentos y descoloridos, y los que tengan los tallos hinchados o con las hojas muy secas.

PUERROS CON PATATAS Y BACALAO

Ingredientes // 4 personas

2 lomos de bacalao desalado (400 g aproximadamente)
6 puerros
3 patatas
3 dientes de ajo
1 guindilla de cayena
agua
aceite de oliva virgen extra
sal
perejil

Elaboración

1. Pon las patatas a cocer en una cazuela con agua y una pizca de sal. A los 30 minutos, retíralas, déjalas templar, pélalas, córtalas en lonchas de 2 centímetros y colócalas sobre una fuente amplia.
2. Limpia los puerros, córtalos en trozos de unos 5 centímetros y cuécelos durante 10 minutos en una cazuela con agua y una pizca de sal. Escurre e intercala los puerros entre las patatas.
3. Confita el bacalao en una cazuela con aceite a fuego muy suave durante 10-12 minutos. Retira la piel y separa los lomos en lascas. Colócalas sobre las patatas.
4. Cuela el aceite de confitar el bacalao y colócalo en un bol. Vierte un poco en una sartén. Lamina los ajos y añádelos a la sartén junto con la guindilla. Retira la sartén del fuego y añade perejil picado. Riega con el refrito las hortalizas y el bacalao de la fuente. Adereza el plato con sal y sirve.

Después de confitar el bacalao, dejar reposar el aceite para que el agua que ha soltado el bacalao se quede en el fondo.

ROLLITOS DE VERDURA, SOJA Y TERNERA

Ingredientes // 4 personas

8 hojas de pasta wanton o brick
1 filete de ternera (200 g aproximadamente)
150 g de hojas de berza o repollo
2 zanahorias
100 g de soja germinada
salsa de soja
aceite de oliva virgen extra
sal
cebollino

Elaboración

1. Pela y corta las zanahorias en juliana y ponlas a pochar en un wok con un chorrito de aceite. Pica las hojas de berza y añádelas. Sazona. Agrega los germinados de soja y la salsa de soja. Corta la carne en tiras, saltéalas en una sartén con un chorrito de aceite e incorpóralas al wok. Mezcla bien y escurre con la ayuda de un colador para retirar la grasa sobrante.
2. Pon las láminas de pasta wanton a remojo en un bol con agua durante unos minutos. Una vez hidratadas, colócalas sobre un paño, lámina por lámina, y pon encima de cada una un poco del relleno de verdura, carne y soja. Envuelve y haz una especie de paquetito. Repite la operación con cada lámina.
3. Fríe los paquetitos en una sartén con abundante aceite caliente y retíralos a un plato con papel absorbente para retirar el exceso de grasa.
4. Sirve 2 rollitos de verdura por ración y decora con cebollino troceado.

La salsa de soja o shoyu se obtiene fermentando durante varios meses granos de soja, trigo tostado, agua y sal. La diferencia con el tamari es que éste no contiene trigo, por lo que no tiene gluten, pero su sabor no es tan suave como el de la salsa de soja.

ROMANESCO CON TOMATE Y REFRITO

No cuezas el romanesco más de 10 minutos para que se quede al dente y no se rompan los ramilletes.

Ingredientes // 4 personas

1 romanesco
1 kg de tomates en rama
3 cebolletas
4 dientes de ajo
4 lonchas finas de jamón serrano
agua
aceite de oliva virgen extra
sal
azúcar

Elaboración

1. Extiende las lonchas de jamón sobre una bandeja de horno forrada con papel. Cubre con otro papel, coloca un peso y hornéalas a 160 °C durante 30 minutos. Reserva.
2. Haz un corte en forma de cruz en la parte inferior de los tomates, retira el pedúnculo y escáldalos en una cazuela con agua hirviendo. Déjalos templar, pélalos y pícalos en dados. Escurre y reserva.
3. Pela 2 dientes de ajo y las cebolletas, y pon a pochar en una sartén con un chorrito de aceite. Agrega los tomates, una pizca de azúcar, una pizca de sal, y cocínalos durante 30 minutos a fuego suave.
4. Lava y corta el romanesco y cuécelo en una cazuela con agua y una pizca de sal durante 6-8 minutos hasta dejarlo al dente.
5. Coloca el tomate en el fondo del plato y pon encima el romanesco cocido.
6. Pela los otros 2 dientes de ajo, córtalos en láminas finas y dóralos en una sartén con un chorrito de aceite. Riega el romanesco. Adorna con el crujiente de jamón y sirve.

SANJACOBOS DE CALABACÍN CON SALSA MARINERA

Si deseas hacer la salsa de tomate casera, debes quitar la piel a los tomates, ya que ésta le daría un toque amargo al preparado. Asimismo, las semillas no son del gusto de algunas personas cuando las encuentran entre la comida, por lo que también se recomienda extraerlas.

Ingredientes // 4 personas

2 calabacines
3 lonchas de jamón york
250 g de queso manchego
3 dientes de ajo
huevo batido
harina
pan rallado
4 cucharadas de salsa de tomate
100 ml de vino blanco
100 ml de agua
aceite de oliva virgen extra
sal
perejil

Elaboración

1. Para la salsa marinera, pela y pica los dientes de ajo finamente, rehógalos brevemente en una cazuela con un chorrito de aceite, añade una cucharada de harina, cocina un poco, vierte el vino y dale un hervor. Agrega las 4 cucharadas de salsa de tomate, el agua y cocina durante 15 minutos a fuego suave. Espolvorea con perejil picado y reserva.
2. Lava los calabacines y, con ayuda de una mandolina, saca 12 lonchas de medio centímetro de grosor aproximadamente. Corta los extremos y parte cada loncha por la mitad (a lo ancho). Sazona.
3. Corta las lonchas de jamón en 4 trozos de manera que queden 12 lonchitas pequeñas.
4. Corta el queso en 12 porciones y reserva.
5. Extiende la mitad de los calabacines sobre un plato y pon encima de cada uno una loncha de jamón y otra de queso. Tapa con el resto de los calabacines, de manera que queden como sándwiches. Pasa, uno a uno, por harina, huevo batido y pan rallado, y fríe en una sartén con abundante aceite no muy caliente para que se funda el queso por dentro. Retira a un plato con papel absorbente para eliminar el exceso de aceite.
6. Sirve 3 sanjacobos por comensal y acompaña con la salsa marinera. Decora con perejil.

TARTA DE ESPINACAS Y QUESO

Al extender la masa brisa sobre el molde, te sobrarán algunos recortes. Guárdalos por si al hornearla te queda alguna grieta. Basta con amasarla un poco y, con mucho cuidado, tapar las grietas antes de verterle encima el relleno.

Ingredientes // 6 personas

1 lámina de masa brisa
500 g de espinacas
200 g de queso cheddar
4 huevos
250 ml de nata
1 tomate
25 g de piñones
25 g de cacahuetes
25 g de maíz tostado
aceite de oliva virgen extra
vinagre
sal
perejil

Elaboración

1. Extiende la masa brisa sobre un molde redondo de fondo desmontable. Hornéala a 180 °C durante 15 minutos.
2. Para la vinagreta, pela el tomate, pícalo y colócalo en un bol. Pica los frutos secos a cuchillo y añádelos al bol. Maja el maíz en el mortero e incorpóralo. Aliña con aceite, vinagre y sal. Deja macerar un ratito.
3. Lava las espinacas y pícalas finamente. Sazónalas y saltéalas en el wok con un chorrito de aceite. Escúrrelas bien.
4. Bate los huevos e incorpora la nata, el queso (en dados) y las espinacas. Remueve bien y vierte todo sobre la masa brisa horneada. Cuece la tarta a 180 °C durante 20-25 minutos (con el horno precalentado). Sirve y acompaña con la vinagreta de tomate y frutos secos. Adorna con unas hojas de perejil.

TORTITAS DE ACELGAS Y QUESO CON SALSA DE CALABAZA

Para conservar al máximo las propiedades nutritivas de las patatas, una vez compradas se recomienda almacenarlas el menor tiempo posible en lugares frescos y secos, protegidos de la luz.

Ingredientes // 4 personas

3 hojas de acelga
400 g de calabaza
1 cebolleta
1 huevo
100 g de queso semicurado rallado
2 patatas
agua
aceite de oliva virgen extra
sal
pimienta negra
perejil

Elaboración

1. Cuece las patatas en una cazuelita con agua y una pizca de sal durante 30-35 minutos. Déjalas templar, pélalas y colócalas en un bol.
2. Limpia las acelgas y pícalas finamente (la parte blanca y la verde). Ponlas a cocer en una cazuela con agua y una pizca de sal. A los 8-10 minutos, escúrrelas y reserva el caldo. Pasa las acelgas al bol con las patatas. Aplasta todo con un tenedor. Salpimienta y añade el huevo y el queso. Mezcla bien. Pon a punto de sal.
3. Coge 8 porciones de masa y colócalas sobre una placa forrada con papel de horno. Aplástalas un poco y hornea a 200 °C durante 20 minutos.
4. Pica la cebolleta y la calabaza y pon a pochar en una cazuelita con aceite. Vierte un vaso del caldo reservado y cocina durante 10 minutos. Pon a punto de sal. Tritura con la batidora eléctrica (si ves que tiene muchos hilos, pasa la salsa por el pasapurés para dejarla fina). Sirve la salsa y coloca encima las tortitas. Decora con una hojita de perejil.

VERDURAS DE INVIERNO CON JAMÓN Y PIPAS DE CALABAZA

Para que el cardo no ennegrezca, mantenlo en agua fría con una rodaja de limón y cuécelo con otra rodaja.

Ingredientes // 6 personas

8 alcachofas
1 kg de cardo
150 g de jamón serrano
2 dientes de ajo
1 limón
1 cucharada de harina
100 ml de vino blanco
agua
aceite de oliva virgen extra
40 g de pipas de calabaza (peladas)
sal
perejil

Elaboración

1. Pela las alcachofas y ponlas a cocer en una cazuela con unas ramas de perejil y sal durante 20 minutos. Retírales la capa exterior y córtalas por la mitad. Reserva un poco del agua de la cocción y las alcachofas.
2. Para limpiar el cardo, retira las telillas de los tallos, córtalos en trozos de 6 centímetros y cuece el cardo durante 30 minutos con una rodaja de limón para que no ennegrezca. Sazona. Escurre y reserva.
3. Rehoga el jamón picadito en una cazuela. Pela y lamina los ajos, y añádelos. Rehoga bien. Agrega una cucharadita de harina, rehógala ligeramente, vierte el vino y un poco del caldo reservado anteriormente, e introduce las alcachofas y el cardo. Cocina la verdura en la salsa durante 4-5 minutos. Pon a punto de sal.
4. Tuesta las pipas de calabaza en una sartén sin aceite. Sirve las verduras con la salsa y espolvorea con las pipas tostadas. Decora con una hojita de perejil.

VOLOVANES CON VERDURAS Y SALSA DE CALABACÍN

Para que las zanahorias no se ablanden en el frigorífico, envuélvelas con film de cocina y guárdalas en el cajón de las verduras.

Ingredientes // 4 personas

2 láminas de hojaldre
4 lonchas de tocino ibérico
½ calabacín
8 espárragos verdes
16 ajos frescos
150 g de judías verdes
2 zanahorias
1 huevo batido
harina de maíz refinada
agua
aceite de oliva virgen extra
sal

Elaboración

1. Corta 8 circunferencias de hojaldre de 13 centímetros de diámetro. Coloca 4 sobre la placa de horno forrada con papel de hornear. Saca 4 aros de las otras 4 circunferencias y colócalos encima. Pon también las circunferencias pequeñas sobre la placa. Unta todo con huevo batido y hornea a 180 °C (con el horno precalentado) durante 15 minutos.
2. Pica el calabacín en dados y colócalos en el vaso de la batidora. Añade 100 mililitros de agua, 2 cucharadas de aceite y una pizca de sal. Tritura, pasa la salsa a una cazuelita y caliéntala. Lígala con un poco de harina de maíz refinada diluida en agua. Reserva.
3. Corta los ajos tiernos por la mitad, las judías en rombos y las zanahorias en bastones. Corta los espárragos en cilindros dejando las puntas de 5 centímetros. Sazona y cocina en una sartén con un chorrito de aceite.
4. Rellena los volovanes con las verduras a la plancha, cúbrelos con las lonchas de tocino (cortadas por la mitad) y gratínalos en el horno. Echa la salsa y coloca encima los volovanes. Adorna cada ración con 2 puntas de espárrago y sirve.

LEGUMBRES

ALUBIAS BLANCAS CON PATO

Ingredientes // 4-6 personas

400 g de alubias blancas
8 alas de pato confitadas (con su grasa)
1 cabeza de ajo
3 zanahorias
2 patatas
agua
aceite de oliva virgen extra
sal
perejil

Elaboración

1. Pon las alubias en remojo la víspera. Escurre e introdúcelas en la olla rápida con abundante agua y la cabeza de ajo entera. Pela y pica las zanahorias y agrégalas. Sazona. Tapa la olla y cocina a fuego lento durante 10-12 minutos a partir de que suba la válvula de seguridad. Pasado este tiempo, abre la olla, retira la cabeza de ajo y deja hervir lentamente.
2. Pon las alas al baño María para que se deshaga la grasa. Retíralas a una fuente para horno y reserva la grasa fundida. Hornea las alas durante 10-12 minutos (con el horno precalentado) a 220 °C hasta que se tuesten. Reserva dentro del horno apagado, con el calor residual.
3. Con ayuda de un cazo, pasa la grasa fundida a una sartén (evitando la grasa de debajo, que puede tener gelatina). Pela las patatas, córtalas en dados y ponlas a freír. Escurre con un colador para eliminar el exceso de grasa.
4. Sirve las alubias en plato hondo. Reparte unas patatas por encima y acompaña con 2 alitas de pato por ración. Decora con una ramita de perejil.

A excepción de las lentejas, las legumbres hay que ponerlas en remojo durante unas horas antes de cocinarlas. El exceso de calor puede hacer que se desprendan las pieles, por lo que no conviene cocerlas demasiado tiempo.

ALUBIAS CON TODOS LOS SACRAMENTOS

Se llama «sacramentos» a la guarnición de este típico plato de la cocina vasca. Se compone de productos del cerdo (costilla, tocino, chorizo y morcilla), más la berza y las guindillas verdes. Los sacramentos se cocinan aparte y se sirven en una fuente por separado. Cuando las alubias van sin sacramentos se llaman «viudas».

Ingredientes // 4-6 personas

500 g de alubias negras de Tolosa
400 g de costilla de cerdo
150 g de tocino
200 g de chorizo fresco
350 g de morcilla de cebolla
1 puerro
1 cebolleta
1 pimiento verde
½ berza
2 dientes de ajo
8 guindillas de Ibarra
agua
aceite de oliva virgen extra
sal
perejil

Elaboración

1. Pica finamente el pimiento verde, la cebolleta y el puerro. Pocha todo en la olla rápida con un chorrito de aceite. Agrega las alubias y cúbrelas con agua. Coloca la tapa y cocínalas durante 40-45 minutos desde el momento en que suba la válvula. Ponlas a punto de sal.
2. Cuece la costilla, el tocino y el chorizo en la olla rápida con agua y una pizca de sal durante 30 minutos. Escurre y reserva. Pon a cocer a fuego suave la morcilla en una cazuela con agua y una pizca de sal durante 25-30 minutos.
3. Limpia la berza, pícala y cuécela durante 15 minutos en una cazuela con agua hirviendo y una pizca de sal. Escúrrela y pásala a una fuente.
4. Pela y lamina los dientes de ajo. Fríelos en una sartén con un poco de aceite. Vierte el refrito por encima de la berza.
5. Sirve las alubias y la berza con todos sus sacramentos (la costilla, el tocino, la morcilla y el chorizo). Acompáñalas con unas guindillas de Ibarra con aceite y sal. Decora con una hojita de perejil o con perejil picado.

ALUBIAS ROJAS CON PAQUETITOS DE BERZA

Ingredientes // 4 personas

400 g de alubias rojas
1 cebolla
2 dientes de ajo
1 hoja de laurel
200 g de callos y morros cocidos
4 hojas de berza o repollo
1 cebolla
1 pimiento verde
aceite de oliva virgen extra
1 cucharadita de pimentón dulce
agua
sal

Elaboración

1. Pon las alubias en remojo, pásalas por agua y échalas a la olla rápida. Cúbrelas con agua, agrega la hoja de laurel, los dientes de ajo y la cebolla bien picadita. Pon la tapa y deja cocer durante 12 minutos desde el momento en que empiece a salir el vapor.
2. Limpia las hojas de berza, escáldalas durante un par de minutos en una cazuela con agua hirviendo y escúrrelas.
3. Para elaborar el relleno, pica la cebolla y el pimiento finamente, y pon a pochar en una sartén con aceite. Sazona y rehoga hasta que se doren. Pica los callos y los morros finamente, e incorpóralos. Agrega el pimentón y cocina brevemente.
4. Echa el relleno en las hojas de berza y colócalas en una fuente apta para el horno. Introdúcelas en el horno hasta que se calienten. Retíralas y riégalas con un chorro de aceite.

Para hacer los paquetitos de berza, lo mejor es utilizar las hojas más blancas y presentables, retirando el cogollo y las hojas de peor aspecto. Después les cortaremos el nervio central para poder aplanarlas mejor.

COCIDO MONTAÑÉS

Ingredientes // 4-6 personas

200 g de alubia blanca
1 berza
1 patata
1 nabo pequeño
¼ kg de costilla de cerdo adobada
½ kg de carne de cerdo adobada
1 oreja de cerdo
2 chorizos pequeños
1 morcilla
100 g de panceta
3 trozos de hueso de cerdo
4 dientes de ajo
agua
aceite de oliva virgen extra
sal
pimentón dulce
perejil

Elaboración

1. Pon las alubias en remojo en agua el día anterior. En el momento de cocinarlas, escúrrelas e introdúcelas en una cazuela con agua. Agrega la costilla y la carne de cerdo adobadas, la oreja y los huesos. Sazona y deja cocinar 50 minutos a fuego medio.
2. Pela el nabo y la patata y córtalos en cuadraditos. Añádelos al puchero. Limpia y pica las hojas de la berza y agrégalas al cocido. Retira los huesos y deja cocinar otros 20-30 minutos.
3. Pincha los chorizos y la morcilla con un cuchillo. Cuece los chorizos, la morcilla y la panceta por separado en diferentes cacerolas con agua para que suelten la grasa. Escurre e introduce todo al cocido.
4. Pela y pica los ajos y dóralos en la sartén con un chorrito de aceite. Cuando cojan color, retíralos a un mortero (sin el aceite), añade un poco de pimentón y maja. Agrega el majado al guiso. Deja cocinar a fuego lento durante 5 minutos.
5. Retira el chorizo, la morcilla, la panceta y la carne de cerdo a un plato, y trocéalos. Reserva los sacramentos.
6. Sirve el cocido en un plato hondo y acompaña con los sacramentos. Decora con una hojita de perejil.

Conviene rechazar aquellas berzas que presenten un núcleo seco, partido, viscoso o leñoso y cuyas hojas estén marchitas. Es aconsejable no adquirir las berzas cuyas hojas internas sean igual que las externas. Esto suele deberse a que las hojas exteriores han sido arrancadas para enmascarar una posible falta de frescura.

FABADA

Ingredientes // 4-6 personas

500 g de fabes
2 chorizos
2 morcillas
100 g de jamón serrano
200 g de panceta curada
1 cebolla
2 dientes de ajo
agua
sal
perejil

Elaboración

1. Pon las alubias en remojo la víspera. En otro cuenco con agua templada, pon en remojo el chorizo y la morcilla. Y en otro, la panceta y el jamón. En el momento de cocinar, escúrrelo todo.
2. En una olla rápida introduce las alubias y cúbrelas con agua. Añade el chorizo, la morcilla, la panceta y el jamón. Pela una cebolla y los dientes de ajo, e incorpóralos. Sazona. Tapa y cocina durante 8 minutos a partir de que suba la válvula de seguridad. Abre la olla y retira a un plato la cebolla, los ajos y los sacramentos. Resérvalos.
3. Desgrasa las alubias con la ayuda de un cazo. Introduce la cebolla y los dientes de ajo en un vaso batidor, añade un cazo de las alubias y tritura con una batidora eléctrica. Incorpóralo a la olla con las alubias.
4. Trocea los sacramentos e introdúcelos en la olla. Cocina todo a fuego lento durante 10 minutos y sirve en un plato hondo. Decora con una ramita de perejil.

Para que las fabes no se rompan ni pierdan la piel que las cubre durante la cocción, es importante no removerlas con cucharas de palo, sino mover la propia olla.

GUISO DE ALUBIAS Y OREJA DE CERDO

Te recomiendo cocer las legumbres en olla exprés para acortar el tiempo de cocción y mantener mejor su valor nutricional.

Ingredientes // 6 personas

300 g de alubias rojas
1 oreja de cerdo
2 puerros
1 zanahoria
3 dientes de ajo
1 cebolleta
300 ml de salsa de tomate
3 rebanadas de pan
agua
aceite de oliva virgen extra
1 hoja de laurel
sal
pimentón dulce
perejil

Elaboración

1. Pica los ajos, la zanahoria, la cebolleta y los puerros. Ponlos a sofreír en una cazuela con aceite hasta que quede todo bien pochado. Sazona. Añade un poco de pimentón y rehoga. Incorpora la salsa de tomate y mezcla bien.
2. Pon a remojar las alubias desde el día anterior en agua. Escúrrelas y pásalas a la olla rápida. Agrega la hoja de laurel, una pizca de sal y la oreja. Cubre con agua, coloca la tapa y cuece todo durante 10 minutos desde el momento en que empiece a salir el vapor.
3. Retira las alubias y la oreja de la olla, y cuela el caldo. Incorpora las alubias y la oreja troceada a la cazuela de las verduras con la salsa de tomate. Vierte 1-2 vasos de caldo (según el espesor deseado) y cocina el conjunto durante 8 minutos a fuego suave.
4. Corta el pan en dados y fríelos en una sartén con un buen chorro de aceite. Cuando estén dorados, escúrrelos y espolvoréalos con perejil picado. Sirve el guiso con los costrones de pan frito.

LENTEJAS AL AZAFRÁN CON ROCAS DE ESPINACAS Y QUESO

Ingredientes // 4 personas

400 g de lentejas
500 g de espinacas
100 g de queso semicurado rallado
huevo batido
2 zanahorias
1 cebolleta
2 dientes de ajo
agua
aceite de oliva virgen extra
sal
hebras de azafrán

Elaboración

1. Pela y pica los ajos y la cebolleta finamente, y ponlos a pochar en la olla rápida. Pela las zanahorias, pícalas en daditos y añádelas.
2. Maja las hebras de azafrán y añádelas a la olla. Agrega las lentejas, sazona y vierte el agua (que cubra y un poco más). Sazona. Coloca la tapa y cuécelas a fuego suave durante 15 minutos a partir del momento en que comience a salir el vapor.
3. Lava bien las espinacas y cuécelas durante 2-3 minutos en una cazuela con agua hirviendo y sal. Escúrrelas, pícalas finamente y colócalas en un bol. Agrega el queso, el huevo batido y mezcla bien. Sazona.
4. Pon abundante aceite a calentar en una sartén. Coge pequeñas porciones de la masa y añádelas a la sartén. Fríelas y escúrrelas sobre un plato forrado con papel absorbente de cocina. Sirve las lentejas con las rocas de espinacas.

Para que las rocas queden más crujientes, puedes añadir una cucharadita de harina de maíz refinada a la masa.

LENTEJAS CON AJOS FRESCOS Y CHISTORRA

Ingredientes // 4 personas

300 g de lentejas
200 g de chistorra
2 puerros
1 zanahoria
1 calabacín
16 ajos frescos
agua
aceite de oliva virgen extra
sal

Elaboración

1. Pica finamente los puerros, la zanahoria y el calabacín. Ponlos a rehogar en una cazuela con aceite hasta que queden bien pochados.
2. Agrega las lentejas. Mezcla bien, sazona, cubre con agua y cocínalas a fuego medio durante 30-35 minutos con la tapa puesta.
3. Limpia los ajos frescos, córtalos en cilindros y saltéalos en una sartén con un chorrito de aceite. Sazona.
4. Corta la chistorra en 8 trozos, pínchalos y cocínalos a la plancha. Sirve las lentejas, coloca encima los ajos frescos salteados y los trozos de chistorra.

Si quieres que las lentejas queden blandas y con un caldo espeso, cuécelas durante los primeros 15 minutos a fuego fuerte y los siguientes 15 a fuego suave.

LENTEJAS CON CUSCÚS DE VERDURAS

Ingredientes // 4 personas

300 g de lentejas
100 g de cuscús
2-3 dientes de ajo
1 calabacín
½ pimiento rojo
2 zanahorias
2 cebolletas
agua
aceite de oliva virgen extra
sal
perejil

Elaboración

1. Pica los ajos, una cebolleta y las zanahorias finamente. Ponlos a pochar en una cazuela con un poco de aceite. Cuando se ablanden y se doren un poco, agrega las lentejas. Cubre con agua (triple), sazona y cuece durante 40-45 minutos con la tapa puesta.
2. Pica la otra cebolleta, el pimiento rojo (pelado) y el calabacín finamente. Ponlos a pochar en una cazuela con un chorrito de aceite. Sazona. Reserva.
3. Pon 200 mililitros de agua a calentar y, cuando empiece a hervir, viértela sobre el cuscús. Tápalo con film de cocina y espera que el cuscús absorba el agua. Añade perejil picado y agrega las verduras pochadas. Pon a punto de sal y mezcla suavemente. Sirve las lentejas y acompáñalas con el cuscús. Adorna con unas hojas de perejil.

Para que no le salga costra al cuscús, lo mejor es mantenerlo tapado con el film de cocina hasta el momento de utilizarlo.

POCHAS CON CHORIZO

Ingredientes // 4 personas

600 g de alubias blancas (pochas) desgranadas
4 choricillos frescos
2 cebolletas
1 pimiento rojo
1 pimiento verde
1 tomate
1 cabeza de ajo
2 dientes de ajo
agua
aceite de oliva virgen extra
sal
1 clavo
1 hoja de laurel
perejil

Elaboración

1. Para desgrasar los choricillos, colócalos en la olla rápida con agua y deja cocer durante 10 minutos a partir de que comience a salir el vapor. Pasado este tiempo, sácalos de la olla y resérvalos en un plato.
2. Lava las pochas y colócalas en una cazuela. Añade una cebolleta entera con el clavo, la hoja de laurel y la cabeza de ajo. Cubre con agua, sazona y deja cocinar durante 30 minutos. Pasado este tiempo retira la cebolleta con el clavo, la cabeza de ajo y la hoja de laurel. Incorpora el chorizo y deja cocinar a fuego suave durante 5 minutos más.
3. Pela y pica los dientes de ajo y la otra cebolleta, y pocha todo en una sartén con un chorrito de aceite. Pela y pica el pimiento verde, el pimiento rojo y el tomate, y deja pochar el conjunto. Sazona. Incorpora la verdura pochada a la cazuela de las pochas, apaga el fuego y deja que repose unos minutos con el calor residual. Añade perejil picadito, decora con una hojita de perejil y sirve las pochas con el chorizo.

Para que las pochas queden perfectas se recomienda que sean frescas y recién recogidas.

POCHAS CON COSTILLA DE CERDO

Ingredientes // 4 personas

½ kg de alubias blancas (pochas)
6 costillas de cerdo (cortadas por la mitad)
250 g de guindillas verdes frescas
1 cebolleta
1 pimiento verde
1 tomate
7 dientes de ajo
agua
aceite de oliva virgen extra
sal
pimienta negra

Elaboración

1. Salpimienta las costillas y dóralas en una cazuela con un chorro de aceite. Retíralas a un plato y resérvalas.
2. Pela 2 ajos y la cebolleta. Lamina los ajos y pica la cebolleta en dados. Pica también el pimiento verde y pon todo a pochar en la cazuela donde has dorado las costillas. Cuando cojan un poco de color, pela el tomate, pícalo e incorpóralo. Deja que se poche todo bien. Sazona.
3. Agrega las costillas y las pochas. Cubre con agua y pon a punto de sal. Coloca la tapa y cocina todo a fuego suave durante 25-30 minutos. Si el caldo está ligero, mueve la cazuela de vez en cuando.
4. Aplasta los otros 4 ajos y añádelos a una sartén con aceite caliente. Agrega las guindillas y fríelas. Sácalas a un plato y sálalas. Sirve las pochas y acompáñalas con los ajos y las guindillas.

Si te resulta difícil conseguir alubias pochas, no dudes en utilizar alubias blancas. Eso sí, puestas a remojar en agua la víspera.

ARROCES

ALBÓNDIGAS DE ARROZ

En esta receta he utilizado un lomo de bacalao, pero si quieres que te salga más barato puedes usar bacalao desmigado, y además no hace falta escaldarlo.

Ingredientes // 4 personas

300 g de arroz
200 g de bacalao desalado
80 g de bacalao ahumado
2 puerros
2 dientes de ajo
200 ml de salsa de tomate
agua
harina
aceite de oliva virgen extra
sal
pimienta negra
perejil

Elaboración

1. Pon a calentar una cazuela con agua. Cuando empiece a hervir, agrega el bacalao desalado y escáldalo brevemente. Retira y desmígalo. Reserva por separado el bacalao y el caldo.
2. Pica finamente la parte blanca de los puerros y rehógala en una cazuela con un chorrito de aceite. Añade el arroz y rehógalo un poco. Vierte el caldo mezclado con agua (2 partes y media) y cuécelo durante 20 minutos para que quede más blando y resulte más fácil moldear las albóndigas. Deja que repose durante 3-4 minutos.
3. Pon el arroz en un bol, agrega el bacalao desmigado y el bacalao ahumado bien picadito. Maja 2 dientes de ajo, añade un poco de pimienta y perejil picado, y agrega al bol. Pon a punto de sal. Forma las albóndigas
4. Enharina las albóndigas y fríelas en una sartén con aceite. Escúrrelas sobre un plato forrado con papel absorbente de cocina. Calienta la salsa de tomate, coloca encima las albóndigas y adorna con unas hojas de perejil.

ARROZ A LA CERVEZA CON CODILLO

Acostúmbrate a aprovecharlo todo. El hueso y la piel del codillo pueden venirte muy bien para dar sabor a tu legumbre preferida.

Ingredientes // 4 personas

300 g de arroz redondo
1 codillo de cerdo crudo (800 g)
1 litro de cerveza
1 puerro
1 cebolleta
20 chalotas
agua
aceite de oliva virgen extra
sal
1 clavo
perejil

Elaboración

1. Pon el codillo en la olla, agrega el clavo, el puerro troceado y unas hojas de perejil. Sazona, cúbrelo con el agua (½ litro) y la cerveza. Coloca la olla y cuece durante 40-45 minutos. Saca el codillo, retira la piel y cuela el caldo. Reserva la carne y el caldo por separado.
2. Pela las chalotas y colócalas en una cazuelita. Cúbrelas con aceite y confítalas a fuego muy suave durante unos 12 minutos. Sazona.
3. Pica la cebolleta finamente y ponla a rehogar en una tartera. Agrega el arroz y el caldo (triple que de arroz) resultante de cocer el codillo. Pon a punto de sal y cocínalo durante 12 minutos a fuego no muy fuerte.
4. Introduce las chalotas y el codillo (troceado) en el arroz. Espolvorea con perejil picado. Cocina durante 6-8 minutos más. Cubre con un paño limpio y deja reposar. Sirve y decora con una ramita de perejil.

ARROZ BASMATI CON MEJILLONES PICANTES

Ingredientes // 4 personas

1 kg de mejillones
300 g de arroz basmati
2 cebolletas
2 puerros
4 dientes de ajo
2 tomates
1 guindilla de cayena
125 ml de chacolí
agua
aceite de oliva virgen extra
sal
perejil

Agrega los mejillones y cuécelos hasta que se abran.

Pica las cebolletas, los ajos y los puerros finamente y ponlos a pochar.

Vierte el líquido resultante de cocer los mejillones y cocina la salsa durante 10 minutos.

Elaboración

1. Limpia los mejillones, retirándoles las barbas y cualquier adherencia que puedan tener. Pon el chacolí y un vaso de agua en una cazuela. Agrega los mejillones y cuécelos hasta que se abran. Desconcha los mejillones y cuela el líquido resultante. Resérvalos por separado.
2. Pica las cebolletas, los ajos y los puerros finamente y ponlos a pochar en una cazuela con un chorrito de aceite. Sazona. Pela los tomates, pícalos y agrégalos. Incorpora la guindilla y cocina las verduras durante 15 minutos.
3. Vierte el líquido resultante de cocer los mejillones y cocina la salsa durante 10 minutos. Añade los mejillones a la salsa y mezcla bien. Retira la guindilla.
4. Enjuaga el arroz 2-3 veces. Pon abundante agua a calentar en una cazuela. Cuando empiece a hervir, sazona el agua y agrega el arroz. Cuécelo durante 12 minutos. Cuela y refresca. Sirve el arroz, pon encima los mejillones y salsea bien. Espolvorea con perejil picado.

Si no tienes a mano arroz basmati, también puedes hacer esta receta con cualquier otro tipo de arroz. En ese caso, un truco muy recomendable es cocer el arroz con caldo de pescado o incluso con caldo de verdura: le da al plato un toque muy sabroso.

ARROZ AL HORNO

Las mejores alcachofas son las que están en el mercado de otoño a primavera. Tenemos que seleccionar los ejemplares más pesados. Cuanto más pequeñas y más pesadas, mejor. Una vez en casa, las alcachofas deben envolverse en una bolsa de plástico bien cerrada y guardarse en el frigorífico, donde se conservarán durante una semana.

Ingredientes // 4 personas

400 g de arroz bomba
300 g de falda de cordero
1 puerro
1 cebolla
4 alcachofas
4 tomates en rama
1 ñora
4 dientes de ajo
agua
aceite de oliva virgen extra
sal
pimienta negra
hebras de azafrán
perejil

Elaboración

1. Para el caldo, pon a cocer el puerro con la cebolla troceada y unas ramas de perejil en abundante agua. Sazona, cuela y reserva.
2. Pela las alcachofas y cuécelas durante unos 10 minutos en una cazuela con agua, sal y unas ramas de perejil. Escurre y reserva las alcachofas.
3. Pela y dora 2 dientes de ajo con la ñora, añade la falda de cordero picada en dados y salpimentada, y deja que se dore en la paellera con un chorro de aceite. Retira la carne y resérvala. Añade los tomates pelados y picados finamente a la paellera. Maja los otros 2 dientes de ajo pelados con las hebras de azafrán. Agrega y cocina 4-5 minutos.
4. Incorpora la carne reservada, un litro de caldo y el arroz. Pon a punto de sal y cocina todo durante 8-10 minutos.
5. Coloca encima las alcachofas cortadas en cuartos y cocina en el horno (previamente precalentado) a 190 °C durante 8-10 minutos. Retira y deja que repose. Decora con una hojita de perejil y sirve.

ARROZ CALDOSO CON BOGAVANTE

Ingredientes // 4 personas

250 g de arroz especial caldoso
1 bogavante
2 nécoras
6 dientes de ajo
1 cebolla
agua
aceite de oliva virgen extra
sal
perejil

Elaboración

1. Trocea las nécoras y rehógalas en una cazuela con un chorrito de aceite. Agrega un par de dientes de ajo enteros, una cebolla troceada y unas ramas de perejil. Cubre con abundante agua y pon a punto de sal. Cuece todo durante 20 minutos a fuego no muy fuerte. Cuela el caldo y resérvalo.
2. Pela los otros 4 dientes de ajo y rehógalos en una cazuela con un chorrito de aceite. Agrega el arroz, rehógalo un poco y vierte 3 partes de caldo por una de arroz. Déjalo cocinar durante 14-15 minutos. Pon a punto de sal.
3. Trocea el bogavante y séllalo en una sartén con un chorrito de aceite. Agrégalo al arroz y cocina todo junto durante 3-4 minutos. Pica un poco de perejil y espolvorea el arroz. Sirve.

Trocea las nécoras justo en el momento de saltearlas. Si las troceas antes, empiezan a soltar el agua que tienen dentro y se ennegrecen.

ARROZ CALDOSO CON RAPE Y CALAMARES

Es importante añadir la mahonesa cuando el arroz deje de hervir, porque, si aún estuviera hirviendo, la yema del huevo de la mahonesa se cortaría.

Ingredientes // 4 personas

300 g de arroz especial caldoso
1 rape de 1 kg
1 calamar (400 g aproximadamente)
4 dientes de ajo
1 cebolleta
1 puerro
1 huevo
½ limón
150 ml de chacolí
agua
aceite de oliva virgen extra
sal
perejil

Elaboración

1. Limpia el rape y el calamar. Corta el rape en dados y el calamar en aros. Sazónalos y saltéalos en una cazuela con un chorrito de aceite. Retira y reserva. Deja el jugo que han soltado en la cazuela. Añade las espinas y la cabeza del rape con la parte verde del puerro y de la cebolleta. Rehoga y sazona. Añade el chacolí, dale un hervor y cubre con 1 litro y medio de agua. Cuece todo durante 15 minutos. Pon a punto de sal. Cuela y reserva.
2. Coloca medio diente de ajo picadito en el vaso batidor.
3. Agrega el huevo, una pizca de sal y el zumo de medio limón. Liga con la batidora eléctrica. Reserva.
4. Pica 3 dientes de ajo, la cebolleta y el puerro. Ponlos a pochar a fuego suave en una cazuela con aceite. Sazona.
5. Agrega el arroz, rehógalo un poco y vierte 3 partes de caldo por cada parte de arroz. Sazona y cocina a fuego suave con la tapa puesta durante 15-18 minutos. Incorpora el rape y los calamares, y cocínalos durante un par de minutos (sin que llegue a hervir). Deja reposar fuera del fuego. Añade perejil picado y la mahonesa. Mezcla bien. Decora con una hoja de perejil y con la mahonesa sobrante.

ARROZ CON ALBÓNDIGAS

Una vez remojada la miga de pan y antes de añadirla a la carne, es muy importante escurrirla bien.

Ingredientes // 4 personas

300 g de arroz thai
1 cebolleta
1 zanahoria
2 dientes de ajo
1 puerro
400 g de carne picada de cerdo
20 g de miga de pan (remojada con agua)
1 yema
1 ajo picado
harina
3 trozos de costilla de ternera
agua
aceite de oliva virgen extra
sal
½ cucharadita de curry
pimienta negra
perejil
perejil picado

Elaboración

1. Limpia el puerro, pícalo en trozos y ponlo a cocer en un litro de agua con unas ramas de perejil, las costillas, sal y el curry. A los 30 minutos, cuélalo. Reserva el caldo (tienen que salir 800 mililitros).
2. Pica finamente los ajos, la cebolleta y la zanahoria (pelada). Rehógalos en una cazuela con un chorrito de aceite. Sazona. Pasa todo a un vaso batidor, vierte el caldo y tritura. Reserva.
3. Para hacer las albóndigas, coloca la carne, la miga remojada en agua y escurrida, la yema, el ajo picado, sal, pimienta y perejil picado en un bol. Mezcla bien, forma bolitas y pásalas por harina. Dóralas en una sartén con aceite.
4. Pon las verduras trituradas con el caldo en una cazuela amplia y baja. Enjuaga el arroz con abundante agua (hasta que salga limpia) y agrégalo. Añade las albóndigas y mezcla bien. Coloca la tapa y cocina a fuego suave durante 11 minutos. Sirve y decora con una hojita de perejil.

ARROZ CON BERENJENAS Y TOCINO FRESCO

Ingredientes // 4 personas

300 g de arroz redondo
2 berenjenas
2 cebolletas
2 peras
400 g de tocino fresco
2 cucharadas de miel
agua
aceite de oliva virgen extra
sal
orégano
perejil

Elaboración

1. Pica las cebolletas finamente y ponlas a pochar en una tartera con un chorrito de aceite. Pela las berenjenas y pon las peladuras en un bol. Rocíalas con aceite, espolvoréalas con el orégano picado y resérvalas. Pica la carne de las berenjenas en daditos y añádelos a la tartera. Sazona y cocina hasta que esté bien pochado.
2. Pela las peras, córtalas en daditos y añádelas. Mezcla bien e incorpora el arroz. Sazona, cubre con el agua (900 mililitros) y cocina durante 18-20 minutos. Deja que repose durante unos minutos.
3. Corta el tocino en 4 trozos y cuécelos en la olla rápida con abundante agua y una pizca de sal. Coloca la tapa y a los 30 minutos retíralos. Sécalos y colócalos en un recipiente apto para el horno. Úntalos con la miel y ásalos a 220 °C (con el horno precalentado) durante 15 minutos.
4. Pon a calentar un poco de aceite en una sartén. Agrega las peladuras y fríelas. Escúrrelas sobre un plato forrado con papel absorbente de cocina. Sazona. Reparte el arroz en los platos y coloca encima de cada uno un trozo de tocino y unas peladuras de berenjena frita. Adorna con unas hojas de perejil.

Es interesante cocer el tocino antes de asarlo para que quede meloso y pierda algo de grasa.

ARROZ CON ALCACHOFAS Y JAMÓN

Si te gusta el ajo y quieres intensificar el sabor del plato, no dudes en hacer una rica mahonesa de ajo. Eso sí, con utilizar medio diente será suficiente.

Ingredientes // 4 personas

320 g de arroz redondo
6 alcachofas
2 cebolletas
1 puerro
1 zanahoria
100 g de jamón serrano
½ limón
6 cucharadas de salsa de tomate
agua
aceite de oliva virgen extra
sal
hebras de azafrán
perejil

Elaboración

1. Pela y pica la cebolleta y el puerro finamente. Ponlos a pochar en una paellera con un chorrito de aceite. Pela la zanahoria, córtala en lonchitas y añádelas a la cazuela. Sazona y cocínalas hasta que cojan un poco de color.
2. Corta el jamón en taquitos, añádelos y rehógalos un poco. Pela las alcachofas y córtalas en cuartos. A medida que las vayas pelando, colócalas en un bol con agua y limón. Introdúcelas y rehógalas brevemente.
3. Añade las hebras de azafrán, la salsa de tomate y el arroz. Mezcla bien todos los ingredientes.
4. Cubre con agua (3 partes), sazona y cocina durante 18-20 minutos. Pon a punto de sal. Cubre con un paño limpio y deja que repose durante 4-5 minutos. Sirve y adorna con unas hojas de perejil.

ARROZ CON BACALAO

Para desalar el bacalao, enjuágalo y ponlo en remojo en el frigorífico durante 24-48 horas (dependiendo del grosor de la pieza), cambiándole el agua cada 8 horas.

Ingredientes // 4 personas

400 g de arroz redondo
3 colas de bacalao seco desalado
150 g de tripas de bacalao
3 dientes de ajo
1 cebolleta
¼ de pimiento rojo
2 pimientos choriceros
harina
agua
aceite de oliva virgen extra
1 guindilla de cayena
½ cucharadita de pimentón picante
sal
perejil

Elaboración

1. Pon agua a calentar en una cazuela grande. Cuando empiece a hervir, agrega el tallo de la cebolleta, unas ramas de perejil y las colas de bacalao. Cuando vuelva a hervir, retira el pescado y desmígalo. Cuela y reserva el caldo de la cocción. Enjuaga las tripas de bacalao y escúrrelas. Reserva.
2. Pica los ajos, la cebolleta y el pimiento rojo, y ponlos a pochar. Remoja los choriceros en un bol con agua caliente. Sácales la carne, pícala finamente y agrégala a la cazuela.
3. Añade la cayena y el pimentón y rehoga un poco. Incorpora el caldo (3 partes por cada parte de arroz), el arroz y las colas de bacalao desmigadas (sin piel). Pon a punto de sal y cocínalo durante 18-20 minutos. Cubre con un paño limpio y deja reposar unos minutos.
4. Trocea las tripas de bacalao, pásalas por harina y fríelas en una sartén con aceite caliente hasta que se doren. Sirve el arroz y acompáñalo con las tripas de bacalao. Decora con una ramita de perejil.

ARROZ CON CARRILLERAS

En el caso de que las carrilleras estén sangrantes, te recomiendo enjuagarlas con agua y vinagre antes de ponerlas a cocer.

Ingredientes // 4 personas

400 g de arroz bomba
500 g de carrilleras de ternera
4 dientes de ajo
2 zanahorias
2 puerros
300 g de judías verdes
1 vaso de vino tinto
agua
aceite de oliva virgen extra
sal
1 rama de romero
perejil

Elaboración

1. Limpia las zanahorias y un puerro. Pícalos y rehógalos en la olla con un poco de aceite. Añade el romero, las carrilleras, el vino tinto y agua (litro y medio). Sazona y coloca la tapa, y cuece todo durante 35 minutos. Retira la rama de romero. Retira las carrilleras y deja que se enfríen. Tritura las verduras con el caldo y cuélalo. Reserva.
2. Pica el otro puerro y 2 ajos finamente y ponlos a pochar en una paellera. Cuando se empiecen a transparentar, agrega las judías cortadas en rombos y rehógalas brevemente.
3. Agrega el arroz y rehógalo un poco. Vierte el caldo (el doble y un tercio más que de arroz) y cocínalo a fuego medio durante 18-20 minutos.
4. Corta las carrilleras en trocitos pequeños. Pica los otros 2 dientes de ajo finamente. Rehógalos en una sartén con un poco de aceite, añade los dados de carrillera y un poco de perejil picado. Saltea y agrega todo a la paellera. Mezcla y deja reposar 2 minutos. Sirve y adorna con unas hojas de perejil.

ARROZ CON CHORIZO Y JUDÍAS VERDES

No se te ocurra tirar las judías y el chorizo que has utilizado para hacer el caldo. Aprovéchalos para hacer una deliciosa tortilla.

Ingredientes // 4 personas

400 g de arroz redondo
300 g de judías verdes
150 g de chorizo
½ kg de tomates
2-3 dientes de ajo
agua
aceite de oliva virgen extra
sal
perejil

Elaboración

1. Para el caldo, pon en la olla 100 gramos de judías picadas y 50 gramos de chorizo. Cubre con agua, sazona y cierra la olla. Cocina todo durante 10 minutos desde el momento en que empiece a salir el vapor. Cuela el caldo y resérvalo.
2. Corta el resto del chorizo en cuartos de luna y dóralos en una cazuela amplia y plana. Cuando hayan soltado un poco de jugo, retíralos y resérvalos en un plato.
3. Pela los ajos, pícalos finamente y añádelos a la cazuela donde has rehogado el chorizo. Ralla los tomates y añádelos. Cocínalos a fuego suave durante unos 10 minutos.
4. Añade a la cazuela el chorizo rehogado, el arroz, el caldo (el triple que de arroz) y el resto de judías picaditas. Sazona y cocina durante 18-20 minutos. Cubre con un paño limpio y deja que repose durante 4-5 minutos. Sirve y adórnalo con unas hojas de perejil.

ARROZ DE LA GRANJA

Ingredientes // 4-6 personas

200 g de arroz
4 paletillas de conejo
400 g de costilla de cerdo
1 muslo de pollo
1 butifarra
200 g de setas
1 cebolla
1 pimiento verde
1 tomate
50 g de foie (micuit)
5 almendras tostadas
5 avellanas tostadas
½ copita de brandy
tomillo
agua
aceite de oliva virgen extra
sal
pimienta negra
azafrán
1 hoja de laurel
perejil

Elaboración

1. Salpimienta las paletillas de conejo y las costillas de cerdo, y ponlas a dorar en una tartera con un chorrito de aceite. Retira todo a un plato y reserva la tartera con el jugo que haya desprendido.
2. Quítale la piel al muslo de pollo, deshuésalo y trocéalo. Sazona. Trocea la butifarra y añade todo a la tartera. Cuando se doren, resérvalas en el mismo plato que las otras carnes.
3. Pela y pica finamente la cebolla y el pimiento verde, sazona, y ponlos a dorar en la misma tartera. Cuando se pochen, añade el tomate pelado y picado. Trocea las setas y agrégalas junto con una hoja de laurel y el azafrán. Rehoga y añade el arroz. Vierte un poco más del doble de agua que de arroz. Incorpora las carnes, mezcla y deja cocinar a fuego moderado durante 16-18 minutos. Cuando esté cocinado, retira la hoja de laurel.
4. Para preparar la picada, pica las avellanas y las almendras tostadas y ponlas en el mortero junto con unas hojitas de tomillo. Maja.
5. En una sartén caliente pon el foie, vierte el brandy y añade el majado. Cocina hasta que se deshaga el foie y añádelo al arroz. Mezcla.
6. Sirve el arroz en plato hondo y decora con una ramita de perejil.

Para que el arroz no se pegue, se aconseja no removerlo una vez que empiece a hervir el caldo, ya que se pueden romper los granos.

ARROZ INTEGRAL CON GUISANTES Y RAPE

Si te sobra un poco de arroz, ni se te ocurra tirarlo. Puedes reciclarlo y convertirlo en una deliciosa sopa añadiéndole un poco de caldo de verduras y cociéndolo durante 5 minutos.

Ingredientes // 4 personas

300 g de arroz integral
1,5 kg de rape
200 g de guisantes frescos
12 ajos frescos
6-8 chalotas
1 puerro
agua
aceite de oliva virgen extra
sal
pimienta negra
1 cucharadita de curry
perejil

Elaboración

1. Retira la cabeza y las espinas del pescado, dejando los lomos limpios. Resérvalos. Cuece la cabeza y las espinas con un puerro troceado, unas ramas de perejil y una pizca de sal durante 15 minutos. Cuela y reserva el caldo.
2. Pela y pica las chalotas finamente. Rehógalas a fuego suave en una tartera con un poco de aceite. En unos 6-8 minutos estarán a punto para continuar.
3. Incorpora los guisantes, el arroz y el caldo (4 partes) a la tartera de las chalotas. Sazona, agrega el curry y cocínalo a fuego medio durante 20 minutos.
4. Pica los ajos frescos en trozos de 4 centímetros y saltéalos en una sartén con un chorrito de aceite. Sazona. Corta el rape en dados, salpimiéntalos y añádelos a la sartén. Saltea el conjunto durante 2-3 minutos a fuego fuerte. Espolvorea con perejil picado y agrega a la tartera del arroz. Sirve.

ARROZ MARINO

Ingredientes // 4 personas

400 g de arroz bomba
12 almejas
16 gambas
8 langostinos
1 huevo
1 pimiento morrón
3 dientes de ajo
1 perlón
1 gallineta
cabeza y huesos de rape
1 puerro
agua
aceite de oliva virgen extra
1 chorrito de zumo de limón
sal
pimienta negra
perejil

Elaboración

1. Para preparar el caldo, limpia los pescados, trocéalos y ponlos a cocer en una cazuela grande con agua y sal. Añade el puerro partido por la mitad y las ramas de perejil. Cuece todo durante 20 minutos a fuego suave. Cuela el caldo y resérvalo.
2. Para hacer la mahonesa de ajo, pela y pica un diente de ajo y ponlo en el vaso batidor. Agrega una pizca de sal, el chorrito de zumo de limón y 200 mililitros de aceite. Introduce la batidora eléctrica hasta el fondo del vaso batidor y cuando empiece a ligar realiza movimientos ascendentes y descendentes hasta que ligue del todo.
3. Pela los otros 2 ajos, pícalos y ponlos a dorar en una cazuela con un chorrito de aceite. Pela el pimiento, pícalo en dados y añádelos. Agrega el arroz, rehógalo un poco y vierte el caldo de pescado (2 partes y un tercio). Sazónalo y cocínalo durante 16-18 minutos. Retira del fuego, cubre con un paño limpio y deja reposar durante 3-4 minutos.
4. Pela las gambas y los langostinos, salpimienta y saltea junto con las almejas en el wok (o en una sartén) con un chorrito de aceite. Pon la tapa. Coloca el marisco sobre el arroz. Acompaña con la mahonesa, decora con una ramita de perejil y sirve.

Saltea las gambas y los langostinos antes que las almejas porque estas últimas sueltan agua.

ARROZ MELOSO DE CERDO Y SETAS

Si quieres que el sabor del caldo quede más intenso, te recomiendo dorar los esqueletos en la olla antes de ponerlos a cocer.

Ingredientes // 4 personas

300 g de arroz especial caldoso
800 g de costilla de cerdo
2 esqueletos de pollo
200 g de setas
1 puerro
2 zanahorias
3-4 dientes de ajo
agua
aceite de oliva virgen extra
1 hoja de laurel
ramitas de tomillo
sal
pimienta negra
perejil

Elaboración

1. Pon las carcasas de pollo en la olla rápida. Agrega el puerro troceado, la hoja de laurel, las ramas de tomillo y unas hojas de perejil. Sazona y cubre con abundante agua. Tapa y cuece el conjunto durante 10 minutos a partir de que comience a salir el vapor. Cuela y reserva el caldo.
2. Corta el costillar en trozos de 4 centímetros aproximadamente. Salpiméntalos y rehógalos en una cazuela con un chorrito de aceite. Cuando se doren, retíralos a un plato y resérvalos.
3. Pela y pica los dientes de ajo finamente. Ponlos a dorar en la cazuela donde has dorado las costillas. Pica también las zanahorias y las setas, e incorpóralas. Sazona.
4. Agrega el arroz, las costillas reservadas y vierte el caldo (3 partes de agua por cada parte de arroz), mezcla bien y pon a punto de sal. Cocínalo a fuego no muy fuerte durante 15-17 minutos. Deja que repose unos minutos y adorna con unas hojas de perejil. Sirve.

ARROZ NEGRO CON CALAMARES Y ALIOLI

Ingredientes // 4 personas

400 g de arroz redondo
2 calamares frescos
3 calamares congelados
4 bolsas de tinta de calamar
1 cebolla
3 dientes de ajo
1 huevo
1 vaso de vino blanco
2 l de agua
aceite de oliva virgen extra
vinagre
sal
½ limón
perejil

Elaboración

1. Limpia los calamares frescos y córtalos en daditos. Reserva los calamares. Reserva las tintas.
2. Para hacer el caldo, descongela los otros calamares y trocéalos en dados. Rehógalos en una cazuela con aceite. Disuelve las tintas en un vaso de vino blanco y añade a la cazuela. Vierte el agua y deja cocer a fuego no muy fuerte hasta que reduzca casi a la mitad. Tritura y cuela. Reserva el caldo.
3. Pela y pica 2 dientes de ajo y la cebolla, y pon a pochar en una paellera. Cuando cojan color, añade los calamares frescos troceados, cocínalos un poco y agrega el arroz. Rehógalo, vierte el caldo (3 partes de caldo por una de arroz), pon a punto de sal y cocínalo durante 20 minutos (10 minutos a fuego fuerte y 10 minutos a fuego suave), y si lo deseas espolvorea con perejil picado.
4. Para hacer el alioli, coloca en el vaso batidor el huevo, un diente de ajo pelado, un chorrito de vinagre, una pizca de sal y 200 mililitros de aceite. Introduce el brazo del vaso batidor hasta el fondo y cuando empiece a emulsionar muévelo suavemente de arriba abajo. Sirve el arroz y acompaña con el alioli. Decora con una hojita de perejil y el limón.

Para que el arroz quede más suelto y sabroso, una vez cocinado es recomendable taparlo con un paño limpio y seco durante 3-4 minutos.

RISOTTO DE CHAMPIÑONES CON HUEVO ESCALFADO

Ingredientes // 4 personas

600 g de champiñones
200 g de arroz
1 cebolleta
2 dientes de ajo
1 esqueleto de pollo
4 huevos
agua
vinagre
aceite de oliva virgen extra
sal
perejil

Elaboración

1. Para elaborar el caldo de la cocción, pon a cocer el esqueleto de pollo en una cacerola con abundante agua, unas ramitas de perejil y sal. Deja que hierva durante 18-20 minutos. Cuela y reserva.
2. Pela y pica los dientes de ajo y ponlos a dorar en una cazuela con un chorrito de aceite. Pica la cebolleta y añádela. Sazona y deja pochar. Cuando cojan color, limpia y trocea los champiñones y agrégalos. Cocina a fuego medio. Cuando se doren, añade el arroz. Vierte 2 cazos de caldo y remueve para que vaya sacando la fécula. Sigue añadiendo, poco a poco, el caldo de pollo sin dejar de remover. Cocina a fuego medio durante 15-18 minutos.
3. Pon una cacerola con agua a punto de hervir, sal y un chorrito de vinagre. Casca los huevos y escálfalos a fuego moderado durante 3-4 minutos. Cuando se hagan, retíralos a un plato.
4. Sirve cada ración de arroz con un huevo escalfado por encima. Decora con una ramita de perejil.

Si compras champiñones en bandeja y no los utilizas todos, pásalos a un plato, cúbrelos con papel film de cocina y guárdalos en el frigorífico para que te duren más tiempo.

RISOTTO DE CONEJO AL ROMERO

Recordad que para que el risotto quede cremoso es muy importante removerlo continuamente para que suelte todo el almidón.

Ingredientes // 4 personas

300 g de arroz para risotto
½ conejo
1 cebolleta
2 dientes de ajo
1 pimiento verde
1 puerro
50 g de queso parmesano
50 g de mantequilla
agua
aceite de oliva virgen extra
sal
pimienta negra
3 ramas de romero
perejil

Elaboración

1. Corta el conejo en trozos, salpimiéntalos y rehógalos en una cazuela con un chorrito de aceite. Trocea el pimiento y el puerro, y añádelos. Agrega también las ramas de romero. Rehoga brevemente, cubre con abundante agua y cuécelo durante 30 minutos.
2. Retira los trozos de carne y resérvalos. Con ayuda de una batidora eléctrica, tritura el caldo con las verduras (sin las ramas de romero).
3. Pica los ajos y la cebolleta finamente, y ponlos a pochar en una cazuela con un chorrito de aceite. Sazona. Incorpora la mantequilla y mezcla bien.
4. Agrega el arroz, pon a punto de sal y rehógalo brevemente. Incorpora la mitad del caldo y cocínalo durante 16-18 minutos a fuego suave sin dejar de remover. A medida que se vaya evaporando el caldo, ve añadiendo el resto y sigue removiéndolo para que suelte el almidón y quede cremoso. Añade el queso parmesano rallado, el conejo y un poco de perejil picado. Mezcla bien y sirve.

RISOTTO DE HONGOS

En esta receta he usado *boletus*. En el caso de que no dispongas de ellos, puedes utilizar champiñones o cualquier otro tipo de seta que tengas a mano.

Ingredientes // 4-6 personas

375 g de arroz para risotto
1 kg de hongos
1 cebolleta
2 puerros
1 copa de vino blanco
agua
75 g de queso parmesano
aceite de oliva virgen extra
75 g de mantequilla
sal
perejil

Elaboración

1. Limpia los hongos y pon los tallos troceados a cocer en una cazuela grande con agua y una pizca de sal (reserva los sombreros). Añade la parte verde de la cebolleta y de los puerros. Cuece todo durante 15 minutos. Cuela el caldo y reserva el doble de caldo que de arroz.
2. Pica finamente la cebolleta y los puerros. Ponlos a pochar en una cazuela con aceite. Sazona. Pica los sombreros de los hongos, añádelos y rehoga. Incorpora la mantequilla y el arroz. Mezcla bien.
3. Vierte la mitad del caldo y sazona el arroz. Cuécelo (sin tapar) durante 15 minutos a fuego suave removiéndolo de vez en cuando con una cuchara de madera. A medida que se vaya evaporando el caldo, ve añadiendo el resto poco a poco y remueve. Pon a punto de sal.
4. Vierte el vino y mezcla bien. Ralla encima el parmesano y deja que se cocine durante 2 minutos más. Retíralo del fuego, cúbrelo con un trapo y deja que repose durante 5 minutos. Sirve y decora con una hojita de perejil.

CANELONES DE CHAMPIÑONES

Para que no le salga una capa dura a la bechamel reservada, añade 4-5 cucharadas de leche y, antes de servirla, ponla a hervir para que se ligue con la bechamel y remueve bien.

Ingredientes // 4 personas

16 placas de canelón
1 bandeja de champiñones enteros
2 puerros
1 cebolleta
1 zanahoria
2 dientes de ajo
50 g de queso semicurado rallado
1 vaso de salsa de tomate
½ l de leche
2 cucharadas de harina
aceite de oliva virgen extra
agua
sal
pimienta negra
perejil

Elaboración

1. Pica los ajos, la cebolleta, los puerros y la zanahoria, y ponlos a pochar. Agrega los champiñones limpios y bien picados. Sazona. Cocínalos durante 10 minutos. Reserva la farsa.
2. Pon abundante agua a cocer en una cazuela con una pizca de sal. Cuando empiece a hervir, añade las placas de canelón de una en una y cuécelas durante 12 minutos (lo que indique el envase). Refréscalas y escúrrelas sobre un paño de cocina limpio. Reserva.
3. Para la bechamel, pon un poco de aceite en una cazuela, añade la harina y rehógala bien. Vierte la leche poco a poco sin dejar de remover con una varilla. Cocínala durante 4-5 minutos. Agrega la salsa de tomate y mezcla bien. Salpimienta. Añade unas cucharadas de la bechamel de tomate a la farsa de champiñones y reserva el resto. Deja templar.
4. Rellena los canelones con la farsa, repártelos sobre 4 platos aptos para el horno y napa con la bechamel de tomate. Espolvorea con el queso y gratínalos (con el horno precalentado). Decora con una hojita de perejil y sirve.

CANELONES DE HONGOS Y CASTAÑAS

A la hora de comprar las castañas frescas hay que fijarse en que la piel esté brillante y lustrosa. Ésa es la señal externa de la calidad del fruto.

Ingredientes // 4 personas

20 placas de canelón
500 g de hongos
8 ajetes
1 cebolleta
500 g de castañas
800 ml de leche
80 g de harina
80 g de mantequilla
100 g de mozzarella rallada
agua
aceite de oliva virgen extra
sal
perejil

Elaboración

1. Haz una muesca en las castañas y colócalas en la olla a presión. Cúbrelas con agua, sazona, coloca la tapa y cuécelas durante 5 minutos a partir de que comience a salir el vapor. Pélalas y pícalas finamente. Reserva.
2. Pon abundante agua en una cazuela grande. Cuando empiece a hervir, sálala y agrega las placas de canelón. Cuécelas durante 10-12 minutos. Escurre, refresca y extiende sobre un paño limpio.
3. Pica finamente los ajetes y la cebolleta, y ponlos a pochar. Pica los hongos y agrégalos. Saltéalos brevemente. Sazona. Añade las castañas picaditas. Mezcla bien y deja reposar.
4. Para la bechamel, pon la mantequilla a fundir en una cazuela, agrega la harina, sazona y rehógala. Vierte la leche poco a poco y cocínala durante unos 5-6 minutos.
5. Mezcla la mitad de la bechamel con la farsa. Rellena los canelones, cúbrelos con el resto de la bechamel, espolvorea con la mozzarella y gratínalos durante 3 minutos.
6. Sirve y adorna con unas hojitas de perejil.

CANELONES DE SETAS

Ingredientes // 4 personas

12 placas de canelón
300 g de setas
200 g de carne de ternera
80 g de queso en lonchas semicurado
1 cebolleta
1 pimiento verde
2 dientes de ajo
1 vaso de salsa de tomate
3 cucharadas de harina
½ l de leche
aceite de oliva virgen extra
sal
agua
pimienta negra
perejil

Elaboración

1. Introduce las placas de pasta, de una en una, en una cazuela con agua hirviendo y sal. Deja cocer el tiempo que indique en el envase. Escurre y deja que se enfríen cubiertas con un paño húmedo. Reserva.
2. Para la bechamel, pon la harina en una olla con un chorrito de aceite. Para que no sepa a crudo, cocínala a fuego medio mientras remueves con una varilla. Vierte la leche, poco a poco y sin dejar de remover con la varilla, hasta que se espese y tenga la consistencia deseada. Pon la bechamel a punto de sal y resérvala.
3. Con un cuchillo corta la carne en tiras finas. Salpimienta y reserva.
4. Pela y pica los dientes de ajo y dóralos en una sartén con un chorrito de aceite. Pica finamente el pimiento verde y la cebolleta y añádelos. Deja pochar. Cuando cojan color, incorpora las tiras de carne y cocina el conjunto.
5. Limpia bien las setas, pícalas y saltéalas en una sartén con un chorrito de aceite. Sazona. Escurre el agua que suelten y agrégalas a la sartén con la carne. Añade un poco de la bechamel, mezcla y deja que se temple el relleno para los canelones.
6. Pon una cucharada del relleno en cada lámina de canelón, enrolla y colócalos en una bandeja para horno. Añade salsa de tomate sobre los canelones y cubre con bechamel al gusto. Pon unas láminas de queso por encima y hornea a 220 °C (con el horno precalentado) durante 4-6 minutos.
7. Sirve 3 canelones por ración y decora con una hojita de perejil.

El punto de cocción adecuado de la pasta es «al dente» o al diente. Esto quiere decir que la pasta está totalmente cocida por fuera pero no del todo por dentro. Una vez preparada, no debe quedar excesivamente blanda, sino que resulte firme al mordisco. De ahí la expresión italiana «al dente».

CAZUELA DE FIDEOS Y PESCADO

Elaboración

1. Pela y pica los dientes de ajo y ponlos a dorar en una cazuela con un chorrito de aceite. Pela y pica la cebolla, añádela y deja pochar. Pica el pimiento verde y las zanahorias, y agrégalos. Limpia y trocea las alcachofas e incorpóralas. Sazona y rehoga. Una vez pochadas las verduras, pela y pica el tomate y añádelo. Vierte el vino de Jerez.
2. Desgrana los guisantes e incorpóralos a las verduras pochadas junto con una hoja de laurel, una cucharadita de comino en grano y unas hebras de azafrán. Añade los fideos y el caldo de pescado. Remueve, sazona y deja cocer durante 10-12 minutos.
3. Limpia las caballas, saca los lomos y trocéalos. Salpimiéntalos y añádelos a la cazuela. Tapa, apaga el fuego y deja reposar 3-4 minutos.
4. Sirve en plato hondo y decora con una ramita de perejil.

Ingredientes // 4-6 personas

200 g de fideos (n.º 4)
2-3 caballas (según tamaño)
1 cebolla
1 pimiento verde
2 zanahorias
1 tomate
100 g de guisantes
2 alcachofas
3 dientes de ajo
½ vaso de vino de Jerez
agua
aceite de oliva virgen extra
sal
pimienta negra
1 hoja de laurel
azafrán
comino (½ cucharadita)
perejil

Un signo distintivo de los pescados frescos es que tengan los ojos brillantes, limpios, húmedos y salientes, y la pupila negra.

EMPANADA DE ANCHOAS EN ESCABECHE

Ingredientes // 4 personas

2 masas para empanada
½ kg de anchoas
2-3 tomates (800 g)
2 cebollas
2 puerros
2 zanahorias
100 ml de vino blanco
100 ml de aceite de oliva virgen extra
100 ml de vinagre
2 hojas de laurel
1 cucharadita de tomillo
10 granos de pimienta negra
1 huevo batido
sal
azúcar
perejil

Al colocar el relleno de la empanada, es importante dejar los bordes sin rellenar para que luego tengamos espacio para poder cerrarla sin problemas.

Elaboración

1. Para hacer el escabeche, pon en una cazuela el aceite, el vinagre y el vino blanco. Pela las zanahorias, córtalas en medias lunas y añádelas. Pela las cebollas, córtalas en dados grandes e incorpóralos. Retira la hoja exterior de los puerros, lávalos, córtalos en medias lunas y agrégalos. Añade también las hojas de laurel, la cucharadita de tomillo y los granos de pimienta. Pon a punto de sal y cuece todos los ingredientes durante 25 minutos. Retira las hojas de laurel y tritura el resto de los ingredientes.
2. Pela los tomates, córtalos en dados, agrega una pizca de sal y otra pizca de azúcar y cocínalos aproximadamente 25 minutos. Machaca un poco con un tenedor y reserva.
3. Limpia las anchoas, eliminándoles la cabeza, las tripas y la espina central. Sazónalas.
4. Desenrosca la masa y extiéndela con su papel sobre una bandeja apta para horno. Pon en la base una capa de tomate, encima una capa de anchoas y otra de las verduras trituradas del escabeche. Cubre con otra lámina de masa para empanada y ciérrala pellizcando los bordes. Unta la empanada con el huevo batido, hazle un par de cortes con la tijera para que salga el vapor y hornéala a 200 °C durante 20 minutos aproximadamente (con el horno precalentado). Sirve y decora con una hojita de perejil.

Ingredientes // 4 personas

1,5 kg de berberechos
2 masas para empanada
2 cebollas
1 pimiento morrón
1 huevo batido
agua
aceite de oliva virgen extra
sal
perejil

Elaboración

1. Corta la cebolla en juliana fina y ponla a pochar en una sartén con un poco de aceite. Sazona. Cuando tome color, añade el pimiento pelado y cortado en juliana. Sazona y cocina durante 8-10 minutos.

2. Limpia los berberechos en abundante agua fría. Ponlos a cocer en una cazuela con un poco de agua, tapa y deja hervir hasta que se abran. Retira la carne y reserva.

3. Estira las masas de empanada y reparte por encima (de la mitad hacia la derecha) la cebolla y el pimiento pochados, y los berberechos. Cierra la masa y sella bien los bordes apretando con los dedos. Coloca las empanadas en una placa para horno cubierta con papel de hornear. Pinta las empanadas con el huevo para que cojan brillo. Haz en el centro de cada empanada un agujero con el cuchillo para que salga el vapor. Hornea a 200 °C (con el horno precalentado) durante 20 minutos.

4. Corta las empanadas por la mitad y sirve una porción por comensal. Decora con una hojita de perejil.

EMPANADA DE BERBERECHOS

El papel para horno o papel vegetal tiene la ventaja de que, además de ser un buen transmisor del calor y resistir altas temperaturas, los alimentos no se quedan adheridos. El papel de aluminio es un buen sustituto, aunque puede necesitar un poco de aceite o grasa para que no se peguen los alimentos.

FIDEUÁ VEGETARIANA

Ingredientes // 4 personas

300 g de fideos de fideuá
1 calabacín
2 zanahorias
25 g de espinacas
24 ajos frescos
75 g de piñones
agua
aceite de oliva virgen extra
sal

Elaboración

1. Escalda las espinacas y escúrrelas bien. Reserva el agua resultante. Coloca las espinacas en el vaso batidor y agrega 25 gramos de piñones y un buen chorro de aceite de oliva. Sazona. Tritura y reserva el aceite de espinacas.
2. Pica los ajos frescos (en cilindros), el calabacín (en cuartos de luna) y las zanahorias (en medias lunas). Rehoga la verdura en una tartera con un chorrito de aceite y sazona.
3. Retira la verdura y en la misma tartera tuesta los fideos. Añade nuevamente la verdura, cubre con el agua de las espinacas (700 mililitros) y cocina la fideuá durante 10-12 minutos. Riégala con el aceite de espinacas.
4. Tuesta el resto de los piñones en una sartén sin nada de aceite y salpica la fideuá. Sirve.

Los fideos dan mucho juego en la cocina. Puedes combinarlos con cualquier resto de comida que tengas en el frigorífico y siempre conseguirás un gran plato.

ESPAGUETIS CON PISTO

Ingredientes // 4 personas

300 g de espaguetis
2 cebolletas
2 pimientos verdes
1 pimiento rojo
1 calabacín
2 tomates maduros
3 dientes de ajo
aceite de oliva virgen extra
agua
sal
pimienta negra
perejil

Elaboración

1. Pela los ajos, corta en láminas y ponlos a dorar en una cazuela amplia y baja con aceite. Pela las cebolletas, pícalas en dados y añádelos. Sazona y rehoga el conjunto durante unos 5 minutos.
2. Retira los tallos y las pepitas de los pimientos y pela con un pelador el pimiento rojo. Córtalos en dados e incorpóralos. Cocínalos durante unos 5 minutos más.
3. Pica el calabacín en cuartos de luna y agrégalos a la cazuela. Cocínalos durante unos 5 minutos más. Pela los tomates, pícalos y añádelos. Sazona y cocina todo durante 10 minutos. Reserva.
4. Pon abundante agua a calentar. Cuando empiece a hervir, sazona e introduce los espaguetis. Cuécelos durante 8-10 minutos. Escúrrelos y mézclalos con las verduras.
5. Sirve, adereza con pimienta y decora con unas hojas de perejil.

Para que los espaguetis queden bien aromatizados, puedes agregarles durante la cocción las hierbas que más te gusten. Te sugiero que pruebes con laurel, romero o tomillo.

Pela las cebolletas, pícalas en dados y añádelos.

Corta los pimientos en dados e incorpóralos.

Pela los tomates, pícalos y añádelos. Sazona y cocina todo durante 10 minutos.

Cuece los espaguetis durante 8-10 minutos.

LASAÑA DE CARNE

Ingredientes // 4-6 personas

600 g de carne picada
12 láminas de lasaña
1 cebolla
½ pimiento rojo
2 zanahorias
3 dientes de ajo
50 g de miga de pan seco
10-12 aceitunas verdes
1 copa de vino blanco
350 ml de salsa de tomate
100 g de queso semicurado para rallar
agua
aceite de oliva virgen extra
sal
pimienta negra
perejil

Elaboración

1. Pon abundante agua a hervir, sazónala e introduce las láminas de pasta. Cuécelas durante 8-10 minutos, refréscalas y extiéndelas sobre un trapo de cocina.
2. Pica los ajos, la cebolla, el pimiento y las zanahorias finamente, y ponlos a pochar en una cazuela con un chorrito de aceite. Sazona. Vierte el vino, la salsa de tomate y deja reducir unos 10 minutos.
3. Coloca la carne en un bol, salpimienta y añade perejil picado. Mezcla bien. Añade las aceitunas picadas y agrega todo a la cazuela de las verduras. Deja cocinar durante 4-5 minutos.
4. Extiende 3 láminas de lasaña en el fondo de una bandeja apta para horno. Pon una capa de relleno y vuelve a extender otras 3 láminas. Repite el proceso de manera que queden 4 capas de lasaña y 3 de carne.
5. Coloca la miga de pan en un bol y ralla el queso encima. Mezcla bien y espolvorea. Gratina en el horno durante 10-12 minutos aproximadamente. Sirve y decora con una hojita de perejil.

Si quieres que la superficie te quede más crujiente, puedes freír unos trozos de pan, rallarlo y espolvorear con él la lasaña.

LAZOS CON BONITO, TOMATE Y TOMILLO

Si has cocido la pasta con bastante antelación y no quieres que se te pegue, tendrás que rociarla con un buen chorro de aceite de oliva.

Ingredientes // 4 personas

400 g de farfalle (pasta con forma de mariposa o lazo)
400 g de bonito
5 tomates
16 tomates cherry
2 dientes de ajo
100 ml de vino blanco
aceite de oliva virgen extra
agua
sal
azúcar
pimienta negra
tomillo
1 hoja de laurel
perejil

Elaboración

1. Pela y trocea los 5 tomates y los 2 dientes de ajo. Coloca todo en una jarra y añade el vino, una pizca de azúcar, un poco de tomillo y sal. Tritura con la batidora eléctrica. Vierte la mezcla en una cazuela y cocina durante 25-30 minutos a fuego medio.
2. Pon abundante agua a hervir, agrega una hoja de laurel y un poco de sal. Añade los lazos y cuécelos durante 10-12 minutos (o el tiempo que indique el envase). Retira la hoja de laurel, escúrrelos y resérvalos.
3. Corta los tomates cherry por la mitad y saltéalos en una sartén con un chorrito de aceite. Agrégales una pizca de sal y un poco de tomillo.
4. Corta el bonito en dados, salpimiéntalos y saltéalos en una cazuela plana con un chorrito de aceite. Añade la salsa de tomate y los lazos. Mezcla suavemente.
5. Sirve, coloca encima los tomates cherry y adorna con unas hojitas de perejil.

MACARRONES CON BONITO

Ingredientes // 4 personas

400 g de macarrones
200 g de bonito en aceite de oliva
1 cebolleta
1 pimiento verde
½ pimiento rojo
8 tomates maduros
3 dientes de ajo
1 cucharadita de azúcar
150 g de mozzarella rallada
aceite de oliva virgen extra
agua
sal
1 hoja de laurel
orégano
perejil

Elaboración

1. Pica finamente los dientes de ajo, la cebolleta y los pimientos y ponlos a pochar en una cazuela con aceite. Sazona.
2. Retira el pedúnculo a los tomates y hazles un corte en forma de cruz en la parte posterior. Escalda los tomates, pela, pica y añádelos a la verdura. Agrega una pizca de sal, el azúcar y un poco de orégano. Cocina a fuego medio durante 20 minutos. Escurre el bonito, desmenúzalo y agrégalo a la salsa.
3. Pon abundante agua a cocer, agrega la hoja de laurel, una cucharadita de sal y los macarrones. Cuécelos y escúrrelos.
4. Mezcla los macarrones con la salsa, colócalos en un recipiente apto para el horno y cúbrelos con el queso mozzarella. Gratínalos en el horno hasta que se funda el queso. Decora con una hojita de perejil y sirve inmediatamente.

Antes de cocer los macarrones es conveniente comprobar las instrucciones respecto a los tiempos que indica el envase.

MACARRONES CON SALSA DE TOMATE Y CHORIZO

Ingredientes // 4 personas

400 g de macarrones
200 g de chorizo fresco
100 g de queso semicurado rallado
1 lata grande de tomate triturado (800 g)
1 cebolla
1 puerro
1 pimiento rojo
3 dientes de ajo
aceite de oliva virgen extra
agua
sal
1 cucharadita de azúcar
1 hoja de laurel
hojas de albahaca
orégano
perejil

Elaboración

1. Pica los ajos, la cebolla, el puerro y el pimiento rojo y ponlos a pochar con un chorro de aceite. Cuando cojan un poco de color, agrega el tomate, la hoja de laurel, el azúcar y una pizca de sal. Cocínalo durante 20-25 minutos. Retira la hoja de laurel y pasa la salsa por el pasapurés. Reserva.
2. Pon abundante agua a calentar en una cazuela grande. Sazónala y cuando empiece a hervir agrega los macarrones. Cuécelos.
3. Corta el chorizo en medias lunas. Saltéalo en una cazuela amplia y baja con un chorrito de aceite. Agrega la salsa de tomate y los macarrones escurridos. Mezcla bien.
4. Pasa los macarrones a una fuente apta para el horno. Espolvoréalos con albahaca picada, un poco de orégano y el queso. Gratínalos en el horno hasta que se forme una hermosa costra tostada.
5. Sirve y adorna con unas hojas de perejil.

Si quieres dar un toque picante a este plato te recomiendo utilizar una mitad de chorizo dulce y la otra mitad de picante. Si a tus comensales les va la comida picante puedes agregar una guindilla de cayena a la salsa de tomate. Si hay niños, mejor olvídate.

MINIPIZZAS DE CARNE PICADA

Para que el azúcar se conserve en buenas condiciones se debe guardar en un bote herméticamente cerrado y en un lugar fresco y seco.

Ingredientes // 4 personas

8 masas para minipizza
100 g de mozzarella rallada
250 g de carne picada al gusto
100 g de chistorra
2 cebolletas
4 pimientos verdes
4 dientes de ajo
8 tomates en rama
aceite de oliva virgen extra
sal
azúcar
orégano
pimienta negra
perejil

Elaboración

1. Para la salsa de pimiento, pica 2 ajos, una cebolleta y los pimientos, y ponlos a pochar en una cazuela con un chorrito de aceite. Agrega una pizca de sal y una pizca de azúcar, coloca la tapa y cocina a fuego suave durante 10-12 minutos. Tritura y cuela la salsa. Reserva.
2. Retira los extremos a los tomates y córtalos en 3 lonchas cada uno. Extiéndelos sobre la placa de horno untada de aceite. Rocíalos con un chorrito de aceite, espolvoréalos con orégano y sal, y ásalos a 180 °C durante 10-12 minutos (con el horno precalentado). Deja templar y pélalos. Reserva.
3. Pica los otros 2 dientes de ajo y la otra cebolleta finamente y ponlos a pochar en una sartén con aceite. Cuando esté bien dorado, agrega la chistorra desmenuzada y fríela. Añade la carne picada y fríe el conjunto. Salpimienta.
4. Extiende las masas de minipizza sobre la placa del horno forrada con papel de hornear. Extiende encima de cada base 1-2 cucharadas de salsa de pimiento y coloca encima 3 lonchas de tomate. Reparte la carne entre las 8 minipizzas y añade la mozzarella. Hornéalas a 220° C durante 10-12 minutos. Sirve y decora con una hojita de perejil.

PASTA CON PESTO DE MENTA Y ALBAHACA

Ingredientes // 4 personas

400 g de pasta (orecchiette)
3 tomates maduros
200 g de habitas frescas
1 diente de ajo
30 g de piñones
75 g de queso idiazábal
agua
aceite de oliva virgen extra
sal
pimienta negra
azúcar
10 hojas de menta
10 hojas de albahaca
perejil

Elaboración

1. Desgrana las habas y cuécelas durante 10 minutos en una cazuela con agua y una pizca de sal. Escurre y resérvalas.
2. Coloca las hojas de menta (picadas), los piñones, las hojas de albahaca (picadas) y el diente de ajo pelado y troceado en el vaso de la batidora. Agrega una pizca de sal y un buen chorro de aceite. Tritura bien hasta conseguir una salsa homogénea. Reserva.
3. Pela los tomates. Córtalos en dados y escúrrelos sobre un colador. Pon un poco de aceite en una sartén, añade los dados de tomate y aderézalos con una pizca de sal y de azúcar. Saltéalos.
4. Pon abundante agua a calentar y sazónala. Cuando empiece a hervir, agrega la pasta y cuécela durante el tiempo que indique el paquete. Pon un chorrito de aceite en el wok, agrega la pasta, las habitas, los tomates y el pesto. Saltea brevemente, sirve y ralla encima el queso. Añade un poco de pimienta y adorna con unas hojas de perejil.

En esta receta he utilizado orecchiette, pero puedes emplear cualquier otro tipo de pasta, como, por ejemplo, macarrones o conchas.

PASTA FRESCA A LA CARBONARA

Ingredientes // 4 personas

300 g de harina integral
6 huevos
4 lonchas de panceta
75 g de queso semicurado
5 dientes de ajo
aceite de oliva virgen extra
agua
pimienta negra
sal
perejil

Elaboración

1. Para hacer la masa, casca 3 huevos en un bol. Sazona y mezcla. Añade la harina integral y una pizca de aceite. Amasa con las manos hasta conseguir una pasta homogénea y compacta. Deja reposar 30 minutos. Separa la masa en montoncitos, redondéalos y estíralos con la máquina hasta que queden finos. Pasa cada lámina de pasta por el cortador de tallarines y deja que repose durante 10-15 minutos en un colgador para que se seque.
2. Pela y lamina 5 dientes de ajo y dóralos en una sartén con un chorrito de aceite. Pica la panceta y añádela. Una vez dorada, retira los ajos. Reserva.
3. Para elaborar la salsa, separa las yemas de 3 huevos y ponlas en un cuenco. Salpimienta. Ralla el queso —guarda un poco— y añádelo. Mezcla.
4. Pon a hervir abundante agua en una cazuela. Pon a cocer la pasta durante 2-3 minutos. Escurre. Vuelca la pasta en el cuenco de la salsa y mezcla bien.
5. Sirve la pasta en un plato hondo, acompaña con unos trocitos de panceta frita y espolvorea un poco de queso rallado y pimienta molida por encima. Decora con una ramita de perejil.

Si se va a consumir la pasta recién cocinada no hace falta refrescarla; pero si no se va a consumir al instante, hay que pasarla por agua fría, escurrirla y añadirle un poco de aceite de oliva para que no se apelmace.

PIZZA DE BONITO, BERENJENA Y CEBOLLETA

Para que la masa de la pizza te quede bien cocida, te recomiendo que enciendas el horno por la parte inferior y coloques la bandeja cerca.

Ingredientes // 4 personas

1 berenjena
2 cebolletas
200 g de bonito en conserva
12 tomates cherry
400 ml de salsa de tomate
150 g de queso mozzarella
450 g de harina
200 ml de agua
aceite de oliva virgen extra
hojas de albahaca fresca
sal

Elaboración

1. Para hacer la base de las pizzas, mezcla en un bol 400 gramos de harina, los 200 mililitros de agua, 2 cucharadas de aceite y una pizca de sal. Amasa bien hasta obtener una masa homogénea y compacta.
2. Corta la masa en 2 o 4 trozos, según vayas a hacer 2 o 4 pizzas. Espolvorea una superficie lisa con el resto de la harina y estira cada trozo hasta que quede bien fino. Colócalos, de uno en uno, sobre una bandeja forrada con papel de horno.
3. Pela las cebolletas, córtalas en juliana fina y ponlas a pochar en una sartén con un chorrito de aceite. Corta la berenjena en bastones finos y añádelos. Sazona y rehógalos.
4. Cubre las masas con la salsa de tomate. Pon encima las verduras, el bonito, el queso, y los tomates cherry cortados por la mitad. Hornea a 180 °C durante 15 minutos (con el horno precalentado). Adorna con las hojas de albahaca y sirve.

PIZZA DE CHORIZO

Elaboración

1. Pica los ajos y la cebolleta en dados y ponlos a pochar en una cazuela con aceite. Cuando cojan un poco de color, añade el tomate, una pizca de sal, una pizca de azúcar y media cucharadita de orégano. Cocina la mezcla durante 30 minutos y pásala por el pasapurés. Reserva.
2. Para preparar la masa, pon la harina, una pizca de sal y la levadura en un bol. Vierte el aceite y el agua templada. Mezcla con una varilla y amasa bien. Tapa la masa con un trapo húmedo y deja que fermente durante 20-30 minutos. Espolvorea la mesa con un poco de harina, corta la masa en 2 porciones y estíralas.
3. Corta 250 gramos de queso en bastones (reserva el resto) y cubre los bordes de las pizzas. Enróllalos y presiona un poco para que no se abran (la idea es que los bordes queden rellenos de queso).
4. Cubre las bases con la salsa de tomate y las lonchas de chorizo. Ralla encima el resto del queso y espolvorea con un poco de orégano. Hornea (con el horno precalentado) las pizzas a 180 °C durante 15-20 minutos aproximadamente. Adorna con unas hojas de perejil y sirve.

Ingredientes // 4 personas

1 lata pequeña de tomate natural triturado en conserva
24 lonchas de chorizo
400 g de queso mozzarella
1 cebolleta
3 dientes de ajo
300 g de harina
1 sobre de levadura seca de panadería
150 ml de agua tibia
harina para estirar
aceite de oliva virgen extra
sal
azúcar
orégano
perejil

Para que las masas no queden pegadas a las bandejas, te recomiendo que las forres con papel vegetal de horno.

PIZZA MARINERA

Ingredientes // 4 personas

1 base de pizza
200 g de pescadilla
12 mejillones
12 almejas
12 langostinos
1 pimiento verde
2 cebollas
3 tomates
2 dientes de ajo
azúcar
agua
aceite de oliva virgen extra
sal
8 hojas de albahaca
perejil

Elaboración

1. Para hacer la salsa de tomate, pela y pica una cebolla y los dientes de ajo y ponlos a pochar en una cazuela con un chorrito de aceite. Trocea los tomates y añádelos. Agrega una pizca de sal y otra de azúcar, en la misma medida, para quitar la acidez. Deja cocinar 15-20 minutos a fuego medio. Pasa la salsa por el pasapurés. Reserva.
2. Pela y corta la otra cebolla en juliana y ponla a pochar en una sartén con un chorrito de aceite. Quita el rabito y las pepitas al pimiento verde, pícalo e incorpóralo. Sazona. Una vez pochados, escurre el exceso de aceite. Reserva.
3. Quita las barbas a los mejillones y ábrelos en una cazuela con un poco de agua hirviendo. Cuando se abran, deja templar y saca la carne. Reserva.
4. Coloca la base de pizza en una bandeja de horno cubierta con papel de hornear. Úntala con una capa de salsa de tomate y hornea a 180 °C durante 5-8 minutos. Sácala del horno y aplica otra capa de tomate. Reparte por encima la cebolla y el pimiento pochados. Pica la albahaca y añádela. Saca los lomos al pescado y quita la piel. Córtalos en daditos, sazona y añádelos a la pizza. Pela los langostinos, sazona, ábrelos por la mitad e incorpóralos. Pon también la carne de los mejillones y las almejas (con cáscara). Hornea a 240 °C durante 10 minutos.
5. Sirve la pizza y decora con una ramita de perejil.

Para cultivar albahaca en casa, lo mejor es poner las semillas en una maceta alargada y cerca de una ventana donde le dé la luz. Se da mejor en primavera y verano, pero, si el clima no es muy frío, también puede crecer en otoño.

TALLARINES CON LANGOSTINOS

Ingredientes // 4 personas

400 g de tallarines
24 langostinos
3 dientes de ajo
1 cebolla
6 tomates maduros
2 cucharadas de leche de coco
1 limón
azúcar
aceite de oliva virgen extra
agua
sal
1 guindilla de cayena
jengibre fresco
6 hojas de albahaca
perejil

Puedes añadir parte del fumet al agua de cocción de la pasta para potenciar el sabor.

Elaboración

1. Pela los langostinos, reserva la carne y pon las cáscaras y las cabezas en un puchero con agua. Deja que se cocine. Una vez hecho el fumet, desespuma, cuela y reserva.
2. Para hacer la salsa de tomate, pela los ajos, corta en láminas y pon a dorar en una cazuela con un chorrito de aceite. Pica en daditos la cebolla y añádelos. Sazona y deja pochar a fuego suave. Cuando tomen color, pica el tomate y añádelo. Condimenta con sal y azúcar a partes iguales y deja cocinar. Cuando se cocine, pasa el tomate por el pasapurés y resérvalo.
3. Pon a cocer los tallarines en una cazuela con agua hirviendo y sal durante el tiempo que indique el envase. Escúrrelos, deja que se enfríen y resérvalos.
4. Sazona los langostinos y saltéalos en una tartera con un chorrito de aceite. Cuando se doren, retíralos a un plato y reserva.
5. En la misma tartera introduce la salsa de tomate. Pica las hojas de albahaca y agrégalas. Parte la guindilla de cayena por la mitad e introdúcela. Agrega la leche de coco y un poco de ralladura de limón. Pela el jengibre y ralla un poco sobre la salsa. Vierte un vaso de fumet y deja hervir. Añade un poco de perejil picado, la pasta y los langostinos. Mezcla y deja cocinar a fuego lento durante 3-4 minutos. Retira y sirve. Decora con una hojita de perejil.

STRUDEL DE POLLO

Pocha todas las hortalizas en el wok (o en una sartén) y sazónalas.

Agrega también un yogur y mezcla bien. Pon a punto de sal.

Unta con aceite la lámina de arriba. Extiende la mitad del relleno.

Agrega el otro yogur, un chorrito de aceite y una pizca de sal y de pimienta.

Ingredientes // 4 personas

6 láminas de pasta filo
2 muslos de pollo
1 pimiento rojo
2 cebolletas
8 espárragos verdes
12 ajos frescos
1 diente de ajo
1 pepino pequeño
8 aceitunas negras (sin hueso)
2 yogures con bífidus
aceite de oliva virgen extra
sal
pimienta negra
agua
cilantro
perejil

Elaboración

1. Pela el pimiento rojo y las cebolletas y córtalas en cuadrados grandes. Limpia los ajos frescos y córtalos en cilindros de 2 centímetros. Desecha la parte inferior del tallo de los espárragos y córtalos en trozos de 2 centímetros. Pocha todas las hortalizas en el wok (o en una sartén) y sazónalas. Pásalas a un bol.
2. Deshuesa los muslos de pollo y corta la carne en dados, salpimiéntala y agrégala al bol. Pica el cilantro finamente y añádelo. Agrega también un yogur y mezcla bien. Pon a punto de sal.
3. Coloca 3 láminas de pasta filo sobre una superficie lisa (unas encima de otras). Unta con aceite la lámina de arriba. Extiende la mitad del relleno (sin llegar a los bordes). Coloca otras 3 láminas encima, unta con aceite y vuelve a extender el resto del relleno. Dobla los bordes más cortos hacia dentro y enrolla como si fuera un brazo de gitano. Colócalo sobre una bandeja apta para horno, pinta el strudel con aceite por arriba y hornea a 190 °C durante unos 30 minutos (con el horno precalentado).
4. Para la salsa, ralla el pepino (con piel), pica las aceitunas negras en cilindros y el ajo (pelado) finamente. Coloca todo en un bol, agrega el otro yogur, un chorrito de aceite y una pizca de sal y de pimienta. Mezcla bien. Sirve el strudel y acompáñalo con la salsa de pepino. Decora con una hojita de perejil.

Si la pasta filo se queda seca, humedécela con un poco de aceite o mantequilla fundida.

SOPAS Y CREMAS

CREMA DE ACHICORIA CON PURÉ DE PATATAS Y DADOS DE CALABAZA

Ingredientes // 4 personas

1 achicoria
300 g de champiñones
1 calabacín
300 g de calabaza
3-4 patatas
3 dientes de ajo
harina
huevo batido
pan rallado
agua
aceite de oliva virgen extra
sal
perejil

Elaboración

1. Pela y pica los dientes de ajo y ponlos a pochar en una cazuela con un chorrito de aceite. Pica la achicoria, el calabacín y los champiñones y añádelos. Sazona. Rehoga brevemente, cubre con agua (poca), sazona y cuece el conjunto durante 15-20 minutos. Tritura, cuela y reserva.
2. Cuece las patatas durante 30 minutos en una cazuela con agua y una pizca de sal. Pela y pásalas por el pasapurés. Añádeles un chorrito de aceite y pon a punto de sal. Reserva.
3. Corta la calabaza en dados, sazónalos, pásalos por harina, huevo batido (sazonado) y pan rallado. Fríelos en una sartén con aceite. Escúrrelos sobre un plato forrado con papel absorbente de cocina.
4. Para servir, pon un cortapastas redondo en el centro de cada plato y rellénalo con puré de patatas. Sirve alrededor la crema de achicoria y decora con los dados de calabaza. Adorna con una ramita de perejil.

El champiñón y la achicoria tienen mucha fibra. Así que, si no quieres encontrarte con hebras, te recomiendo que los tritures y los cueles. Eso sí, si tienes un vaso americano potente, bastará sólo con triturar.

CREMA DE ACELGAS CON PICATOSTES DE PIÑONES

Si te parece que las acelgas tienen un sabor demasiado fuerte, puedes escaldarlas en una cazuela con agua hirviendo antes de echarlas a la olla.

Ingredientes // 6 personas

2 hojas de acelga
2 zanahorias
1 patata
1 calabacín
4 dientes de ajo
3 huevos
4 rebanadas de pan de molde
25 g de piñones
agua
aceite de oliva virgen extra
1 guindilla de cayena
sal
perejil

Elaboración

1. Cuece los huevos en una cazuela durante 10 minutos. Refresca, pela y pica en cuartos. Reserva.
2. Pela y pica 2 dientes de ajo. Rehógalos en una cazuela con un chorrito de aceite. Retira los hilos de las pencas y pica las hojas de acelga y las pencas. Pica también el calabacín y las zanahorias (peladas). Añade todo a la cazuela y rehógalo un poco. Incorpora la patata (pelada y cascada), pon a punto de sal, cubre con agua y cuece todo durante 15-20 minutos. Tritura y reserva.
3. Pon un poco de aceite en una sartén, añade los otros 2 dientes de ajo laminados y la cayena. Fríe un poco, cuela el aceite sobre la cazuela del puré. Retira el resto.
4. Coloca dos papeles de horno sobre una superficie lisa. Pon encima de cada uno una rebanada de pan. Unta las rebanadas con un poco de aceite y coloca encima unos piñones. Cubre con otra rebanada de pan, corta cuadraditos con un cuchillo, pon otro papel de horno y con un rodillo estira bien. Hornea a 190 °C durante 10 minutos. Sirve la crema y acompaña con los picatostes y con los huevos cocidos. Si lo deseas, decora con una hojita de perejil.

CREMA DE ALUBIAS CON MORCILLA Y BERZA

Ingredientes // 4 personas

300 g de alubias negras remojadas
1 morcilla de verdura (pequeña)
½ hogaza de pan
¼ de berza
1 cebolla
1 zanahoria
3 dientes de ajo
12 guindillas en vinagre
agua
aceite de oliva virgen extra
sal
perejil

Elaboración

1. Pica los ajos, la cebolla, la zanahoria, y ponlos a pochar en la olla rápida con un chorrito de aceite. Agrega las alubias con su agua del remojo. Sazona y cuécelas durante 15 minutos con la tapa puesta. Tritura y cuela. Reserva.
2. Pica la berza en juliana y cuécela durante 15-20 minutos en una cazuela con agua hirviendo. Cuece la morcilla en otra cazuela durante 20 minutos a fuego suave. Escurre y reserva.
3. Corta el pan en rebanadas y tuéstalas en el horno. Abre la morcilla y pon la carne en un bol. Mézclala con la berza y un chorrito de aceite de oliva. Cubre las rebanadas de pan con la mezcla y caliéntalas en el horno.
4. Coloca las guindillas en un platito, riégalas con aceite y sálalas. Sirve la crema, pon encima las tostas y las guindillas. Adorna con unas hojas de perejil.

Para que las alubias no pierdan color, te recomiendo que las pongas a cocer con el agua del remojo.

CREMA DE BRÓCOLI

Si tienes mucho brócoli y piensas congelarlo, te recomiendo que primero lo escaldes durante 2-3 minutos en una cazuela con agua hirviendo.

Ingredientes // 6 personas

2 ramilletes de brócoli
2 cebollas
100 g de beicon
100 g de queso azul
200 ml de leche evaporada
1 rama de apio
1 cebolleta
3 dientes de ajo
1 zanahoria
aceite de oliva virgen extra
agua
sal

Elaboración

1. Para el caldo, pon a calentar una cazuela con agua. Pela los dientes de ajo y agrégalos. Pela y corta la cebolleta y la zanahoria por la mitad e incorpóralas a la olla. Añade la rama de apio troceada y sazona. Tapa y cuece el conjunto durante 10-15 minutos.
2. Pela y pica las cebollas en dados grandes. Ponlas a pochar en una cazuela con un chorrito de aceite. Sazona. Separa el brócoli en ramilletes (reserva un par) y añádelos. Cocínalos durante 15 minutos.
3. Cuela el caldo y viértelo sobre el brócoli. Cuece el conjunto durante 12-15 minutos. Retira la cazuela del fuego, añade la leche evaporada y el queso azul. Tritura bien hasta que quede una crema homogénea.
4. Pica el beicon en dados y saltéalos en una sartén con una gota de aceite. Incorpora los ramilletes de brócoli (reservados anteriormente) y sazona. Tapa la sartén y cocínalos durante 3 minutos. Sirve la crema, agrega el salteado de beicon y brócoli.

CREMA DE CALABAZA Y BRÓCOLI

Ingredientes // 4-6 personas

1 ramillete de brócoli
2 puerros
1 calabacín
400 g de calabaza
1 cebolleta
2 zanahorias
2 patatas
1 puñadito de granos de maíz tostado
1 cucharadita de curry
agua
aceite de oliva virgen extra
sal
pimienta negra

Elaboración

1. Para la crema de brócoli, pica los puerros y el calabacín (con piel) y colócalos en una cazuela. Limpia el brócoli e incorpóralo (reserva unos ramilletes pequeños). Pela y casca una patata y agrega. Cubre con agua. Vierte un chorrito de aceite, sazona y cuece todo durante 15 minutos. Tritura y pasa la mezcla a una jarra. Pon a punto de sal, añade una pizca de pimienta y reserva.
2. Para la crema de calabaza, pica la cebolleta, las zanahorias y la calabaza en daditos (reserva un puñadito de calabaza). Coloca todo en una cazuela. Pela la otra patata, cáscala y añade. Sazona y cubre con agua. Vierte un chorrito de aceite y deja cocinar durante 15 minutos. Tritura, pon a punto de sal, agrega una pizca de pimienta y reserva en otra jarra.
3. Para el aliño de maíz, machaca los granos de maíz tostado en el mortero. Colócalos en un cuenco, agrega el curry y un chorro de aceite. Mezcla y reserva.
4. Escalda en una cazuela con agua hirviendo durante un minuto los ramilletes de brócoli y los daditos de calabaza reservados. Escúrrelos y reserva.
5. Para servir, vierte en un plato hondo las 2 cremas al mismo tiempo, una en cada lado del plato, hasta que se junten en el centro. Acompaña con unos daditos de calabaza sobre la crema de brócoli y unos ramilletes de brócoli sobre la de calabaza. Pinta una línea central entre crema y crema con el aliño de maíz.

El brócoli de buena calidad ha de tener los racimos pequeños y compactos, de color verde-morado brillante, y el tallo firme y bien cortado.

CREMA DE ESPÁRRAGOS VERDES

Una vez añadida la leche, deja hervir a fuego muy suave para evitar que se queme en el fondo de la cazuela. Si esto ocurriera, cambia inmediatamente de cazuela.

Ingredientes // 4 personas

24 espárragos verdes
8 rebanadas de pan
1 patata
1 cebolleta
2 puerros
1 diente de ajo
1 pimiento choricero
½ l de leche evaporada
agua
aceite de oliva virgen extra
sal
perejil

Elaboración

1. Retira el tallo y las pepitas del pimiento choricero. Ponlo a remojar en un bol con agua templada. Ábrelo, retira la carne y pícala. Colócala en el vaso batidor, sazona, agrega un chorrito de aceite y tritura. Reserva el aceite de pimiento choricero.
2. Corta las rebanadas de pan por la mitad y colócalas en una placa de horno. Frótalas con el diente de ajo pelado y úntalas con el aceite de pimiento choricero (reserva un poco). Tuéstalas en el horno. Reserva.
3. Pica la cebolleta y ponla a pochar en una cazuela con un chorrito de aceite. Limpia los puerros, pícalos y añádelos. Cuando se pochen un poco, agrega la patata pelada y cascada. Cocina un poco. Retira la parte inferior de los espárragos, trocea 20 (reserva el resto) y añádelos. Sazona. Rehoga un poco y cubre con la leche y 750 mililitros de agua. Cuece todo durante 20 minutos a fuego no muy fuerte. Tritura y cuela. Reserva.
4. Pica los 4 espárragos reservados anteriormente en cilindros y saltéalos en una sartén con una gotita de aceite. Sazona. Sirve la crema, acompaña con los espárragos salteados y adorna con los costrones de pimiento choricero. Salpica con el aceite de pimiento choricero y si lo deseas decora con una rama de perejil.

CREMA DE ESPINACAS CON MAÍZ, TOCINETA Y POLLO

Hay que cortar el tallo de los puerros en sentido longitudinal y lavar con agua las hojas. Se deben separar una a una para así poder eliminar la tierra que queda entre ellas.

Ingredientes // 4-6 personas

750 g de espinacas
4 lonchas de tocineta
1 muslo de pollo
1 puerro
1 zanahoria
1 cebolla
3 ajos
2 cucharadas de harina
2 cucharadas de maíz cocido
½ l de leche evaporada
agua
aceite de oliva virgen extra
sal
pimienta negra
perejil

Elaboración

1. Para el caldo, limpia el puerro, pela la cebolla y la zanahoria y trocea las verduras. Ponlas a cocer en una cazuela con abundante agua. Agrega el muslo de pollo y unas ramas de perejil. Pon a punto de sal. Cuece todo durante media hora. Retira el muslo, pica la carne y resérvala. Cuela el caldo y resérvalo.
2. Pela los dientes de ajo, lamínalos y rehógalos en una cazuela con aceite. Antes de que se doren, agrega poco a poco las espinacas limpias y picadas y rehógalas brevemente. Añade la harina y rehógala un poco para que pierda el sabor a crudo. Vierte el caldo y la leche evaporada. Cuece todo durante 15 minutos. Tritura con la batidora y salpimienta. Reserva la crema.
3. Para la guarnición, pica la tocineta en dados y dórala un poco en una sartén, añade los granos de maíz y el pollo picado. Saltea brevemente. Sirve la crema y acompáñala con la guarnición. Decora con una ramita de perejil.

CREMA DE GARBANZOS CON CARABINEROS

Ingredientes // 4-6 personas

200 g de garbanzos
8 carabineros
150 g de judías verdes
1 cebolla
1 cebolleta
2 dientes de ajo
1 rama de apio
agua
aceite de oliva virgen extra
sal
1 rama de romero
perejil

Elaboración

1. Pon los garbanzos (puestos en remojo la víspera y escurridos) en la olla rápida con abundante agua a punto de ebullición. Pela y trocea la cebolla y añádela junto con la rama de romero. Trocea la rama de apio e incorpórala. Sazona, cierra la olla y cocina a fuego suave durante 15 minutos a partir de que suba la válvula de seguridad. Pasado el tiempo, abre la olla, retira el romero y el exceso de caldo (si lo tuviera), y tritura con la batidora eléctrica.
2. Pela y lamina los dientes de ajo y ponlos a dorar en una sartén con un chorrito de aceite. Pica la cebolleta, añádela y sazona. Quita los hilos de los laterales de las judías verdes, córtalas en juliana y añádelas. Cocina durante 5-8 minutos. Pela los carabineros, reserva las cabezas y añade las colas a la sartén. Tapa y deja cocinar a fuego suave. Una vez cocinados, retira los carabineros a un plato y resérvalos.
3. Vierte el jugo de las cabezas de los carabineros en un vaso batidor. Añade un chorro de aceite de oliva, una pizca de sal y tritura con la batidora eléctrica.
4. Sirve la crema de garbanzos en el fondo de un plato hondo y pon encima un montoncito de judías verdes. Acompaña con 2 carabineros por ración y salsea con el aceite de carabineros. Decora con una ramita de perejil.

Si tienes romero plantado, para secarlo has de colocarlo a la sombra, en un lugar bien ventilado, y guardarlo en cajas de cartón o bolsas de papel, pero nunca en tarros de cristal o de plástico. Conserva sus propiedades durante un año.

CREMA DE HABAS SECAS CON FLAUTAS PICANTES

Si no conseguís habas secas peladas, podéis utilizar habas frescas. Pero tened en cuenta que, como la piel de las habas es muy gruesa, será necesario colar la crema.

Ingredientes // 6 personas

300 g de habas secas peladas
1 patata
2 cebollas
2 zanahorias
3 dientes de ajo
4 lonchas de tocineta
1 hoja de acelga
100 g de harina
10 ml de salsa picante
1 cucharadita de pimentón picante
agua
aceite de oliva virgen extra
sal

Elaboración

1. Para las flautas, mezcla en un bol la harina, una pizca de sal, el pimentón, la salsa picante y 40 mililitros de agua. Amasa bien. Coge pequeñas porciones de masa y ruédalas sobre una superficie lisa hasta conseguir unas flautas finas. Colócalas en la placa del horno forrada con papel de hornear y cuécelas a 150 °C durante 15-20 minutos.
2. Pica los ajos en láminas, y las cebollas y las zanahorias en dados. Sazona y rehoga bien. Pela la patata, cáscala y añádela.
3. Agrega las habas en remojo desde la víspera y escurridas, cubre con agua y pon a punto de sal. Cuécelas durante 30 minutos. Tritura y mantén la crema caliente.
4. Pica las lonchas de tocineta en daditos y rehógalos en una sartén con un chorrito de aceite. Limpia y pica la hoja de acelga en dados y añádelos. Rehoga todo durante un par de minutos. Sirve la crema, agrega el salteado y acompáñala con las flautas picantes.

CREMA DE PUERROS CON MORRONES

Ingredientes // 4 personas

8 puerros
2 patatas
4 dientes de ajo
2 pimientos morrones
agua
aceite de oliva virgen extra
sal
azúcar
perejil

Elaboración

1. Coloca los pimientos morrones en un recipiente apto para el horno. Sazona, riégalos con un chorrito de aceite y ásalos a 180 °C durante 30-35 minutos. Deja que se templen.
2. Pela y lamina 2 dientes de ajo y dóralos en una sartén con un chorrito de aceite. Pela los pimientos, córtalos en tiras finas y cocínalos durante 10 minutos con una pizca de sal y una pizca de azúcar. Reserva.
3. Limpia los puerros, eliminándoles la parte inferior y superior. Trocéalos y colócalos sobre la placa del horno. Pela las patatas, cáscalas y añádelas. Pela los 2 ajos que quedan e incorpóralos. Sazona, riega con un chorrito de aceite y asa a 180 °C durante 30-35 minutos.
4. Pasa todas las verduras a una cazuela grande, cúbrelas con agua, sazónalas y cocínalas durante 10 minutos. Pon a punto de sal. Tritura y cuela la mezcla. Sirve la crema en platos hondos, salpícalos con unas gotas de aceite confitado y coloca en el centro una pequeña porción de pimientos. Adorna con unas hojas de perejil.

Es importante colar la crema, porque los puerros tienen bastantes hebras que resultan desagradables al comer.

CREMA FRÍA DE REMOLACHA CON MAHONESA DE QUESO AZUL

Ingredientes // 6 personas

250 g de remolacha cocida
1 carcasa de pollo
1 tomate maduro y grande
2 puerros
1 diente de ajo
1 huevo
100 g de miga de pan
50 g de piñones
25 g de queso azul
10-12 hojas de albahaca
agua
aceite de oliva virgen extra
vinagre
sal

Añade la remolacha y el tomate troceados. Tritura todo bien.

Pica las hojas de albahaca y májalas con un diente de ajo pelado.

Añade el queso azul picado y mezcla bien con la varilla.

Elaboración

1. Lava bien los puerros, pícalos y ponlos a cocer. Agrega la carcasa de pollo y sazona. Cuece durante 20 minutos. Retira la carcasa y deja un litro de caldo con los puerros. Añade la remolacha y el tomate troceados. Tritura todo bien y cuela la mezcla. Añade la miga de pan troceada, un chorro de vinagre, 3-4 cucharadas de aceite, mezcla y tritura de nuevo. Pon a punto de sal y guárdala en el frigorífico hasta el momento de consumirla.
2. Saltea los piñones en una sartén y resérvalos.
3. Pica las hojas de albahaca y májalas con el diente de ajo pelado y picado. Vierte un chorrito de aceite, mezcla bien y resérvalo.
4. Para la mahonesa, coloca el huevo, una pizca de sal, un chorrito de vinagre y 150 mililitros de aceite en el vaso batidor. Introduce el brazo de la batidora, dale marcha y cuando empiece a emulsionar realiza movimientos ascendentes y descendentes hasta que ligue. Añade el queso azul picado y mezcla bien con la varilla.
5. Sirve la crema y salpícala con unas gotas de majado. Acompaña con los piñones y con la mahonesa de queso azul.

Para que no se te manchen las manos al manipular la remolacha, te aconsejo que te pongas unos guantes de silicona.

SOPA CASTELLANA

Si no quieres que el hueso de jamón aporte toques rancios al caldo, es mejor darle un buen hervor en una cazuela con agua limpia.

Ingredientes // 6 personas

½ barra de pan seco
1 huevo
1 morcilla de arroz
100 g de chorizo fresco
100 g de jamón serrano
1 hueso de jamón
1 carcasa de pollo
1 puerro
1 zanahoria
17 dientes de ajo
aceite de oliva virgen extra
agua
sal
1 cucharada de pimentón dulce
1 trocito de guindilla
perejil

Elaboración

1. Pon agua en una cazuela. Añade el hueso de jamón, la carcasa de pollo, el puerro y la zanahoria troceados, 12 dientes de ajo y unas ramas de perejil. Sazona y cuece todo durante 30 minutos. Retira la espuma, cuela y reserva el caldo.
2. Cuece el chorizo por separado en una cazuelita con agua durante 25-30 minutos. Corta el chorizo en rodajitas y reserva.
3. Pela los otros 5 dientes de ajo y dóralos en una cazuela grande con un chorrito de aceite y con la guindilla. Agrega el jamón cortado en daditos y rehoga un poco. Introduce el pan cortado en rebanadas finas y el pimentón. Vierte el caldo y deja hervir a fuego no muy fuerte durante 15-20 minutos. Cuando lleve unos 12 minutos, remueve con una varilla para romper un poco el pan. Añade las rodajas de chorizo y casca el huevo. Mezcla con la varilla y pon a punto de sal.
4. Pela y corta la morcilla en rodajas y doralas en una sartén con un chorrito de aceite. Sirve la sopa y acompaña con la morcilla. Decora con una hojita de perejil.

SOPA DE ALMEJAS CON FIDEOS

Las almejas suelen tener arena. Para asegurarte de que quedan limpias, déjalas en remojo en un bol con abundante agua y una porción de sal.

Ingredientes // 4 personas

500 g de almejas
espinas y cabeza de pescado blanco
100 g de fideos
2 puerros
1 zanahoria
1 pimiento verde
1 cebolla
3 dientes de ajo
3 cucharadas de salsa de tomate
150 ml de vino blanco
agua
aceite de oliva virgen extra
sal
1 guindilla de cayena
perejil

Elaboración

1. Para el caldo, pon las espinas y las cabezas de pescado en una cazuela grande. Añade un puerro limpio y unas ramas de perejil. Sazona, vierte el agua y cuece durante 20 minutos. Cuela y reserva.
2. Pon el vino blanco a calentar en una cazuela grande. Agrega las almejas, tápalas y dales un hervor hasta que se abran. Reserva la carne de las almejas y el jugo por separado.
3. Pica el otro puerro, los ajos, la cebolla, la zanahoria y el pimiento en dados. Ponlos a pochar en una cazuela grande con un chorro de aceite. Sazona. Añade la salsa de tomate, el caldo y el jugo resultante de la cocción de las almejas. Añade perejil picado y cuece todo durante 15-20 minutos a fuego no muy fuerte. Tritura.
4. Añade la cayena y los fideos y cuécelos durante el tiempo que indique el paquete. Retira la cayena, introduce las almejas (la mitad con concha y la otra mitad sin concha). Sirve y espolvorea con perejil picado.

SOPA DE ARROZ CON VERDURAS Y POLLO

Ingredientes // 6 personas

4 hojas de acelga
200 g de arroz redondo
2 muslos de pollo
2 zanahorias
1 cebolleta
1 puerro
1 diente de ajo
agua
aceite de oliva virgen extra
sal
hojas de albahaca

Elaboración

1. Para el caldo, retira la piel de los muslos y ponlos a cocer en la olla rápida con el puerro partido por la mitad y una pizca de sal. Cocina durante 15 minutos a partir de que comience a salir el vapor. Abre la olla, retira la carne, pícala finamente y resérvala. Cuela el caldo y resérvalo.
2. Separa las pencas de las hojas de acelga. Con un cortapastas corta las pencas en círculos. Reserva las hojas.
3. Pica la cebolleta finamente, ponla a pochar en una cazuela con aceite y sazona. Añade las «monedas» de penca y las zanahorias peladas y cortadas en «monedas». Rehoga un poco. Vierte el caldo (un litro) y el arroz. Agrega las hojas de acelga picaditas. Pon a punto de sal y deja cocer durante 20 minutos.
4. Pela y pica el ajo y májalo con unas hojas de albahaca picaditas. Añade a la sopa junto con la carne de pollo picadita. Dale un hervor y sirve.

Para poder machacar bien la albahaca en el mortero, antes hay que picarla bastante fina con el cuchillo.

SOPA DE CEBOLLA

Ingredientes // 8 personas

6 cebollas
400 g de garbanzos
½ kg de zancarrón
2 huesos de ternera
1 puerro
3 dientes de ajo
75 g de pan seco
100 g de queso emmental
agua
aceite de oliva virgen extra
sal
perejil

Elaboración

1. Pon los garbanzos en remojo en agua la víspera.
2. Para el caldo, cuece en la olla rápida los garbanzos escurridos, el puerro y una cebolla partida por la mitad, los dientes de ajo pelados, los huesos, el zancarrón, unas ramas de perejil y una pizca de sal. Coloca la tapa y cocina durante 30 minutos a partir de que comience a salir el vapor. Pasado este tiempo, retira la carne, los garbanzos y la verdura. Cuela el caldo. Reserva.
3. Pela y pica finamente las otras 5 cebollas y ponlas a pochar en una cazuela con aceite. Sazónalas y cocínalas hasta que se pochen bien. Pica el pan, añádelo y rehógalo brevemente. Vierte el caldo y cocina todo durante 10 minutos aproximadamente. Bate con una varilla hasta que el pan se deshaga.
4. Sirve la sopa en 8 cuencos, espolvoréalos con el queso y gratínalos en el horno. Sirve y espolvorea las tazas con perejil picado.

A la hora de comprar, selecciona las cebollas duras, secas y bien formadas, sin brotes. Su aroma debe ser dulce. Rechaza aquellas con textura blanda en el cuello o que tengan un olor acre.

SOPA DE CORDERO

Ingredientes // 4-6 personas

1 cuello de cordero
1 cebolla
1 zanahoria
1 puerro
¼ de barra de pan
2 huevos
1 limón
3-4 cucharadas de harina integral
agua
aceite de oliva virgen extra
sal
pimentón dulce
pimienta negra en grano
perejil

Elaboración

1. Limpia el puerro y ponlo en una olla rápida con abundante agua. Pela la cebolla y añádela junto con la zanahoria, una ramita de perejil y unos granos de pimienta. Sazona. Desgrasa el cuello de cordero con un cuchillo (quítale las arterias también) e incorpóralo a la olla. Deja hervir 2-3 minutos y desespuma con la ayuda de un cacito. Tapa la olla y cocina a fuego lento durante 25 minutos a partir de que suba la válvula de seguridad. Cuela el caldo y reserva el cuello.
2. Cocina la harina integral en un puchero con un chorrito de aceite. Añade una cucharada de pimentón dulce y mezcla. Agrega 2 cazos de caldo y mezcla bien con una varilla. Vierte el resto del caldo sin dejar de remover. Cocina a fuego medio durante 4 o 5 minutos.
3. Separa las yemas de las claras. Pon las yemas en un bol. Exprime el zumo de un limón y añádelo a las yemas junto con un cacito de caldo. Bate e incorpora al puchero del caldo. Desmiga la carne del cuello y agrégala al caldo. Cocina durante 4-5 minutos más.
4. Corta el pan en rebanadas finas y tuéstalas en una sartén con abundante aceite caliente. Retíralas a un plato con un papel absorbente para eliminar el exceso de grasa.
5. Sirve la sopa en un plato hondo y acompaña cada ración con 2 rebanadas de pan tostado. Decora con una hojita de perejil.

Para conservar el pan que sobra de un día para otro, guárdalo en el frigorífico envuelto en un trapo. Si se queda duro, también se puede aprovechar para comerlo frito o elaborar diferentes postres, como las torrijas o algún pudin.

SOPA DE GUISANTES

Ingredientes // 6 personas

2 huevos
100 g de conchas de pasta
50 g de pan seco
350 g de pechuga de pollo
1,5 kg de guisantes con vaina
4 hojas de lechuga
1 cebolleta
2 dientes de ajo
agua
aceite de oliva virgen extra
sal
pimienta negra

Elaboración

1. Pon los huevos en una cazuela con agua caliente. Cuécelos durante 10 minutos desde el momento en que empiece a hervir el agua. Sácalos, refréscalos y pélalos. Pícalos en daditos y reserva.
2. Pela los guisantes y reserva. Cuece las vainas en una cazuela con agua y sal durante 20 minutos. Cuela el caldo y reserva.
3. Pica la pechuga de pollo en dados, salpimienta y saltéalos en una sartén con aceite. Reserva.
4. Pica los dientes de ajo y la cebolleta finamente, y rehoga a fuego suave en una cazuela con un chorrito de aceite. Antes de que cojan color, agrega las hojas de lechuga limpias y troceadas. Rehoga y mezcla bien. Vierte el caldo de las cáscaras de los guisantes y sazona. Deja cocinar 5 minutos. Tritura. Incorpora el pan picado, los guisantes, la pasta y el pollo. Cuece todo durante 10 minutos más. Remueve con la varilla para deshacer el pan y agrega los huevos picaditos. Sirve.

Una vez pelados, no guardes los guisantes en el frigorífico en una bolsa de plástico cerrada, ya que se estropearían más rápidamente.

SOPA DE PESCADO

Ingredientes // 4-6 personas

1 rape pequeño
24 gambas
24 almejas
1 cebolla
1 zanahoria
2 puerros
½ barra de pan seco
½ vaso de tomate natural
½ copita de brandy
agua
aceite de oliva virgen extra
sal
estragón
perejil

Elaboración

1. Limpia el rape, corta los lomos en daditos y resérvalos. Pon las espinas y la cabeza en una cazuela con abundante agua hirviendo y una ramita de perejil. Pela las gambas, reserva las colas y añade las cáscaras y las cabezas al caldo. Sazona y cocina. Desespuma y cuela el caldo. Reserva.
2. Pela y pica la cebolla y la zanahoria. Limpia y pica los puerros, y pon todo a pochar en una cazuela con un chorrito de aceite. Sazona. Cuando esté pochado, vierte el brandy y flambea.
3. Corta el pan en rebanadas y tuéstalas en el horno durante 2-3 minutos. Trocea y añádelo sobre las verduras pochadas y flambeadas. Agrega una cucharadita de estragón y rehoga. Vierte el caldo de pescado y la salsa de tomate, y deja hervir durante 15-18 minutos. Tritura con la batidora eléctrica. Incorpora las almejas a la cazuela. Sazona los daditos de rape y agrégalos junto con las gambas peladas y un poco de perejil picado. Deja hervir 2-3 minutos y deja reposar.
4. Sirve en un plato hondo y decora con una hojita de perejil.

En la sopa de pescado lo más importante es el caldo, así que no tengas prisa. Deja que cueza despacio y cuanto más tiempo mejor. En esta receta he utilizado rape, pero los despojos del gallo (cabeza, pieles y espinas) son excelentes para un buen caldo de pescado.

SOPA DE JAMÓN CON FIDEOS

Ingredientes // 4 personas

80 g de fideos
2 cebolletas
4 zanahorias
1 puerro
1 patata
1 diente de ajo picado
2 huesos de jamón
200 g de jamón serrano
1 huevo
2-3 cucharadas de pan rallado
harina
agua
aceite de oliva virgen extra
sal
perejil

Elaboración

1. Pela y pica en trozos grandes las cebolletas, el puerro y 2 zanahorias. Agrega la patata cascada, los huesos de jamón y abundante agua. Tapa la olla y cuece todo durante 15 minutos (a partir de que comience a salir el vapor). Abre la olla y aplasta ligeramente la patata para que se deshaga un poco. Cuela el caldo y resérvalo.
2. Pica el jamón muy fino y colócalo en un bol. Añade el huevo, el ajo picado, el pan rallado y perejil picado. Mezcla bien. Forma bolas, pásalas por harina y fríelas en una sartén con aceite. Escúrrelas sobre un plato forrado con papel absorbente para eliminar el exceso de aceite.
3. Pon el caldo a hervir, agrega los fideos, las bolas de jamón y las otras 2 zanahorias ralladas. Cuece todo durante 3-4 minutos y pon a punto de sal (retira la espuma). Sirve la sopa. Decora con una hojita de perejil si lo deseas.

Si al hacer la masa de las bolas de jamón te pasas con el pan rallado, puedes aligerarla agregando un poco de agua.

SOPA DE POLLO Y TOMILLO

Ingredientes // 6 personas

1 muslo de pollo
1 esqueleto de pollo
12 huevos de codorniz
6 dientes de ajo
100 g de pan seco
2 cucharadas de tapioca
agua
aceite de oliva virgen extra
10 ramas de tomillo fresco
sal
perejil

Elaboración

1. Coloca el esqueleto, el muslo, 8 ramas de tomillo y unas ramas de perejil en la olla. Cubre con agua, pon a punto de sal y ciérrala. Cuece todo durante 8-10 minutos desde el momento en que empiece a salir el vapor.
2. Retira el esqueleto y el muslo. Desmenuza la carne y resérvala. Cuela el caldo y resérvalo.
3. Pela 4 dientes de ajo y rehógalos enteros en una cazuela con un poco de aceite. Añade el pan troceado y rehógalo un poco. Vierte el caldo, pon a punto de sal y cuece todo durante 10 minutos. Remueve con una varilla hasta que se rompa el pan.
4. Pela y lamina los otros 2 dientes de ajo y májalos junto con las otras 2 ramas de tomillo. Añade a la cazuela junto con la tapioca y deja cocer durante 10 minutos más. Incorpora el pollo desmenuzado y perejil picado. Casca los huevos de codorniz y sirve encima la sopa.

Si no tienes pan seco, te recomiendo que utilices una barra de pan del día anterior. Tuéstala en el horno, pícala y listo.

SOPA DE PUERRO GRATINADA

Utilizar los esqueletos de pollo para hacer el caldo es un recurso muy socorrido porque, además de ser muy baratos, le aportarán un sabor muy interesante.

Ingredientes // 4 personas

12 puerros
2 esqueletos de pollo
4 dientes de ajo
1 cebolla
3 higadillos de pollo
2 rebanadas de pan
30 g de pan seco
50 g de queso rallado
agua
aceite de oliva virgen extra
sal
cebollino

Elaboración

1. Dora los esqueletos en la olla con un chorrito de aceite. Pela y pica la cebolla y los ajos, y añádelos. Dora todo a fuego fuerte, cubre con agua y sazona. Coloca la tapa y cuece todo durante 10 minutos (a partir de que comience a salir el vapor). Cuela y reserva.
2. Limpia bien los puerros y pícalos en cilindros. Ponlos a pochar en una cazuela con un chorro de aceite. Sazona, deja que se pochen bien e incorpora el pan seco troceado. Cubre todo con el caldo, pon a punto de sal y cuece el conjunto a fuego suave durante 15 minutos.
3. Corta las rebanadas de pan en dados y fríelos en una sartén con aceite. Escúrrelos sobre un plato forrado con papel absorbente de cocina y resérvalos. Corta los higadillos en trocitos, sazónalos y saltéalos en la misma sartén. Resérvalos.
4. Reparte la sopa en 4 cuencos, agrega a cada uno unos trocitos de higadillo y unos panes fritos. Espolvorea el queso por encima y gratínalos en el horno durante 4-5 minutos. Sirve y espolvorea con un poco de cebollino picado.

SOPA DE RABO, PATATAS Y CALABAZA

Si quieres desgrasar el caldo, te recomiendo que lo hagas la víspera. De esta manera, la grasa se solidificará, quedará en la superficie y podrás retirarla con mucha facilidad.

Ingredientes // 4-6 personas

1 rabo de ternera
100 g de conchitas para sopa
2 patatas
1 rodaja de calabaza
1 cebolla
3 dientes de ajo
1 puerro
1 zanahoria
agua
aceite de oliva virgen extra
sal
1 hoja de laurel
pimienta negra
perejil

Elaboración

1. Pica los ajos y la cebolla, y ponlos a rehogar en la olla con un poco de aceite. Pica el puerro y la zanahoria, y añádelos junto con unas ramas de perejil. Sazona y rehoga las verduras.
2. Pela una patata, cáscala e incorpórala. Agrega la hoja de laurel y el rabo troceado, y cubre con agua. Coloca la tapa y cuece todo durante 30 minutos (a partir de que comience a salir el vapor). Retira los trozos de rabo y resérvalos. Cuela el caldo y colócalo en una cazuela.
3. Pela y pica la otra patata y la calabaza en dados, y añádelas. Incorpora la pasta. Cuece el conjunto durante 10 minutos a fuego no muy fuerte. Salpimienta.
4. Añade el rabo y sirve la sopa. Adorna con unas hojas de perejil.

SOPA DE REPOLLO CON ALBÓNDIGAS

Ingredientes // 4-6 personas

½ repollo
500 g de zancarrón o morcillo
1 cebolla
1 manzana
1 tomate
2 yemas de huevo
harina
1 limón
agua
aceite de oliva virgen extra
sal
pimienta negra
perejil

Elaboración

1. Pon abundante agua en la olla rápida e introduce el zancarrón, unas ramitas de perejil y unos granos de pimienta negra. Sazona y cierra la olla. Cocina durante 15-20 minutos a partir de que suba la válvula de seguridad. Cuela el caldo y reserva la carne.
2. Trocea el repollo y escáldalo durante 2 minutos en una cazuela con agua hirviendo y sal. Escurre y reserva.
3. Pela y pica la cebolla y ponla a pochar en una cazuela con un chorrito de aceite. Descorazona la manzana, pícala (con piel) y añádela. Una vez pochado, agrega el tomate pelado y picado. Añade el repollo y el caldo del zancarrón. Exprime un limón y vierte el zumo a la cazuela.
4. Desmenuza la carne y ponla en un cuenco. Separa las yemas de los huevos y mézclalas con la carne junto con un poco de perejil picado y sal. Dale forma de albóndigas, enharínalas y fríelas en una sartén con abundante aceite caliente. Retíralas a un plato con papel absorbente para eliminar el exceso de grasa.
5. Sirve la sopa en un plato hondo y acompaña cada ración con 4 albóndigas. Decora con una hojita de perejil.

Se aconseja evitar los repollos que tengan las hojas interiores del mismo color que las exteriores, porque es un signo de falta de frescura. Elígelos duros, crujientes, compactos y que no desprendan fuertes olores.

SOPA FRÍA DE AGUACATE CON BONIATO

Ingredientes // 4-6 personas

4 aguacates maduros
2 esqueletos de pollo
1 vaso de leche evaporada
1 boniato
1 limón
agua
aceite de oliva virgen extra
sal
perejil

Elaboración

1. Pon los esqueletos de pollo en la olla rápida con abundante agua, 2 ramitas de perejil y una pizca de sal. Cierra la olla y cocina a fuego lento durante 5 minutos a partir de que suba la válvula de seguridad. Cuela y deja que se enfríe.
2. Parte 3 aguacates por la mitad, deshuesa y saca la carne (con la ayuda de una cucharilla) a un bol. Agrega el zumo de medio limón. Tritura con la batidora eléctrica. Vierte parte del caldo de pollo y sigue triturando. Añade la leche evaporada y tritura. Pon a punto de sal.
3. Pela el boniato y córtalo en juliana. Fríelo en una sartén con abundante aceite caliente. Retira a una fuente con papel absorbente para eliminar el exceso de grasa.
4. Pela el último aguacate, deshuésalo y pica la carne. Reserva.
5. Sirve la sopa en plato hondo y coloca en el centro un poco de aguacate picado y boniato frito. Decora con una hojita de perejil.

El boniato es un tubérculo tropical parecido a la patata. Se diferencian en que el boniato tiene una piel más gruesa y una forma más alargada, pero, sobre todo, en su sabor, que es más dulce.

SOPA MINESTRONE CON SALMÓN

Ingredientes // 4-6 personas

1 cebolleta
2 zanahorias
1 puerro
1 pimiento verde
½ morrón rojo
1 penca de apio
100 g de guisantes
50 g de fideos
200 g de salmón
1,5 l de caldo de ave
aceite de oliva virgen extra
sal
4 hojas de albahaca
perejil

Elaboración

1. Pica la cebolleta y el puerro y ponlos a pochar en una cazuela con un chorrito de aceite. Sazona. Una vez pochados, pica las zanahorias y los pimientos verde y rojo, y añádelos. Mezcla y agrega los guisantes desgranados. Pica el apio e incorpóralo. Vierte el caldo de ave y deja que hierva 10 minutos a fuego moderado. Añade los fideos y deja cocinar otros 4-5 minutos.
2. Corta el salmón en daditos. Apaga el fuego del caldo y añade el salmón. Tapa la cazuela y deja cocinar con el propio calor de la sopa.
3. Espolvorea albahaca picada y sirve en un plato sopero. Decora con una hojita de perejil.

Para saber si un apio está fresco y es de calidad, hay que fijarse en que tenga el tallo grueso, compacto y de color verde claro. Igualmente, las hojas han de ser de color verde y frescas. Hay que descartar los apios blandos, con manchas y puntos secos, y con tallos superiores de color blanco.

HUEVOS

Tritura las hojitas de romero en el aceite.

Unta las rebanadas de pan con este aceite.

Cuando las patatas estén casi hechas, añade las guindillas.

Fríe los huevos con un diente de ajo.

HUEVOS CON PATATAS, GUINDILLAS Y CECINA

Ingredientes // 4 personas

8 huevos
8 rodajas de pan
8 lonchas de cecina
16 guindillas frescas
3 patatas
4 dientes de ajo
aceite de oliva virgen extra
sal
1 rama de romero
perejil picado

Elaboración

1. Para el aceite de romero, saca las hojitas de la rama de romero, colócalas en el vaso batidor y vierte una buena cantidad de aceite. Tritúralas (si quedan muy grandes, cuela el resultado).
2. Unta las rebanadas de pan con este aceite y colócalas sobre una bandeja apta para horno. Tuesta el pan en el horno.
3. Pela las patatas, córtalas en bastones gruesos y ponlas a freír en una sartén con abundante aceite. Cuando estén casi hechas, añade las guindillas. Escurre bien sobre papel absorbente y distribuye las patatas con las guindillas en una fuente grande. Sazona y reserva.
4. Fríe los huevos con un diente de ajo pelado, entero y machacado. Colócalos sobre las patatas y las guindillas. Sazona y espolvorea con un poco de perejil picado. Extiende encima las lonchas de cecina untadas en el aceite templado de freír los huevos y acompáñalos con el pan de romero. Sirve.

Antes de freír las guindillas, pínchalas con la punta de un cuchillo para que no exploten y así te evitas que salpique el aceite.

HUEVOS CON TOMATES Y PATATAS CONFITADAS

Ingredientes // 4 personas

4 patatas
12 chalotas
4 huevos
12 tomates secos
aceite de oliva virgen extra
agua
sal
1 cucharadita de pimentón dulce
4 ramas de tomillo
perejil

Elaboración

1. Cuece los tomates secos en una cazuela con agua durante 5 minutos. Escúrrelos y sécalos un poco. Déjalos atemperar y colócalos en un recipiente. Cúbrelos con aceite y déjalos macerar al menos durante 5 minutos.
2. Pela las patatas, córtalas en lonchas de medio centímetro y confítalas (cocina a fuego suave) junto con las chalotas peladas y las ramas de tomillo. En unos 15-20 minutos estarán a punto. Sazona, escurre y reserva.
3. Mezcla el pimentón con 50 mililitros de aceite. Corta un trozo de film de cocina y ponlo sobre una taza, úntalo con el aceite de pimentón. Casca un huevo, sazona y cierra el film. Átalo con una cuerda de cocina. Haz lo mismo con los 4 huevos y escálfalos en una cazuela con agua hirviendo durante 4-5 minutos. Déjalos templar, retira el film y colócalos sobre las patatas. Acompaña con los tomates y las chalotas. Rocía con un poco de aceite de pimentón y decora con una ramita de tomillo y perejil.

Los tomates hay que introducirlos en el aceite cuando están completamente fríos y secos para que no se estropeen y no adquieran un aspecto feo.

HUEVOS ROTOS CON PIMIENTOS CARAMELIZADOS

Ingredientes // 4 personas

8 huevos
3 pimientos morrones
3 dientes de ajo
3 patatas
aceite de oliva virgen extra
sal
pimentón dulce
perejil

Elaboración

1. Coloca los pimientos sobre la placa del horno. Riégalos con un chorrito de aceite. Ásalos a 180 °C durante 35-40 minutos.
2. Cuando se templen, pélalos y córtalos en tiras. Pela los dientes de ajo, lamínalos y dóralos en una cazuelita con un buen chorro de aceite. Agrega los pimientos y confítalos a fuego suave durante 10-15 minutos. Sazona.
3. Pela las patatas, córtalas en bastones y fríelas en una sartén con aceite a fuego no muy fuerte. Escúrrelas sobre un plato forrado con papel absorbente de cocina. Sazona.
4. Fríe los huevos. Sirve los pimientos en el fondo del plato, coloca encima las patatas y los huevos fritos. Rómpelos con un cuchillo y sálalos. Espolvoréalos con pimentón y un poco de perejil picado.

Para aprovechar el calor del horno, puedes asar 6-8 pimientos de una vez. Una vez confitados, puedes aprovechar los que te sobren para otra ocasión, ya que se conservarán en perfectas condiciones durante 4-5 días.

Pela los dientes de ajo y ponlos a dorar en una cazuela amplia y baja.

Cuando los ajos estén bien dorados, pica los pimientos y añádelos.

Incorpora el pan y cocínalo hasta que se dore (15-20 minutos).

Cuando empiece a hervir el agua, introduce los huevos.

MIGAS CON HUEVO FLOR

Ingredientes // 4 personas

4 huevos
1 barra de pan muy seco
8 dientes de ajo
1 pimiento verde
1 pimiento rojo
200 g de papada de cerdo
agua
aceite de oliva virgen extra
sal
pimentón dulce
perejil

Elaboración

1. Pela los dientes de ajo y ponlos a dorar en una cazuela amplia y baja. Con ayuda de un cuchillo de sierra, corta el pan en lonchas finas (cuartos de luna). Reserva.
2. Cuando los ajos estén bien dorados, pica los pimientos y añádelos. Sazona y cocina bien. Retira los pimientos con los ajos y resérvalos.
3. Pica la papada en dados y agrégalos a la cazuela. Sazona. Saltéalos brevemente, sácalos y resérvalos con los ajos y los pimientos. Incorpora el pan y cocínalo hasta que se dore (15-20 minutos). Añade el pimiento con los ajos y la papada y mezcla bien. Vierte el agua con el pimentón y cocínalo hasta que quede bien seco (3-4 minutos más).
4. Corta 4 trozos grandes de papel film y extiéndelos sobre 4 recipientes marcando bien el interior. Úntalos con aceite y casca un huevo encima de cada uno. Sazónalos, ciérralos bien y átalos con una cuerdita. Pon abundante agua en una cazuela y, cuando empiece a hervir, introduce los huevos. Cuécelos a fuego medio durante 3-4 minutos. Sirve las migas y pon un huevo en el centro de cada plato (sin el plástico). Adorna el plato con perejil picado.

El huevo flor es un capricho, pero si no queréis tomaros el trabajo de hacerlos, podéis escalfar los huevos de la manera tradicional porque quedan igual de ricos.

PATATAS, LANGOSTINOS Y HUEVO FRITO

Ingredientes // 4 personas

16 langostinos
4 huevos
2 patatas grandes
1 pimiento rojo
2 pimientos verdes
4 dientes de ajo
aceite de oliva virgen extra
sal
perejil

Elaboración

1. Pela las patatas, córtalas en lonchitas finas y fríelas (a tandas) en una sartén con aceite hasta que queden crujientes. Sazona. Retira y reserva en papel absorbente. Reserva también el aceite para freír después los langostinos, los pimientos y los huevos.
2. Aplasta los dientes de ajo y ponlos a dorar en una sartén. Pela los langostinos (reserva las cabezas y las cáscaras en el frigorífico) y añádelos. Sazónalos y saltéalos brevemente. Saca los langostinos a un plato y resérvalos.
3. Corta los pimientos en cuadrados grandes (el rojo pelado) y agrégalos a la sartén. Saltéalos a fuego medio-alto durante 5-8 minutos aproximadamente. Sazona.
4. Coloca las patatas en una tartera, añade los pimientos, los langostinos y los ajos.
5. Fríe los huevos en otra sartén con aceite caliente de uno en uno y colócalos en la tartera. Sazónalos, espolvorea con perejil picado y adorna con una hojita de perejil. Sirve.

Nunca tires las cabezas ni las cáscaras de los langostinos. Aprovéchalas para hacer un fumet de pescado.

TORTILLA DE BORRAJA, AJOS FRESCOS Y GAMBAS

Ingredientes // 4 personas

½ kg de borraja
12 ajos frescos
2 patatas
16 gambas
8 huevos
agua
aceite de oliva virgen extra
sal
pimienta negra
perejil

Elaboración

1. Pela las patatas, córtalas en lascas y fríelas en una sartén con aceite. Sazona. Cuando casi estén a punto, pica los ajos y añádelos. Fríe el conjunto brevemente, escurre y reserva.
2. Limpia las borrajas y retira las hojas. Pica los tallos y cuécelos en una cazuela con agua y una pizca de sal durante 10 minutos. Escúrrelos y reserva.
3. Pela y pica las gambas. Salpimienta y saltea en la misma sartén donde has freído las patatas. Bate los huevos de 2 en 2 y sálalos. Incorpora su porción correspondiente de borraja, patatas y gambas. Mezcla bien.
4. Pon un chorrito de aceite a calentar en una sartén. Cuaja las tortillas por los dos lados y sirve. Adorna con unas hojas de perejil.

Mucha gente no prepara borraja porque piensa que es muy difícil de limpiar. Nada más lejos de la verdad, ya que no hace falta quitarle los hilos. Basta con trocearla y ponerla a cocer.

TORTILLA DE CALABACÍN CON QUESO Y PIMIENTO

Ingredientes // 4 personas

16 pimientos verdes
200 g de queso semicurado
8 huevos
2 calabacines
2 patatas
1 cebolla
3 dientes de ajo
aceite de oliva virgen extra
sal
perejil

Elaboración

1. Pela y pica la cebolla y los dientes de ajo y pon todo a pochar. Pela y trocea las patatas y añade. Sazona. Cuando las patatas estén un poco blanditas, pela y pica un calabacín y medio (reserva la otra mitad) y añádelo. Cocina hasta que se ablanden las verduras, escurre y reserva. Casca los huevos en un bol, bate, sazona, añade un poco de perejil picado e incorpora las hortalizas pochadas. Divide la mezcla en dos y cuaja 2 tortillas. Resérvalas.
2. Corta el calabacín restante en lonchas, sazónalas y cocínalas a la plancha con una gotita de aceite. Reserva.
3. Fríe los pimientos a fuego no muy fuerte y resérvalos. Sazona.
4. Corta el queso en lonchas. Reserva.
5. Coloca una tortilla en el fondo del plato, sobre la tortilla una capa de queso y sobre el queso una capa de calabacín a la plancha. Cubre con la otra tortilla y termina poniendo los pimientos encima. Decora con perejil.

La presencia del huevo en una dieta sana y equilibrada no supone ningún riesgo de elevar los niveles de colesterol.

TORTILLA DE HONGOS Y PATATAS

Ingredientes // 4 personas

400 g de hongos
8 huevos
2 patatas
1 cebolleta
8 ajos frescos
½ barra de pan
aceite de oliva virgen extra
sal
perejil

Elaboración

1. Retira la parte baja del tallo de los hongos. Coge un trozo de papel de cocina, humedécelo y límpialos. Lamínalos y cocínalos brevemente en una sartén con un poco de aceite. Sazona.
2. Pica la cebolleta en daditos, los ajos en cilindros y las patatas en cuartos de luna. Ponlos a pochar en una sartén con aceite y sazona. Escurre el aceite.
3. Casca y bate los huevos. Sazona y espolvorea con perejil picado. Añade los hongos y las patatas y mezcla suavemente.
4. Cuaja 2 tortillas por los dos lados. Sírvelas y acompáñalas con las rebanadas de pan. Adorna con unas hojas de perejil.

Para que los hongos se conserven durante 3 días en buenas condiciones, puedes envolverlos en un trapo de cocina humedecido con agua.

TORTILLA DE HORTALIZAS

Ingredientes // 4 personas

8 huevos
1 escarola
2 calabacines
2 zanahorias
2 cebolletas
1 pimiento rojo
8 ajos frescos
32 uvas
aceite de oliva virgen extra
vinagre
sal
orégano

Elaboración

1. Pica finamente las cebolletas y los ajos frescos, y ponlos a pochar en una sartén con aceite. Cuando cojan un poco de color, añade los calabacines (cortados en cuartos de luna), sazona y cocina durante 10 minutos.
2. Pela las zanahorias y pícalas (en medias lunas). Colócalas en el accesorio para cocer al vapor. Pela y corta el pimiento en daditos y añádelos. Sazona, tapa y cuece durante 6-8 minutos.
3. Bate los huevos (de 2 en 2) en un bol. Sazona y agrega una pizca de orégano picado. Incorpora la parte correspondiente de las verduras pochadas y cocinadas al vapor. Mezcla bien y cuaja las tortillas. Sírvelas.
4. Limpia la escarola, sécala, trocéala y colócala en un bol grande. Pela las uvas y añádelas al bol de la escarola. Aliña con aceite, vinagre y sal. Sirve las tortillas y acompáñalas con la ensalada.

Para pelar las uvas con mayor facilidad, te recomiendo que las escaldes durante un par de minutos en una cazuela con agua hirviendo.

TORTILLA RELLENA CON ENSALADA

Ingredientes // 4 personas

8 huevos
250 g de bacalao desalado (desmigado)
1 berenjena
1 pimiento rojo
1 pimiento verde
1 lechuga
2 tomates
1 cebolleta
aceite de oliva virgen extra
vinagre
sal
perejil

Elaboración

1. Pica la berenjena y los pimientos en tiras, y ponlos a pochar en una sartén grande con aceite a fuego no muy fuerte. Sazona. Cuando estén bien pochados, agrega el bacalao desmigado y saltéalo brevemente. Reserva.
2. Bate 2 huevos, sazónalos y añádeles una pizca de perejil picado. Pon un chorrito de aceite en una sartén, vierte los huevos y haz una tortilla redonda. Retírala a un plato y coloca en el centro una porción de verdura con bacalao. Cierra la tortilla de los dos lados hacia el centro. Haz otras 3 tortillas del mismo modo.
3. Limpia la lechuga, sécala, trocéala y colócala en un bol. Pela los tomates, córtalos en gajos y añádelos al bol. Pica la cebolleta en juliana fina y añádela. Aliña con aceite, vinagre y sal. Sirve las tortillas y acompáñalas con la ensalada (puedes servir el tomate aparte). Decora con una hojita de perejil.

Antes de añadir el bacalao a la verdura es conveniente escurrirlo bien para que no suelte agua.

K

CARNES

AJIACO DE POLLO

El cilantro es una planta utilizada en la cocina desde la antigüedad. A menudo se confunde con el perejil, pero se diferencian en el aroma y en el color de las hojas, que en el cilantro son de un verde más claro.

Ingredientes // 4 personas

8 jamoncitos de pollo
2 mazorcas de maíz cocido
2 patatas
2 cebollas
1 esqueleto de pollo
1 vaso de leche evaporada
agua
aceite de oliva virgen extra
sal
tomillo
romero
cilantro
perejil

Elaboración

1. Pon el esqueleto de pollo con el romero y el tomillo en una cazuela con abundante agua a punto de ebullición. Sazona y deja hervir durante 12-15 minutos. Desespuma el caldo y reserva.
2. Pela y pica fino las cebollas y ponlas a pochar en la olla rápida con un chorrito de aceite. Sazona. Añade los muslos de pollo a la olla. Pela y trocea las patatas y agrega. Vierte 3 cazos del caldo de pollo y sazona. Cierra la olla y cocina a fuego suave durante 4-5 minutos a partir de que suba la válvula de seguridad. Abre. Corta las mazorcas de maíz en medallones gruesos e incorpora a la olla junto con la leche evaporada y el cilantro picado. Mezcla bien y cocina, a fuego moderado, durante 4-5 minutos. Desgrasa con la ayuda de un cacito.
3. Sirve 2 muslitos de pollo salseados por ración y acompaña con 2 medallones de maíz y patatas. Decora con una ramita de perejil.

ALITAS DE POLLO ASADO CON GUACAMOLE

Si sobra guacamole, introduce el hueso del aguacate en el bol y de esta manera tardará más tiempo en oscurecerse y estropearse.

Ingredientes // 4 personas

16 alitas de pollo
6 dientes de ajo
200 ml de cerveza
2 aguacates
1 tomate pequeño
1 cebolleta
1 cucharadita de cilantro picado
zumo de ½ limón
gotas de tabasco
1 cucharadita de tomillo seco en polvo
aceite de oliva virgen extra
sal
pimienta negra
perejil

Elaboración

1. Pela y lamina los ajos y colócalos en el vaso batidor. Agrega la cerveza, el tomillo, una cucharada sopera de aceite y tritura con la batidora eléctrica. Salpimienta y vierte en un bol.
2. Retira las puntas a las alitas. Colócalas en el bol, úntalas bien y ponlas en la placa de horno. Riégalas con un poco del caldito y hornéalas a 200 °C durante 25 minutos. A medida que se vayan asando, vierte poco a poco más caldo. Reserva.
3. Para hacer el guacamole, abre los aguacates, retira el hueso y saca la carne con una cuchara. Trocéalos y colócalos en un bol. Aplástalos con un tenedor.
4. Pela y pica el tomate y la cebolleta, y añádelos. Agrega el cilantro, sazona, vierte el zumo de limón, unas gotas de tabasco, una gotita de aceite y sigue aplastando todo con un tenedor. Sirve el guacamole y coloca al lado las alitas con el jugo de la bandeja mezclado con perejil picado. Decora con una hojita de perejil si lo deseas.

ALITAS DE POLLO AL CURRY CON ARROZ

Ingredientes // 4 personas

16 alitas de pollo
200 g de arroz
1 huevo
1 pimiento verde
3 dientes de ajo
agua
aceite de oliva virgen extra
sal
pimienta negra
curry
perejil

Elaboración

1. Corta las puntitas de las alitas y resérvalas. Parte las alitas por la mitad. Reserva.
2. Pon un puchero con agua a calentar. Sazona, añade una ramita de perejil y las puntitas de las alitas reservadas. Deja cocinar el caldo. Una vez hecho, cuélalo y resérvalo.
3. Pon en una fuente un chorro de aceite, sal y pimienta negra molida. Unta las alitas y colócalas en una bandeja para horno. Hornea durante 15 minutos a 200 °C (con el horno precalentado).
4. Casca un huevo en un bol, añade una cucharadita de curry y bate. Úntalo en las alitas con la ayuda de una brocha y deja hornear otros 5 minutos a 220 °C.
5. Pon en una cazuela un chorro de aceite y 3 dientes de ajo con piel. Pica el pimiento verde y añádelo. Agrega el arroz, rehoga y vierte el caldo (3 veces más cantidad que de arroz). Sazona y cocina. Una vez cocido, tápalo con un paño y deja que repose.
6. Sirve en cada plato un montoncito de arroz acompañado de 8 trocitos de pollo. Decora con una hojita de perejil.

El curry, tal y como lo conocemos en Occidente, es la mezcla de 15 o 20 especias diferentes. Se puede comprar en polvo o en pasta, pero se aconseja elegirlo en polvo porque aguanta más tiempo sin perder aroma ni sabor.

BOLLOS RELLENOS DE RIÑONES, HÍGADO Y HUEVO

Ingredientes // 4 personas

4 bollos redondos de pan
200 g de hígados de cordero
3 riñones de cordero
4 huevos
2 cebollas
16 pimientos verdes pequeños
4 dientes de ajo
aceite de oliva virgen extra
sal
pimienta negra
perejil

Elaboración

1. Pela los ajos y las cebollas y córtalos en daditos. Pon a pochar en una sartén con un chorrito de aceite hasta que queden bien dorados. Sazona.
2. Pica los higadillos y los riñones de cordero finamente. Salpimiéntalos y saltéalos a fuego fuerte en otra sartén con un chorrito de aceite. Añade perejil picado y agrega a la sartén de la cebolla. Mezcla bien.
3. Corta la parte superior de los bollos, retírales la miga y colócalos sobre la placa del horno. Rellénalos con el salteado y casca un huevo encima de cada uno. Sazona. Hornéalos a 200 °C durante 4-5 minutos aproximadamente.
4. Fríe los pimientos en una sartén con un buen chorro de aceite. Sirve un bollito relleno por ración y coloca 4 pimientos en cada plato. Sazónalos. Si sobra, acompaña el plato con el relleno.

Este salteado se puede hacer con cualquier tipo de hígado o de riñón. En esta receta he utilizado los de cordero, pero si tienes de pollo o de conejo también queda muy bien.

BROCHETA DE POLLO CON QUESO Y CREMA DE GUISANTES

El cultivo casero de tomates cherry es más que sencillo, puesto que apenas necesitan cuidados; basta con mantener la tierra húmeda y que le dé el sol a la planta. Un truco para tener siempre tomates a tu disposición consiste en plantar las semillas en diferentes épocas del año.

Ingredientes // 4 personas

2 pechugas de pollo
500 g de guisantes
1 cebolleta
1 patata
16 tomates cherry
100 g de queso emmental de cocina en crema
1 cucharada de semillas de sésamo
agua
aceite de oliva virgen extra
sal
pimienta negra
orégano
perejil

Elaboración

1. Desgrana los guisantes y ponlos a cocer en una cazuela con abundante agua. Pica la cebolleta y añádela. Pela y trocea la patata y agrégala. Sazona y deja cocinar. Una vez cocida la verdura, tritura con la batidora eléctrica. Cuela y añade un chorrito de aceite de oliva en crudo.
2. Corta las pechugas en tacos de tamaño similar. Macera los tacos en un bol con aceite, sal, pimienta y orégano. Pincha 5 o 6 trozos de pollo en cada palo de brocheta. Marca las brochetas en la plancha (o en la sartén) hasta que se doren bien.
3. Corta los tomates por la mitad y sazona.
4. Sirve, sobre una cama de crema de guisantes, una brocheta por comensal. Añade un chorro de queso emmental por encima de la brocheta y acompaña con unos tomates cherry. Espolvorea un poco de sésamo tostado por encima y decora con una ramita de perejil.

BROCHETAS DE CORDERO CON SALSA FRÍA DE CURRY

Para que los trozos de carne y los de piña se cocinen a la vez es importante que tengan un tamaño parecido.

Ingredientes // 4 personas

600 g de pierna de cordero (limpia)
8 tomates cherry
1 lechuga
1 diente de ajo
1 yogur con bífidus
¼ de piña
1 limón
vinagre
aceite de oliva virgen extra
sal
pimienta negra
1 cucharadita de curry en polvo
1 cucharadita de tomillo
1 cucharadita de orégano
perejil

Elaboración

1. Retira todos los trocitos de grasa a la carne. Pica la carne en tacos de unos 4 centímetros. Colócalos en un bol, salpimiéntalos y añade el tomillo y el orégano por encima. Riega con un par de cucharadas de aceite y el zumo de limón. Mezcla bien y deja reposar durante 15 minutos.
2. Pela la piña, córtala en rebanadas y después en dados del mismo tamaño que los tacos de carne.
3. Lava los tomates. Ensarta en un palo de brocheta 2 trozos de carne, uno de tomate y uno de piña. Cocina a la plancha 4-5 minutos por cada lado.
4. Para la salsa, coloca el yogur con bífidus en un bol, añade el curry, una pizca de sal, una cucharada de aceite, un ajo picado y un poco de perejil picado. Mezcla bien. Sirve las brochetas, acompaña con la salsa y con la lechuga limpia y aliñada con aceite, vinagre y sal.

CALDERETA DE CORDERO CON PATATAS

Elaboración

1. Pon un poco de aceite a calentar, agrega la rebanada de pan y fríela. Trocea la carne, salpimiéntala, pásala por harina y añádela a la cazuela. Cuando se dore, retira todo y reserva.
2. Pica finamente los ajos, la cebolla, los pimientos y las zanahorias. Ponlos a pochar en la cazuela donde has dorado el cordero y el pan. Sazona.
3. Agrega el pimentón y la carne. Incorpora el laurel y el tomillo y vierte el vino blanco. Cubre con agua y deja cocinar durante 30 minutos a fuego medio. Coloca la tapa.
4. Pela las patatas, córtalas en dados y fríelas en una sartén con aceite. En el último momento añade unas ramas de perejil. Sazona y escurre. Agrega las patatas a la cazuela, mezcla y sirve.

Ingredientes // 4 personas

1 paletilla de cordero con su costillar
2 patatas
1 cebolla
2 pimientos verdes
2 zanahorias
4 dientes de ajo
1 rebanada de pan
harina
1 vaso de vino blanco
agua
aceite de oliva virgen extra
sal
pimienta
1 hoja de laurel
unas ramas de tomillo
pimentón dulce
perejil

Esta salsa no hará falta ligarla porque he añadido pan frito. A medida que se vaya cocinando la caldereta, el pan se irá desintegrando e irá engordando la salsa.

CALLOS Y MORROS EN SALSA

Ingredientes // 4 personas

1 kg de callos de ternera
½ morro de ternera
12 dientes de ajo
2 pimientos choriceros
100 g de jamón serrano
100 g de chorizo picante
4 cucharadas de salsa de tomate
2 cucharadas de harina
agua
aceite de oliva virgen extra
4 cucharadas de vinagre
sal
2 cucharadas de pimentón dulce
1 trozo de guindilla
4 hojas de laurel
perejil

Elaboración

1. Limpia bien el morro y los callos. Colócalos en la olla rápida con agua fría y ponla a calentar. Cuando el agua empiece a hervir, cuécelos durante 3 minutos. Tira el agua y repite el proceso.
2. Retira el agua y cúbrelos con agua fresca. Agrega 6 dientes de ajo (con piel), 2 cucharadas de harina, 4 cucharadas de vinagre, una cucharada de pimentón y las hojas de laurel. Sazona, coloca la tapa y cuece durante 45 minutos (a partir de que comience a salir el vapor). Reserva el agua de la cocción y trocea la carne en trozos de bocado. Pon los pimientos choriceros en remojo con agua caliente.
3. Pela y lamina los otros 6 dientes de ajo y rehógalos en una tartera con un chorrito de aceite. Añade el chorizo (cortado en lonchas), el jamón (cortado en dados) y el trozo de guindilla. Rehoga un poco e incorpora la carne de los pimientos choriceros (bien picadita), una cucharada de pimentón y la salsa de tomate.
4. Vierte un poco del caldo (reservado anteriormente). Agrega los callos y los morros troceados. Cocina el conjunto a fuego suave durante 15 minutos hasta conseguir que los sabores de los ingredientes queden perfectamente integrados y que la salsa adquiera la textura deseada. Sirve y decora con una ramita de perejil.

Cuanto más tiempo dejes los callos y los morros cocinando en la salsa, más engordará ésta. Y un buen consejo: si los dejas reposando en la salsa de un día para otro, mejor que mejor.

CARNE PICADA Y BONIATO

Pela los boniatos y pásalos por el pasapurés y salpimiéntalos.

Incorpora las alcaparras y la salsa de tomate y mezcla bien.

Añade el queso rallado.

Pela el otro boniato, lamínalo y fríelo en una sartén con aceite.

Ingredientes // 4 personas

600 g de carne picada de ternera
4 boniatos
2 cebolletas
1 pimiento verde
4 dientes de ajo
4 cucharadas de salsa de tomate
2 cucharadas de alcaparras
100 g de queso parmesano
agua
aceite de oliva virgen extra
sal
pimienta negra
orégano
perejil

Elaboración

1. Cuece 3 boniatos en una cazuela con agua y sal durante 30 minutos. Pélalos, pásalos por el pasapurés y salpimiéntalos. Reserva.
2. Pela y pica las cebolletas, el pimiento y los ajos finamente, y ponlos a pochar. Sazona. Añade la carne y rehógala bien. Salpimienta, agrega una cucharadita de orégano y perejil picado. Incorpora las alcaparras y la salsa de tomate y mezcla. Cocina bien todo.
3. En un bol grande mezcla la carne con el puré de boniato. Añade el queso rallado y mezcla bien. Con ayuda de unos aros o cortapastas, sirve 4 porciones.
4. Pela el otro boniato, lamínalo y fríelo en una sartén con aceite. Sazona. Escurre sobre un plato forrado con papel absorbente de cocina. Decora los pastelillos con los chips de boniato y una rama de perejil.

Esta mezcla de carne y boniato sería perfecta para acompañar unos espaguetis. Lo único que habría que hacer es aligerarla añadiéndole más salsa de tomate.

CARRILLERAS AL VINO TINTO CON SETAS

Ingredientes // 4 personas

2 carrilleras de vaca
400 g de setas (rebozuelos)
2 cebollas
2 zanahorias
1 puerro
6 dientes de ajo
150 g de arroz basmati
2 vasos de vino tinto
½ vaso de vinagre
harina
agua
aceite de oliva virgen extra
sal
pimienta negra
1 rama de romero
perejil

Elaboración

1. Lava las carrilleras con agua y ponlas en remojo en un cuenco con agua y medio vaso de vinagre durante un par de minutos. Escurre y retira las grasas. Salpimienta y enharina. Dóralas en una sartén con abundante aceite caliente. Reserva.
2. Pela y pica los ajos y ponlos a dorar en la olla rápida con un chorrito de aceite. Pela y pica las cebollas y añádelas. Pica las zanahorias y el puerro y agrégalos. Sazona y rehoga. Una vez pochadas las verduras, incorpora la ramita de romero, 15-20 granos de pimienta negra, un vaso de agua y el vino tinto. Introduce la carne, tapa y cocina a fuego suave durante 40-45 minutos a partir de que suba la válvula de seguridad. Pasado el tiempo, abre la olla, retira la carne a un plato y tritura la salsa con la batidora eléctrica. Reserva.
3. Pela y corta 3 ajos por la mitad, dóralos en una cazuela con un chorrito de aceite. Añade el arroz basmati y la misma cantidad de agua que de arroz. Sazona, mezcla, tapa y cocina a fuego moderado durante 8-10 minutos.
4. Limpia las setas y saltéalas en una sartén con un chorrito de aceite. Sazona.
5. Corta las carrilleras por la mitad y sirve un trozo de carne por ración. Salsea y acompaña con una tacita de arroz y unas setas salteadas. Decora con una hojita de perejil.

Debido a la cantidad de almidón del arroz basmati, para que los granos queden bien sueltos se aconseja pasarlo por agua fría antes de cocinarlo.

CARRILLERAS DE CERDO IBÉRICO CON MIGAS

Ingredientes // 4 personas

12 carrilleras de cerdo ibérico (interiores)
100 g de pan de hogaza duro
1 pimiento verde
1 pimiento rojo
1 cebolleta
5 dientes de ajo
150 ml de fino
aceite de oliva virgen extra
sal
pimienta negra
1 cucharadita de tomillo
1 cucharadita de pimentón dulce
perejil

Elaboración

1. Tritura el vino con el tomillo y con 2 dientes de ajo pelados y troceados. Vierte la mezcla en un bol y coloca dentro las carrilleras sin grasitas y salpimentadas. Déjalas macerando durante 15 minutos aproximadamente.
2. Pela la cebolleta y el pimiento rojo, pícalos finamente y ponlos a pochar en una sartén con aceite. Pica el pimiento verde y añádelo. Deja que se poche todo bien. Sazona.
3. Pica los otros 3 dientes de ajo finamente y rehógalos en una sartén con aceite. Pica el pan, añádelo y tuéstalo a fuego suave. Mezcla las verduras pochadas con las migas y pon a punto de sal. Reserva.
4. Retira las carrilleras del bol (reserva el macerado) y cocínalas a la plancha 4 minutos por cada lado.
5. Pon el jugo del macerado a reducir (a la mitad) y cuela. Agrega 50 mililitros de aceite y el pimentón. Mezcla bien. Sirve las carrilleras, acompaña con las migas y salpica con el aliño de pimentón. Decora con una hojita de perejil.

Si tienes dudas sobre el punto de cocción de las carrilleras, nada mejor que hacerles un corte en la parte central y comprobarlo.

CHULETAS DE CERDO CON SALSA DE CEBOLLA Y TOMATES ASADOS

Si quieres que el pan rallado quede gratinado, no coloques la tapa de los tomates cuando los metas al horno.

Ingredientes // 4 personas

4 chuletas de cerdo (con palo)
2 cebollas rojas
8 tomates pequeños
2 dientes de ajo
75 g de aceitunas negras (sin hueso)
3 cucharadas de pan rallado
100 ml de agua
100 ml de vino blanco
aceite de oliva virgen extra
vinagre de Módena
sal
pimienta negra
1 rama de romero
perejil

Elaboración

1. Haz un majado con el romero y los dientes de ajo pelados. Coloca el majado en un bol y salpimienta. Añade un chorrito de aceite e introduce las chuletas. Úntalas con la mezcla y deja que maceren unos 15-20 minutos.
2. Pela y pica las cebollas y ponlas a pochar en una sartén con aceite. Sazona. Cuando estén bien pochadas, agrégales el vino y el agua. Deja que reduzca unos 10 minutos a fuego suave. Tritura y reserva la salsa de cebolla.
3. Lava los tomates, córtales la tapa superior y vacíalos. Pica la carne del tomate, escúrrela y colócala en un bol con las aceitunas fileteadas. Añade un chorrito de vinagre de Módena y otro de aceite. Mezcla bien y rellena los tomates. Colócalos en una bandeja apta para horno. Espolvoréalos con el pan rallado y hornéalos a 180 °C durante 15-20 minutos (con el horno precalentado).
4. Coloca la salsa en un plato y encima las chuletas. Acompaña con los tomates, decora con una hojita de perejil y sirve.

CHULETILLAS DE CORDERO CON PATATAS DUQUESA

Ingredientes // 4 personas

20 chuletillas de cordero
2 ajos
3 patatas
1 yema de huevo
40 g de mantequilla
agua
aceite de oliva virgen extra
1 cucharadita de tomillo
nuez moscada
pimienta negra
sal
perejil

Elaboración

1. Pela y pica los dientes de ajo. Colócalos en el mortero, agrega una pizca de sal y májalos. Agrega un chorrito de aceite y vierte el contenido en un recipiente. Pica el tomillo y añádelo. Introduce las chuletillas salpimentadas, úntalas con el majado y deja que se maceren durante 30 minutos.
2. Lava las patatas y cuécelas en agua durante 30 minutos. Pélalas y pásalas por el pasapurés a un bol. Añade la mantequilla, la yema de huevo, sal, pimienta y nuez moscada. Mezcla bien. Introduce el puré en una manga pastelera con boquilla rizada.
3. Coloca papel de hornear sobre la bandeja de horno y distribuye encima 16 montoncitos de puré. Hornea las patatas a 180 °C durante 20 minutos.
4. Cocina las chuletillas a la plancha. Sírvelas y acompáñalas con las patatas duquesa. Decora con perejil.

Si no dispones de manga pastelera para hacer los montoncitos de patata, ayúdate con un par de cucharas.

CODILLO CON PURÉ DE BRÓCOLI Y OREJONES

Puedes comprar el codillo crudo, sin cocer, pero tienes que tener en cuenta que tarda más en hacerse. Si no vas a tener mucho tiempo para cocinar, cómpralo cocido.

Ingredientes // 4 personas

4 codillos cocidos
1 brócoli pequeño
1 patata
12 orejones de albaricoque
2-3 cucharadas de nata líquida
1 nuez de mantequilla
1 cucharada de azúcar
1 rama de canela
1 copita de licor de melocotón
agua
aceite de oliva virgen extra
sal
perejil

Elaboración

1. Coloca los codillos en una bandeja de horno. Moja con un chorrito de aceite y hornea a 200 °C durante 15 minutos. Pasado este tiempo, gratina hasta que se dore la piel por todos los lados, unos 3-4 minutos.
2. Pon a cocer la patata pelada y troceada en una cacerola con agua y sal durante 10 minutos. Después, añade el brócoli cortado en ramilletes y cocina otros 5 minutos. Escurre y tritura con la batidora. Agrega la nata y un chorrito de aceite, sin dejar de batir, para que quede cremoso.
3. Abre los orejones por la mitad y ponlos a cocer en una cacerola pequeña con agua, azúcar y la rama de canela durante 10 minutos. Escúrrelos y saltéalos en una sartén con la mantequilla. Vierte el licor de melocotón y flambea. Cocina a fuego lento hasta que reduzca completamente.
4. Emplata el codillo con un poco de puré de brócoli y los orejones salteados. Decora con una hojita de perejil y sirve.

CODORNICES ASADAS CON BOCADOS DE PLÁTANO

La piel verde del plátano es signo de que aún no está maduro. Para acelerar el proceso, se recomienda envolverlos en papel de periódico o guardarlos en una bolsa de plástico.

Ingredientes // 4 personas

8 codornices
3 plátanos
8 lonchas finas de panceta
2 dientes de ajo
1 vaso de vino blanco
harina de maíz
agua
aceite de oliva virgen extra
sal
pimienta negra
romero
perejil

Elaboración

1. Pela los dientes de ajo y colócalos en un mortero junto con las ramas de romero. Maja. Vierte un chorrito de aceite de oliva y mezcla. Salpimienta las codornices, colócalas en una fuente apta para horno y embadúrnalas con el majado de ajo y romero. Hornea a 220 °C (con el horno precalentado) durante 25-28 minutos. Saca del horno, pasa las codornices a otra fuente y resérvalas dentro del horno apagado. Mezcla el jugo que ha quedado en la primera fuente con el vino blanco. Cuela y ponlo a reducir en una sartén. Si queda muy líquido, diluye en un vaso un poco de harina de maíz con agua fría, añádela y deja que ligue.
2. Pela los plátanos y parte cada uno en 3. Envuelve cada trozo con una loncha de panceta y sujétalos con un palillo. Fríelos en la sartén con una pizca de aceite.
3. Sirve 2 codornices por ración. Acompaña con 2 trozos de plátano frito y salsea. Decora con una ramita de perejil.

CODORNICES CON PATATAS AL AJILLO

Ingredientes // 4 personas

8 codornices
2 cebolletas
4 tomates en rama
2 patatas
24 ajos frescos
1 vaso de chacolí
agua
aceite de oliva virgen extra
sal
pimienta negra
perejil

Elaboración

1. Pica las cebolletas en juliana fina y ponlas a pochar en una sartén con un chorrito de aceite. Pela los tomates, córtalos en gajos y añádelos. Saltea el conjunto durante 10 minutos. Sazona.
2. Extiende la fritada sobre un recipiente apto para el horno. Salpimienta las codornices y colócalas encima. Riégalas con el vino y ásalas en el horno a 200 °C durante 35 minutos.
3. Pela las patatas, córtalas en dados grandes y cuécelas en una cazuela con agua durante 10 minutos. Escúrrelas.
4. Corta los ajos frescos en trozos de 5-6 centímetros. Rehógalos en una sartén con un chorrito de aceite. Agrega las patatas y saltéalas. Sazónalas y añádeles un poco de perejil picado. Sirve la fritada de cebolla y tomate acompañada con las codornices y añade unas patatas. Adorna con unas hojas de perejil.

Para que las codornices queden más brillantes en el plato, te recomiendo que las rocíes con el jugo que hayan soltado durante el asado.

CODORNICES, PATATAS Y PIMIENTOS

Si los pimientos presentan arrugas o manchas significa que han estado almacenados durante demasiado tiempo, lo que provoca una pérdida de nutrientes y de sabor.

Ingredientes // 4 personas

6 codornices
1 loncha gruesa de tocino ibérico (150 g)
2 pimientos morrones
2 patatas
1 lima
8 dientes de ajo
aceite de oliva virgen extra
1 cucharadita de tomillo
1 cucharadita de hierbas de Provenza
sal
pimienta negra
perejil

Elaboración

1. Lava los pimientos y colócalos en la placa de horno. Riégalos con un chorrito de aceite y sálalos. Introdúcelos en el horno y ásalos a 180 °C durante 35 minutos. Pélalos, córtalos en tiras, escúrrelos bien y reserva.
2. Trocea las codornices, salpimiéntalas y colócalas en un bol. Agrega el zumo de media lima, el tomillo, 6 ajos picaditos, las hierbas de Provenza y un chorrito de aceite de oliva. Unta bien las codornices y deja que maceren durante 20 minutos.
3. Corta el tocino en dados y fríelos en una cazuela con un chorrito de aceite. Agrega los otros dientes de ajo (enteros y con piel) y las codornices. Fríe. Pela y corta las patatas en dados grandes y fríelas en una sartén con aceite.
4. Escúrrelas sobre un plato forrado con papel absorbente de cocina. Sazónalas y añádelas a la cazuela de las codornices. Agrega también las tiras de pimiento. Espolvorea con perejil picado. Saltea brevemente y sirve.

CONEJO A LA ALBAHACA

La albahaca es una hierba aromática muy utilizada en la cocina, imprescindible a la hora de preparar un buen pesto, esa magnífica salsa italiana. Las hojas frescas combinan muy bien con el tomate, el calabacín, la berenjena y los pescados. Las secas van muy bien con estofados y carnes asadas.

Ingredientes // 4 personas

1 conejo (800 g aproximadamente)
2 remolachas
1 kg de tomates
1 cebolleta
1 pimiento verde
2 dientes de ajo
harina
50 g de miga de pan
agua
aceite de oliva virgen extra
8 hojas de albahaca
sal
pimienta negra
perejil

Elaboración

1. Trocea los tomates, el pimiento, la cebolleta y los dientes de ajo pelados. Colócalos en un bol grande. Agrega las hojas de albahaca, un vaso de agua, 4 cucharadas de aceite y sal a tu gusto. Mezcla bien, tritura y cuela.
2. Pasa la mezcla a una cazuela grande y ponla a reducir.
3. Corta la miga de pan en dados y añádela.
4. Trocea el conejo, salpimiéntalo y enharínalo. Fríelo en una sartén grande y pásalo a la cazuela de las hortalizas trituradas. Cocínalo a fuego medio durante 25 minutos.
5. Pela las remolachas y, con ayuda de la mandolina, saca lonchas finas. Fríelas en una sartén con aceite. Escúrrelas sobre un plato con papel absorbente de cocina. Sirve el conejo, salsea y acompaña con las remolachas. Decora con una hojita de perejil.

CONEJO AL CURRY CON ARROZ FRITO

El arroz salvaje es de color oscuro debido a que conserva su cáscara. Se puede cocinar utilizando diferentes técnicas y, para cocerlo, se utiliza cuatro veces más cantidad de agua que de arroz.

Ingredientes // 4 personas

1 conejo
2 cebollas
2 zanahorias
1 pimiento verde
2 dientes de ajo
4 cucharadas de arroz salvaje
1 vaso de vino blanco
harina
agua
aceite de oliva virgen extra
sal
pimienta negra
1 cucharadita de curry
tomillo
perejil

Elaboración

1. Pela y pica 2 dientes de ajo, 2 cebollas, 2 zanahorias y un pimiento verde. Ponlos a pochar en la olla rápida con un chorro de aceite. Sazona y deja cocinar a fuego moderado.
2. Trocea el conejo, salpimienta, enharina y fríe en una sartén con abundante aceite caliente. Una vez dorado, introdúcelo en la olla rápida. Vierte un vaso de vino blanco, media cucharadita de curry y unas ramitas de tomillo fresco. Agrega medio vaso de agua. Cierra la olla y cocina a fuego suave durante 6-8 minutos a partir de que suba la válvula de seguridad. Abre y aparta el conejo a una tartera. Retira el tomillo. Tritura las verduras con la batidora eléctrica, cuélalas y añádelas a la cazuela.
3. Fríe el arroz salvaje durante unos segundos en una sartén con abundante aceite caliente. Retíralo a un plato con papel absorbente para eliminar el exceso de grasa.
4. Sirve 2 o 3 trozos de conejo por ración, salsea y acompaña con el arroz salvaje. Decora con una ramita de perejil.

CONEJO EN ESCABECHE CON ENSALADA DE PASTA

Ingredientes // 4 personas

4 muslos de conejo
8 chalotas
2 zanahorias
1 pimiento verde
8 dientes de ajo
1 lechuga
200 g de pasta fusili
1 vaso de vinagre
2 vasos de aceite de oliva virgen extra
2 hojas de laurel
tomillo
pimienta negra (en grano)
sal

Elaboración

1. Pon los muslos de pollo en la olla rápida. Sazona. Añade unos granos de pimienta negra molida, una ramita de tomillo, las hojas de laurel y los dientes de ajo enteros (con la piel). Pela las chalotas y agrégalas. Corta el pimiento y la zanahoria en trozos grandes, e incorpóralos. Vierte un vaso de vinagre y 2 de aceite. Cierra la olla y cocina a fuego suave durante 6 minutos a partir de que suba la válvula de seguridad. Abre la olla, deja atemperar y retira los muslos de conejo a una fuente. Retira las hierbas (el tomillo y el laurel) y cuela las verduras. Reserva el aceite escabechado.
2. Pon la pasta a cocer en un puchero con agua hirviendo durante 7-10 minutos. Escurre y saltea en una sartén con un poco del aceite escabechado (coge de la parte superior para evitar el vinagre). Añade las verduras y saltea.
3. Limpia bien la lechuga, hoja por hoja, escúrrela y pícala. Aliña con el aceite escabechado y mezcla con la pasta con verduras.
4. Sirve un muslo de conejo escabechado por ración y acompaña con la ensalada de pasta. Decora con una hojita de perejil.

¿Sabías que el vinagre tiene otros usos aparte de los culinarios? Además de condimentar nuestras comidas, el vinagre es un efectivo bactericida y antiséptico; de hecho, se considera uno de los primeros antibióticos de la historia.

CONEJO EN SALSA DE ZANAHORIA CON CHALOTAS CONFITADAS

Aquí te presento la receta con muslos, pero puedes utilizar las partes que más te gusten, ya que es muy habitual encontrar en cualquier supermercado el conejo despiezado (paletillas, costillares, lomitos...).

Ingredientes // 4 personas

4 muslos de conejo
250 g de zanahoria
250 ml de leche evaporada
2 puerros (la parte blanca)
4 dientes de ajo
16 chalotas
harina
agua
aceite de oliva virgen extra
sal
pimienta negra
1 pizca de comino
1 pizca de jengibre en polvo
1 clavo
perejil

Elaboración

1. Pela y pica los ajos, las zanahorias y los puerros. Rehógalos en una cazuela con un chorrito de aceite. Sazona.
2. Salpimienta los muslos de conejo. Pásalos por un poco de harina (retira el exceso) y dóralos en una cazuela con un chorrito de aceite. Escúrrelos un poco en papel absorbente.
3. Añade a la cazuela de las verduras los muslos, la leche, el comino, el jengibre, el clavo y el agua (250 mililitros). Sazona, tapa y cocina a fuego suave durante 30 minutos (a los 15 minutos da la vuelta a los muslos). Retíralos y pasa la salsa por el pasapurés. Colócala en una cazuela e introduce de nuevo los muslos. Mantén la cazuela caliente.
4. Pela las chalotas y cocínalas a fuego suave durante 30 minutos hasta que queden bien confitadas. Sirve el conejo, salsea y espolvorea con perejil picado. Acompaña el plato con las chalotas confitadas.

CORAZÓN EMPANADO CON HUEVO Y PATATAS PANADERA

La Organización Mundial de la Salud (OMS) recomienda no consumir al día más de 6 gramos de sal. Una cifra que, en la práctica, la mayoría de las personas llegan incluso a duplicar. A la cantidad de sal que contienen por sí mismos los alimentos, especialmente los precocinados, se añade la utilizada en el proceso de preparación y cocinado, con lo que la cifra final puede llegar a superar los 12 gramos.

Ingredientes // 4 personas

4 filetes de corazón de ternera
4 huevos
4 patatas
1 cebolla
1 pimiento verde
3 dientes de ajo
harina
huevo batido
pan rallado
aceite de oliva virgen extra
sal
pimienta negra
perejil picado

Elaboración

1. Pela las patatas, la cebolla y los dientes de ajo. Pica las patatas en lonchas, la cebolla y el pimiento verde en juliana fina y los ajos en láminas. Fríe todo en una sartén, primero las patatas, la cebolla y el ajo, y cuando se hagan un poco añade el pimiento verde. Escurre bien para eliminar el exceso de aceite y pasa a otra sartén. Sazona y espolvorea con perejil picado. Casca los huevos encima de las patatas, cocínalos un poco y revuelve todo (las patatas con los huevos).
2. Salpimienta los filetes de corazón, pásalos por harina, huevo batido y pan rallado. Hazles unos cortes en forma de cruz con el cuchillo y fríelos en una sartén con aceite. Sirve los filetes y acompaña con las patatas con huevo. Si lo deseas, decora con una ramita de perejil.

COSTILLA DE CERDO ASADA CON CHIPS DE REMOLACHA

Una vez cortada, se recomienda introducir la remolacha en agua para que suelte parte del azúcar y no se queme al freír.

Ingredientes // 4 personas

1,2 kg de costilla de cerdo
2 remolachas
1 escarola
1 diente de ajo
3 cucharadas de miel
agua
vinagre
aceite de oliva virgen extra
sal
2 clavos
1 hoja de laurel
8-10 granos de pimienta negra
perejil

Elaboración

1. Trocea la costilla en 4 porciones y ponlas en la olla rápida con abundante agua, 2 clavos, unos granos de pimienta y una hoja de laurel. Coloca la tapa y deja cocinar durante 15 minutos a partir de que salga el vapor. Pasado este tiempo, abre la olla, retira la costilla, escúrrela bien y deja que se temple.
2. Coloca la costilla en la placa de horno y sazona. Mezcla la miel con un poco de aceite y unta la costilla por los dos lados. Ásala en el horno a 190 °C durante 12-15 minutos. Reserva.
3. Lava la escarola, sécala y pícala. Colócala en un bol y añade un diente de ajo pelado y picadito. Aliña con aceite, vinagre y sal. Mezcla bien y reserva la ensalada.
4. Pela las remolachas y córtalas en lonchas finas. Fríelas en una sartén con aceite no muy fuerte y escúrrelas sobre un plato forrado con papel absorbente de cocina. Sirve la costilla, y acompaña con la remolacha y con la ensalada de escarola. Decora con una ramita de perejil.

COSTILLA DE CERDO ASADA CON ENSALADA MURCIANA

Puedes aprovechar el caldo resultante de cocer las costillas para hacer algunos platos consistentes, como unas patatas a la riojana o un arroz con carne de cerdo.

Ingredientes // 4 personas

1,5 kg de costilla de cerdo
3 tomates
1 cebolleta
12 aceitunas negras (sin hueso)
2 dientes de ajo
agua
aceite de oliva virgen extra
vinagre
sal
½ cucharadita de pimentón dulce
2 ramas de romero
pimienta negra
perejil

Elaboración

1. Corta la costilla en 4 trozos y colócalos en la olla rápida. Agrega una rama de romero, cubre con agua y sazona. Tapa la olla y cuece las costillas durante 10-12 minutos a partir de que salga el vapor. Retíralas y colócalas en una placa de horno. Reserva.
2. Coloca en el vaso batidor los dientes de ajo pelados y troceados, 4 cucharadas de aceite, una de vinagre, el pimentón, las hojas de una rama de romero y sal. Tritura la mezcla.
3. Salpimienta la carne y úntala con la salsa. Hornea a 190 °C durante 20 minutos. A mitad de cocción, dale la vuelta y riégala con el resto de la salsa. Mantenla caliente dentro del horno con el calor residual.
4. Pela 2 tomates, córtalos en trozos irregulares y colócalos en un bol. Ralla el otro tomate encima. Pica la cebolleta en juliana y añádela. Agrega también las aceitunas laminadas y aliña con aceite, vinagre y sal. Sirve la ensalada con las costillas y adorna con unas hojas de perejil.

COSTILLA DE TERNERA ASADA CON GAJOS DE MANZANA

Unta la carne inmediatamente después de fundir el dulce de manzana, ya que se endurece rápidamente.

Ingredientes // 4 personas

1,2 kg de costilla de ternera
2 manzanas
1 cabeza de ajos
150 g de dulce de manzana o membrillo
1 lechuga
1 cebolleta
agua
vinagre
aceite de oliva virgen extra
sal
1 rama de romero
orégano
perejil

Elaboración

1. Corta la costilla en 8 trozos. Introdúcelos en la olla rápida con una rama de romero y la cabeza de ajos. Cubre con agua, sazona, coloca la tapa y cuece durante 15 minutos a partir de que comience a salir el vapor. Abre la olla, retira la carne y sécala. Resérvala en una bandeja apta para horno.
2. Funde el dulce de manzana en un cacito con medio vaso de agua y 3-4 cucharadas de aceite. Utiliza una varilla para deshacer el dulce. Unta las costillas y ásalas en el horno a 180 °C durante 15-20 minutos (con el horno precalentado).
3. Limpia la lechuga, sécala y colócala en un bol. Añade la cebolleta cortada en juliana fina y aliña con aceite, vinagre y sal en el último momento.
4. Descorazona las manzanas, pélalas y córtalas en gajos. Saltéalos en una sartén con un chorrito de aceite. Adereza con sal y orégano. Sirve la costilla, acompaña con la lechuga y con los gajos de manzana. Decora con una hojita de perejil.

Ingredientes // 4 personas

1,5 kg de costillar de cerdo
4 cogollos de lechuga
½ cebolleta
½ pimiento verde
½ morrón rojo
100 g de salsa de tomate
vinagre
50 ml de vinagre de arroz
30 ml de vino de Jerez
4 cucharadas de azúcar
2 cucharadas de harina de maíz refinada
agua
aceite de oliva virgen extra
sal
pimienta negra
perejil

Elaboración

1. Para hacer la salsa agridulce, pon el azúcar, el vinagre de arroz, el vino de Jerez y el tomate frito en una cazuela. Diluye la harina con un poco de agua fría, remueve y añade a la cazuela. Deja reducir unos minutos.
2. Corta la costilla (pon un hueso por porción) y colócala en un bol grande. Salpimienta y echa un buen chorro de aceite de oliva. Mezcla para que se embadurnen bien y coloca las costillas en una bandeja para horno. Hornea a 220 °C durante 20-25 minutos (con el horno precalentado). Cuando falten 5 minutos para sacarlas, úntalas con la salsa agridulce.
3. Para elaborar la vinagreta, pica finamente media cebolleta, medio pimiento verde y medio rojo. Ponlos en un bol con un buen chorro de aceite de oliva, un poco de vinagre y sal. Mezcla bien. Abre los cogollos por la mitad y extiende por encima la vinagreta.
4. Sirve 4 trozos de costilla por ración, acompaña con 2 cogollitos con vinagreta y decora con una ramita de perejil.

COSTILLA DE CERDO CON SALSA AGRIDULCE

El vinagre de arroz es uno de los aderezos más utilizados en la cocina japonesa. Se obtiene a partir de la fermentación del almidón del arroz, es de color pálido y tiene un sabor dulzón y menos ácido que el vinagre de vino.

CREPES DE POLLO, LECHUGA Y NUECES

Ingredientes // 4 personas

2 pechugas de pollo
1 lechuga
1 puñado de nueces
4 huevos
vinagre
4 cucharaditas de mantequilla
150 g de harina
¼ l de leche
aceite de oliva virgen extra
sal
pimienta negra
perejil picado

Elaboración

1. Para hacer la masa de los crepes, casca 3 huevos en un vaso batidor y añade la harina, la leche, una cucharada de aceite y una pizca de sal. Añade un poco de perejil picado. Tritura con la batidora eléctrica hasta que quede una masa homogénea sin grumos.
2. Funde la mantequilla en una sartén, vierte un cacillo de masa, extiéndela bien y cuando se cuaje dale la vuelta y cocínala durante 1 minuto. Retírala a un plato y repite el proceso hasta terminar con toda la masa (12 crepes). Reserva (desecha siempre el primer crepe).
3. Coloca el huevo en el vaso batidor. Añade un chorrito de vinagre, una pizca de sal y 200 mililitros de aceite. Introduce el brazo de la batidora hasta el fondo y, cuando empiece a emulsionar, mueve el brazo suavemente hacia arriba y abajo hasta que ligue bien. Reserva.
4. Limpia la lechuga y córtala en juliana fina. Reserva.
5. Corta las pechugas en filetes, salpimiéntalos y cocínalos a la plancha brevemente. Retíralos de la sartén y córtalos en tiras.
6. Mezcla la mahonesa con las tiras de pollo, las nueces picadas y la mitad de la lechuga (reserva el resto). Sazona y rellena los crepes con la mezcla. Enrolla. Sirve los crepes y acompaña con el resto de lechuga. Decora con unos hilos de mahonesa.

Una vez cortada la lechuga en juliana, para que se quede firme se puede reservar en un bol con agua y hielo. Después se escurre bien y se coloca en el plato.

ENTRECOT CON SALSA DE BERROS

Elaboración

1. Coloca los huesos en la placa del horno, corta la cebolla en rodajas y añádelas. Riégalos con un chorrito de aceite y ásalos a 220 °C durante 30 minutos (con el horno precalentado). Coloca los huesos y la cebolla en una cazuela, sazona, agrega un litro de agua y cuece el conjunto durante 15-20 minutos. Cuela el caldo y resérvalo.
2. Para la salsa, pica los ajos, la cebolleta y la parte blanca del puerro en dados. Ponlos a pochar en una cazuela, agrega 75 gramos de berros y rehógalos brevemente. Vierte el caldo y cocina el conjunto durante 20 minutos. Tritura y cuela. Liga con un poco de harina de maíz refinada diluida en agua fría. Pica el resto de los berros e incorpóralos. Reserva la salsa.
3. Corta en paja las patatas (con piel o sin piel) y fríelas en una sartén con aceite. Escúrrelas sobre un plato forrado con papel absorbente de cocina. Sazona.
4. Salpimienta la carne y cocínala a la plancha. Sirve la salsa en el fondo de los platos, coloca encima los entrecots y acompáñalos con las patatas paja.

Ingredientes // 4 personas

4 entrecots de ternera
3-4 huesos de ternera
2 patatas
1 cebolla
100 g de berros
1 puerro
1 cebolleta
4 dientes de ajo
harina de maíz refinada
agua
aceite de oliva virgen extra
sal
pimienta negra

Es importante tostar bien los huesos antes de hacer el caldo. Si no los tuestas bien, darán un mal sabor al caldo.

FILETES CON CEBOLLA CARAMELIZADA Y PURÉ DE PATATAS

Para conseguir unas cebollas bien caramelizadas, lo más importante es cocinarlas a fuego lento para que suelten todo su sabor.

Ingredientes // 4 personas

4 filetes de ternera
3 cebollas (2 rojas y 1 blanca)
3 dientes de ajo
3 patatas
1 cucharada de azúcar
huevo batido
pan rallado
150 ml de leche evaporada
agua
aceite de oliva virgen extra
vinagre
sal
pimienta negra
nuez moscada
perejil

Elaboración

1. Corta las cebollas en juliana fina y ponlas a pochar en una sartén con aceite. Cuando empiecen a coger color, añade el azúcar y 3 cucharadas de vinagre. Sazónalas y cocínalas a fuego muy suave hasta que queden bien caramelizadas. Reserva.
2. Pon las patatas a cocer en una cazuela con agua. A los 30-35 minutos, retíralas. Deja que se templen un poco, pélalas y aplástalas con un tenedor. Adereza el puré con un chorrito de aceite, una pizca de nuez moscada, una pizca de sal, un poco de perejil picado y la leche evaporada. Mezcla bien. Reserva.
3. Bate los huevos con una pizca de sal. Extiende el pan rallado sobre un plato llano, aplasta los filetes con un cuchillo y salpimiéntalos. Pásalos por el huevo batido y el pan rallado. Dales unos cortes superficiales con el cuchillo.
4. Aplasta los dientes de ajo y ponlos a freír en una sartén con aceite a fuego no muy fuerte. Cuando se caliente el aceite, agrega los filetes y fríelos durante un minuto por cada lado. Sirve los filetes y acompáñalos con la cebolla caramelizada, el puré y los ajos. Adorna con unas hojas de perejil.

FILETES DE ESPALDILLA EN SALSA CON PURÉ DE PATATAS

Prueba a aderezar el puré de patatas con cítricos como limón, lima o naranja. Le darás un toque diferente.

Ingredientes // 4 personas

800 g de filetes de espaldilla
4 patatas
1 cebolla
2 puerros
1 zanahoria
4 dientes de ajo
1 limón
30 g de chocolate negro para postres
agua
150 ml de fino
aceite de oliva virgen extra
sal
2 hojas de laurel
pimienta negra
perejil

Elaboración

1. Pela y pica los ajos y dóralos en la olla rápida con un chorrito de aceite. Pica la cebolla y los puerros e incorpóralos. Pela la zanahoria y añádela. Pocha las verduras. Sazona. Agrega el chocolate y mezcla bien. Añade el vino y dale un hervor. Tritura con la batidora eléctrica (si es necesario, añade un vaso de agua).
2. Salpimienta la carne y añade a la olla junto con el laurel. Coloca la tapa y cocina durante 10 minutos a partir de que comience a salir el vapor.
3. Pela las patatas, cáscalas y cuécelas en una cazuela con agua y sal durante 15 minutos. Escúrrelas, pásalas por el pasapurés y ralla el limón. Sazona, agrega un chorrito de aceite y perejil picado. Mezcla bien. Sirve la carne y acompaña con el puré. Decora con una hojita de perejil si lo deseas.

FILETES DE PAVO RELLENOS CON SALSA DE MELOCOTÓN

La salsa se puede hacer con cualquier otra fruta. En la temporada de melocotones, de mayo a septiembre, hay que aprovechar la gran oferta que nos ofrece el mercado.

Ingredientes // 4 personas

8 filetes de pechuga de pavo
2 lonchas de jamón cocido
4 lonchas de queso semicurado
1 cebolla
4 melocotones
50 g de maíz cocido
harina
huevo batido
pan rallado
100 ml de vino blanco
agua
aceite de oliva virgen extra
sal
pimienta negra
perejil

Elaboración

1. Pica la cebolla en dados y ponla a rehogar en un cazo con aceite. Cuando coja un poco de color, pela 2 melocotones, pícalos y añádelos. Vierte el vino blanco y la misma cantidad de agua. Sazona y deja reducir. Tritura, cuela y reserva.
2. Extiende los filetes sobre la tabla, aplástalos y salpimiéntalos. Cubre 4 con el jamón (media loncha) y el queso (una loncha), y tápalos con los otros 4 filetes.
3. Pásalos por harina, huevo batido y pan rallado. Aplástalos un poco, haz unos cortes superficiales con un cuchillo y fríelos por los dos lados en una sartén con aceite.
4. Pela los otros melocotones, córtalos en gajos y saltéalos con el maíz en una sartén con un chorrito de aceite de oliva. Sazona. Sirve las pechugas con el salteado de melocotón, salsea y decora con perejil.

FILETES EMPANADOS CON PATATAS Y PIMIENTOS VERDES

Al freír los pimientos hay que tener especial cuidado con la intensidad del fuego porque se queman fácilmente.

Ingredientes // 4 personas

4 filetes de ternera
3 patatas
3 pimientos verdes
2 dientes de ajo
harina
huevo batido
pan rallado
aceite de oliva virgen extra
sal
pimienta negra
perejil

Elaboración

1. Pela las patatas, córtalas en bastones gruesos y fríelas en una sartén con aceite a fuego no muy fuerte. Retira y escurre sobre un plato forrado con papel absorbente de cocina. Sazona y espolvorea con perejil picado. Reserva.
2. Para el rebozado, pica finamente los dientes de ajo y unas hojas de perejil, y mézclalos con pan rallado. Limpia los filetes retirándoles los bordes, hazles unos cortes alrededor, aplástalos y salpimiéntalos.
3. Pasa los filetes por la harina, el huevo batido y el rebozado. Aplástalos un poco, márcalos en zigzag con la parte roma del cuchillo y fríelos durante 1-2 minutos por cada lado (según te guste el punto de la carne).
4. Mientras tanto, corta en tiras los pimientos y fríelos a fuego no muy fuerte. Sazónalos. Sirve los filetes y acompáñalos con las patatas y los pimientos. Decora con perejil.

FRICANDÓ DE TERNERA CON SETAS

Ingredientes // 4 personas

1 kg de falda de ternera
1 cebolla
2 tomates
500 g de setas al gusto
½ limón
1 vaso de vino blanco
½ vaso de agua
harina
aceite de oliva virgen extra
sal
pimienta negra
1 cucharadita de canela en polvo
romero
laurel
tomillo
salvia
perejil

Elaboración

1. Corta la falda en filetitos. Salpimienta la carne, enharina y dora en una sartén con un chorro de aceite. Retira a una fuente con papel absorbente para eliminar el exceso de grasa y reserva.
2. Pela y pica la cebolla, y pon a pochar en la olla rápida con un chorrito de aceite y una pizca de sal. Pela y trocea los tomates, y añade al guiso cuando la cebolla tome color. Agrega las hierbas aromáticas: 2 ramitas de romero, 2 hojas de laurel, tomillo y salvia. Mezcla e incorpora la carne. Vierte el vino blanco y medio vaso de agua. Añade el zumo de medio limón y una pizca de canela. Remueve. Cierra la olla y cocina a fuego suave durante 8-12 minutos a partir de que suba la válvula de seguridad.
3. Trocea las setas en cuartos (en mitades si son pequeñas) y saltea en una sartén con un chorrito de aceite. Sazona.
4. Abre la olla y añade las setas al guiso. Espolvorea perejil picado y deja cocinar a fuego suave durante 4-5 minutos. Retira las hierbas aromáticas y sirve en un plato hondo. Decora con una ramita de perejil.

Si te gusta ir a recolectar setas, asegúrate de que sólo coges las que conoces bien y sean comestibles. Ante la duda, evítalas. Desecha las bolsas de plástico y opta por cestas o cajas con ranuras para que las setas transpiren.

HAMBURGUESA CON CHIPS DE YUCA

Ingredientes // 4 personas

4 hamburguesas
8 lonchas de tocineta
4 bollos de pan de hamburguesa
1 yuca
1 aguacate
1 tomate pequeño
1 cebolleta pequeña
1 cucharada de zumo de limón
1 cucharadita de salsa picante
1 cucharada de cilantro picado
200 ml de salsa de tomate
1 cucharada de azúcar moreno
1 cucharada de vinagre
1 clavo
1 cucharada de salsa de soja
aceite de oliva virgen extra
sal
pimienta negra
perejil

Elaboración

1. Para preparar la salsa, pon el azúcar, el vinagre, el clavo y 4 granos de pimienta en una cazuelita. Añade la salsa de soja y la salsa de tomate. Sazona y cocina el conjunto durante 10 minutos a fuego suave. Cuela y reserva la salsa.
2. Pon la carne del aguacate en un bol. Pela y pica el tomate y la cebolleta, y añádelos. Agrega el cilantro, el zumo de limón, unas gotas de salsa picante y un chorrito de aceite. Aplasta todo con un tenedor. Sazona y mezcla bien. Reserva el guacamole.
3. Pela la yuca y, con ayuda de un pelador, córtala en tiritas finas. Fríelas en una sartén con aceite. Escúrrelas sobre un plato forrado con papel absorbente de cocina. Sazona.
4. Abre los bollos de pan por la mitad y tuéstalos en el horno. Úntalos con el guacamole.
5. Salpimienta las hamburguesas y fríelas junto con la tocineta en una sartén con una gotita de aceite. Rellena los panes con la tocineta y las hamburguesas. Salsea con el tomate aromatizado y acompaña con los chips de yuca. Decora con una hoja de perejil y sirve.

Te recomiendo que antes de freír las lonchas de tocineta quites la parte dura de la piel.

HÍGADO DE TERNERA EMPANADO

Ingredientes // 4 personas

4 filetes de hígado
8 lonchas de tocineta
4 dientes de ajo
3 cebollas
1 kg de tomates
pan rallado
aceite de oliva virgen extra
2 cucharadas de azúcar
sal
pimienta negra
1 rama de romero
perejil

Elaboración

1. Lava los tomates, córtalos en cuartos y colócalos en la fuente del horno. Añade una cebolla cortada en juliana y 2 dientes de ajo pelados y picados. Riega todo con un chorro de aceite. Sazona y añade el azúcar. Hornea a 190 °C (con el horno precalentado) durante 40 minutos. Pasa todo por el pasapurés y reserva en una cazuela caliente.
2. Pica las otras 2 cebollas en juliana. Ponlas a pochar en una sartén con un chorrito de aceite y una rama de romero. Sazona. Deja que se pochen bien. Retira la rama de romero y reserva caliente.
3. Quita la telita que cubre los filetes de hígado. Córtalos por la mitad y salpimienta. Maja los otros 2 dientes de ajo y unta los filetes con ellos. Pásalos por el pan rallado y fríelos brevemente por los dos lados en una sartén con un poco de aceite. Reserva.
4. Fríe las lonchas de tocineta en una sartén con una gotita de aceite hasta que queden crujientes. Sirve la salsa de tomate en el fondo del plato, pon encima los trozos de hígado, cúbrelos con un poco de cebolla pochada y acompaña con las lonchas de tocineta. Adorna con una rama de perejil.

Para evitar que el ajo repita después de las comidas, se recomienda abrirlo por la mitad a lo largo y quitarle el germen o brote que contiene en su interior. Cuando el ajo está recién recolectado no suele tener ese tallo, que desarrolla cuando comienza a envejecer.

LÁGRIMAS DE IBÉRICO CON SALSA DE TOMATE Y PIPERRADA

No cocines esta carne a fuego muy fuerte para que no se quede seca.

Ingredientes // 4 personas

800 g de lágrimas de cerdo ibérico
1 pimiento rojo
2 pimientos verdes
2 cebollas
6 dientes de ajo
1 kg de tomate triturado
aceite de oliva virgen extra
sal
pimienta negra
azúcar
tomillo molido
perejil

Elaboración

1. Pela y lamina 2 dientes de ajo y májalos con un chorrito de aceite en el mortero. Coloca la carne salpimentada en un bol y espolvorea con el tomillo picado. Añade el majado y mezcla bien. Deja macerar.
2. Para la salsa de tomate, pela y pica 2 dientes de ajo y rehógalos en una cazuela con un chorrito de aceite. Agrega 1 cebolla picada. Deja que se poche un poco y agrega el tomate, una pizca de sal y otra pizca de azúcar. Cocina durante 25-30 minutos y pasa la salsa por el pasapurés. Reserva.
3. Pela y pica los otros 2 ajos en láminas, la otra cebolla y los pimientos en juliana fina. Pon a pochar en una sartén con aceite. Reserva en una fuente con papel absorbente para eliminar el exceso de aceite.
4. Cocina la carne a la plancha durante 5 minutos. Sirve la salsa de tomate en el fondo del plato, pon encima la fritada y sobre ella la carne. Decora con una hojita de perejil.

LENGUA EN SALSA DE TOMATE CON PURÉ DE PATATAS

Para que los niños empiecen a comer lengua, te recomiendo que la prepares empanada y frita.

Ingredientes // 4 personas

16 filetes de lengua cocida
3 patatas
2 cebollas
2 pimientos verdes
1 zanahoria
3 dientes de ajo
1 kg de tomates (maduros)
agua
aceite de oliva virgen extra
sal
azúcar
1 trozo de guindilla
pimienta negra
perejil

Elaboración

1. Para hacer el puré de patatas, coloca las patatas en un cazo, cúbrelas con agua y sazona. Cuece durante 30 minutos. Déjalas templar. Pélalas, trocéalas, aplástalas y colócalas en un bol. Adereza con sal, pimienta, un chorrito de aceite y perejil picado. Mezcla bien y reserva.
2. Para la salsa de tomate, pela y lamina los dientes de ajo. Rehógalos un poco en una cazuela con aceite. Pica las cebollas y añádelas. Rehoga hasta que se doren un poco. Sazona. Pica los tomates y añádelos. Sazona y agrega una pizca de azúcar. Cocina durante 25 minutos y pasa por el pasapurés. Reserva.
3. Pela y pica la zanahoria. Pica los pimientos verdes en daditos. Pocha las verduras en una cazuela amplia y baja con un chorrito de aceite.
4. Agrega la guindilla, los filetitos de lengua y la salsa de tomate. Salpimienta y mezcla bien. Cocina todo junto durante 5 minutos para que se mezclen los sabores. Sirve, acompaña con el puré de patatas y adorna con unas hojas de perejil.

LOMO CON SALSA DE AJOS Y PATATAS AL GRATÉN

Si la salsa de ajos te queda muy clara, puedes oscurecerla agregándole un poco de salsa de soja. Como esta última es bastante salada, te recomiendo no sazonar la salsa hasta que esté terminada.

Ingredientes // 4 personas

6 filetes de lomo fresco
6 filetes de lomo adobado
2-3 costillas de cerdo
12 ajos frescos
4 dientes de ajo
3 patatas
1 yema de huevo
200 ml de sidra
agua
aceite de oliva virgen extra
1 cucharada de orégano
sal
pimienta negra
harina de maíz refinada
perejil

Elaboración

1. Pon las costillas de cerdo y 2 dientes de ajo pelados a dorar en una cazuelita con un chorrito de aceite. Cuando estén bien dorados, agrega los ajos frescos picados y rehógalos un poco.
2. Vierte la sidra. Dale un hervor y vierte 200 mililitros de agua. Deja que reduzca a fuego medio durante 15-20 minutos. Retira los huesos y tritura la salsa. Lígala con una cucharadita de harina de maíz refinada diluida en agua fría. Pon a punto de sal y espolvorea con un poco de perejil picado. Resérvala.
3. Cuece las patatas en una cazuela con agua y una pizca de sal durante 20-25 minutos. Cuando se templen, corta 4 rodajas gruesas de cada una y extiéndelas sobre la placa del horno. Pica los otros 2 dientes de ajo, mézclalos con la yema y una pizca de aceite. Pon una pequeña porción sobre cada patata. Hornea a 180 °C durante 5 minutos con el horno precalentado.
4. Salpimienta los filetes de lomo frescos y cocina todos los filetes brevemente en una sartén untada con un poco de aceite. Sirve el lomo, salséalo y acompáñalo con las patatas al gratén. Sazona las patatas y espolvorea con orégano. Decora con perejil.

LOMO DE CERDO AL HORNO CON PURÉ DE PATATAS

Ingredientes // 4 personas

800 g de lomo de cerdo (limpio)
800 g de tomate triturado
1 cebolleta
2 patatas
2 dientes de ajo
50 g de pasas
12 higos secos
agua
½ vaso de vino fino
aceite de oliva virgen extra
sal
pimienta negra
perejil

Elaboración

1. Pela y pica los ajos y la cebolleta finamente y ponlos a pochar en una sartén con aceite. Agrega el vino, las pasas, los higos y la salsa de tomate. Pon a punto de sal. Cocina la salsa durante 15 minutos.
2. Salpimienta el lomo (entero), colócalo en una fuente apta para el horno y échale por encima la salsa. Ásalo en el horno (previamente calentado) a 190 °C durante 20-30 minutos. Retira el lomo y córtalo en lonchas.
3. Para el puré, pela las patatas, cáscalas y cuécelas en una cazuela con abundante agua y una pizca de sal. Pásalas por el pasapurés y aderézalas con una pizca de sal, perejil picado y un chorrito de aceite. Sirve el lomo y acompáñalo con la salsa y el puré de patatas. Decora con una hojita de perejil.

Si no quieres tomarte el trabajo de hacer un puré de patatas casero, ten en cuenta que un puré de sobre también puede quedar muy bien, sobre todo si lo enriqueces con aceite, sal y una yema de huevo.

MAGRET FRÍO CON TOMATES ASADOS EN SARTÉN

El magret es la pechuga de los patos cebados para la producción de foie gras. Un toque original en esta receta es acompañarla con puré de manzana.

Ingredientes // 4 personas

2 magrets
8 rabanitos
8 tomates pera
1 cucharada de mostaza
1 cucharada de miel
aceite de oliva virgen extra
100 ml de vinagre de Jerez
sal
pimienta negra
perejil

Elaboración

1. Salpimienta los magrets y dóralos (por la parte grasa, 3 minutos) en una sartén sin nada de aceite. Pásalos a una placa del horno y ásalos a 200 °C durante 8 minutos (con el horno precalentado).
2. Retírales la grasa y deja que se enfríen. Córtalos en lonchas finas y colócalos en una fuente. Mezcla la miel y la mostaza con el jugo que ha soltado la carne en el horno. Mezcla bien y reserva la salsa.
3. Limpia los rabanitos, córtalos en gajitos, colócalos en un bol y alíñalos con sal, pimienta y aceite. Deja macerar.
4. Lava y corta los tomates por la mitad, colócalos (por la parte interior) en una sartén con aceite. Cocínalos 2 minutos por cada lado. Riégalos con un chorrito de vinagre de Jerez, tápalos y cocínalos 3 minutos más. Sirve los filetes de magret, salséalos y acompáñalos con el tomate y los rabanitos. Decora con unas hojas de perejil.

Ingredientes // 4 personas

4 manitas de cerdo
2 cebollas
2 pimientos verdes
4 dientes de ajo
½ l de salsa de tomate
4 pimientos choriceros
1 cucharada de pimentón dulce
media hogaza de pan
agua
aceite de oliva virgen extra
sal
perejil

Elaboración

1. Retira los tallos y las pepitas a los pimientos choriceros. Cuécelos en una cazuela con agua durante 15 minutos. Deja templar, saca la carne y resérvala.
2. Pela y lamina los ajos y ponlos a rehogar en la olla rápida. Pica las cebollas y los pimientos, y añádelos. Pocha bien. Agrega la carne de los pimientos choriceros, la salsa de tomate, el pimentón y las manitas bien limpias (sin pezuñas y sin pelos). Cúbrelas con agua, sazona y tapa la olla. Deja cocer durante 40 minutos a partir de que comience a salir el vapor.
3. Una vez cocidas las manitas, desgrasa el caldo. Saca las manitas y pásalas a la bandeja del horno untada con aceite. Cocínalas en el horno a 200 °C durante 20 minutos.
4. Deja que se reduzca el caldo con las verduras en la olla rápida. Tritura y cuela (si hiciera falta, liga con harina de maíz refinada diluida en agua fría). Sirve las manitas, salsea, acompaña con el pan y decora con una hojita de perejil.

MANITAS DE CERDO COCIDAS Y ASADAS

Antes de cocinar las manitas de cerdo, conviene blanquearlas en agua hirviendo durante un minuto para quitarles las impurezas que pudieran tener.

MILHOJAS DE CERDO IBÉRICO CON ROLLITOS DE MANZANA

Para que la pasta brick no se rompa es muy importante dejar enfriar y escurrir bien el puré de manzana antes de hacer el rollito.

Ingredientes // 4 personas

1 milhojas de carne de cerdo ibérico
4 hojas de pasta brick
4 manzanas
150 ml de vino blanco
1 cucharada de azúcar
mantequilla
agua
harina de maíz refinada
aceite de oliva virgen extra
sal
perejil

Elaboración

1. Coloca el milhojas en un recipiente apto para el horno y riégalo con un chorrito de aceite. Hornéalo (con el horno precalentado) a 200 °C durante 20 minutos. Pasado este tiempo, riégalo con el vino blanco y ásalo a la misma temperatura durante 20 minutos más. Deja templar y córtalo en rodajas. Cuela el jugo que ha soltado, colócalo en una cazuelita y liga con un poco de harina de maíz diluida en agua. Añade perejil picado. Reserva la salsa.
2. Pela 3 manzanas, trocéalas y ponlas en una cazuela. Agrega el azúcar, una pizca de sal y 75 mililitros de agua. Cocínalas durante 15 minutos a fuego medio. Escúrrelas.
3. Pela la otra manzana, pícala en dados y saltéalos en una sartén con un poco de mantequilla. Añádelos al puré y deja que se enfríe.
4. Extiende una hoja de pasta brick sobre una superficie lisa. Pon encima una porción de puré de manzana y ciérrala como si fueras a hacer un rollito de primavera. Repite el proceso con el resto. Fríelos en una sartén con aceite y escúrrelos sobre papel absorbente. Sirve la carne, salsea y acompaña con los rollitos de manzana. Adorna con unas hojas de perejil.

MOLLEJAS DE CORDERO CON CRUJIENTE DE VERDURAS

Para mantener calientes los crujientes te recomiendo que permanezcan en el horno a 100 °C hasta el momento de servir.

Ingredientes // 4 personas

500 g de mollejas de cordero
150 g de judías verdes
1 pimiento verde
1 puerro
2 patatas
6-8 chalotas
250 ml de vino de Oporto
2 dientes de ajo
pan rallado
aceite de oliva virgen extra
sal
pimienta negra
perejil

Elaboración

1. Pica las judías, el puerro y el pimiento en juliana fina. Coloca todo en un bol. Pela las patatas y rállalas encima. Salpimiéntalas, vierte un chorrito de aceite y mezcla bien.
2. Divide las verduras en 4 porciones. Pon un poco de aceite a calentar en una sartén pequeña. Añade una porción de verduras y fríelas por los dos lados a fuego suave. Repite el proceso con el resto. Mantenlas calientes en el horno.
3. Pica en dados un diente de ajo y las chalotas. Ponlas a pochar en una cazuelita con un chorrito de aceite. Vierte el vino de Oporto y deja que reduzca un poco. Tritura, cuela y reserva.
4. Limpia y pica las mollejas en daditos. Sazona. Maja el otro diente de ajo con una gotita de aceite y úntalas. Mezcla el pan rallado con un poco de perejil picado. Empana las mollejas, fríelas y escúrrelas sobre un plato forrado con papel absorbente de cocina. Sirve los crujientes de verduras y acompáñalos con las mollejas y la salsa. Adorna con unas hojas de perejil.

MONTADITOS DE CERDO CON SALSA AGRIDULCE

Si no encuentras lágrimas de cerdo ibérico, puedes hacer la misma receta utilizando filetes de cerdo cortados en tiras.

Ingredientes // 4 personas

650 g de lágrimas de cerdo ibérico
lechugas variadas
3 patatas
2 dientes de ajo
25 g de avellanas
aceite de oliva virgen extra
8 cucharadas de miel
2 cucharadas de salsa de soja
6 cucharadas de zumo de naranja
8 cucharadas de vino blanco
4 cucharadas de agua
vinagre
sal
pimienta negra

Elaboración

1. Pela las patatas y córtalas en lonchas de un centímetro. Unta la placa del horno con un poco de aceite y extiende las patatas encima. Rocía con un chorrito de aceite, salpimienta y asa a 190 °C (con el horno precalentado) durante 20 minutos.
2. Para preparar la salsa, coloca la miel, 4 cucharadas de vinagre, la salsa de soja, el zumo de naranja, el vino blanco y el agua en una cazuelita. Calienta la mezcla y deja que reduzca hasta que espese. Reserva.
3. Limpia las hojas de lechuga bajo el chorro de agua. Pícalas y sécalas bien. En el momento de servir los platos, alíñalas con aceite, vinagre y sal. Pica las avellanas y resérvalas.
4. Corta las lágrimas por la mitad. Salpiméntalas y cocínalas en la plancha con unas gotas de aceite. Dales la vuelta, agrega los ajos pelados y laminados y cocínalas por el otro lado. Sirve las rodajas de patata en la base del plato, coloca encima las lágrimas y finaliza con las hojas de lechugas aliñadas. Espolvorea con las avellanas y salpica todo con la salsa.

MUSLOS DE POLLO A LA NARANJA

Ingredientes // 4 personas

4 muslos de pollo
6 naranjas
1 cebolla
2 zanahorias
1 puerro
1 pimiento verde
4 dientes de ajo
1 escarola
½ vaso de caldo de ave
vinagre
aceite de oliva virgen extra
sal
pimienta negra
perejil

Elaboración

1. Salpimienta los muslos de pollo y colócalos en una fuente para horno. Echa un chorrito de aceite por encima y hornea durante 10-15 minutos a 200 °C (con el horno precalentado).
2. Pela y lamina los dientes de ajo y ponlos a dorar en una sartén con un chorrito de aceite. Pela y pica la cebolla y añádela. Pica también el pimiento verde y la zanahoria, y agrégalos. Sazona. Quita el verde al puerro, límpialo, trocéalo y añádelo. Deja pochar.
3. Exprime el zumo de 5 naranjas y agrégalo a las verduras. Vierte también el caldo de ave. Deja que hierva y vuelca todo sobre los muslos de pollo. Hornea otros 15 minutos a 200 °C.
4. Retira la fuente del horno y aparta los muslos a un plato. Resérvalos dentro del horno para que se mantengan calientes con el calor residual. Vuelca las verduras en una cazuela y tritura con una batidora eléctrica.
5. Limpia la escarola, hoja por hoja. Ponlas en una ensaladera, aliña con aceite, sal y vinagre. Pela la naranja restante, separa los gajos y añádelos.
6. Sirve un muslo de pollo por ración. Salsea y acompaña con un poco de ensalada de escarola y naranja. Decora con una hojita de perejil.

Elige los pollos que tengan la tonalidad amarillenta (alimentados con maíz) o blanca rosada. Otro indicador de calidad es que tengan la piel tersa.

MUSLOS DE POLLO RELLENOS CON CALABACÍN SALTEADO

Para que las setas se cocinen en menos tiempo y queden más manejables, basta con taparlas durante 30 segundos.

Ingredientes // 4 personas

4 muslos de pollo (deshuesados; reservar los huesos)
8 lonchas de beicon
2 dientes de ajo
8 setas
2 calabacines
1 cebolla
100 ml de vino blanco
agua
aceite de oliva virgen extra
sal
1 cucharadita de pimentón dulce
perejil

Elaboración

1. Pica la cebolla y los ajos, y ponlos a dorar en una cazuelita con aceite. Agrega los huesos, una rama de perejil, y rehoga bien. Vierte el vino blanco y dale un hervor. Vierte 400 mililitros de agua y cocina durante 20 minutos. Pon a punto de sal. Retira los huesos y tritura la salsa. Añade perejil picado y reserva la salsa.
2. Fríe las lonchas de beicon, retíralas y agrega las setas. Sazónalas y cocínalas durante 2 minutos por cada lado. Reserva.
3. Sazona los muslos deshuesados, extiéndelos sobre una superficie plana y coloca sobre cada uno 2 lonchas de beicon y un par de setas. Enróscalos y pincha cada uno con 2 palitos de brocheta. Rocíalos con aceite y hornéalos (con el horno precalentado) a 190 °C durante 30-35 minutos.
4. Lava los calabacines y córtalos en bastones. Pon un poco de aceite en una sartén y añade los bastones de calabacín. Espolvorea con el pimentón y sazona. Sirve los muslos (retira los palillos) y los calabacines. Salsea y decora con una ramita de perejil.

OSOBUCO CON PURÉ DE BONIATO

Ingredientes // 4 personas

4 filetes de osobuco de ternera
3 boniatos
2 cebollas
2 zanahorias
1 rama de apio pequeña
1 tomate
harina
1 copa de vino blanco
agua
aceite de oliva virgen extra
sal
pimienta negra
hojas de laurel
perejil

Elaboración

1. Pon los boniatos a cocer en una cazuela con abundante agua y una pizca de sal. Pélalos y aplástalos. Salpimienta, vierte un chorrito de aceite y perejil picado. Mezcla bien.
2. Salpimienta los filetes de osobuco. Pásalos por harina y dóralos en una sartén con aceite. Retíralos a una fuente y resérvalos.
3. Pica las cebollas, las zanahorias y el apio en daditos y ponlos a pochar en la olla. Ralla encima el tomate. Vierte el vino. Añade las hojas de laurel y unas bolitas de pimienta negra. Sazona.
4. Incorpora los osobucos, cúbrelos con agua, pon la tapa de la olla y cocínalos durante 25-30 minutos a partir de que comience a salir el vapor. Retira los osobucos y tritura la salsa. Sirve la carne, salséala y acompáñala con el puré de boniato. Decora con unas hojas de perejil.

Los filetes de osobuco suelen tener diferente tamaño porque se sacan de la pantorrilla de la ternera, por lo que lo más apropiado será repartirlos en función de los comensales.

OSOBUCO EN SALSA CON CHAMPIÑONES

Ingredientes // 4 personas

4 rodajas de osobuco de ternera
300 g de champiñones
2 cebollas
2 zanahorias
4 dientes de ajo
½ l de vino blanco
harina
aceite de oliva virgen extra
sal
pimienta negra
romero
tomillo
perejil

Elaboración

1. Pela y pica las cebollas y ponlas a dorar en una olla con un chorrito de aceite. Pica las zanahorias y añádelas. Pela y pica los dientes de ajo y agrégalos. Deja pochar.
2. Salpimienta la carne, pásala por harina y dórala en una sartén con un chorrito de aceite. Añade los trozos de carne a la verdura pochada. Introduce 2 ramitas de romero, una cucharadita de tomillo y 15-20 granos de pimienta negra. Agrega el vino blanco. Cierra la olla rápida y cocina durante 25 minutos a partir de que suba la válvula de seguridad. Abre la olla y saca la carne a una tartera. Resérvala.
3. Desgrasa la salsa del guiso con la ayuda de un cacito y tritura con la batidora eléctrica. Cuela y vierte la salsa sobre la carne. Cocina a fuego suave durante 4-5 minutos.
4. Saltea los champiñones en una sartén con un chorrito de aceite. Sazona y espolvorea perejil picado.
5. Sirve un trozo de osobuco por ración. Salsea y acompaña con un montoncito de champiñones. Decora con una ramita de perejil.

Para mantener los champiñones frescos se deben guardar en el frigorífico (no en el congelador) en una servilleta, bolsa o toalla de papel, pero no en plástico.

PASTELES DE CORDERO

Elaboración

1. Pica los dientes de ajo, la cebolleta y la zanahoria, y ponlos a pochar en una sartén con un chorrito de aceite. Sazona. Cocina el conjunto durante 8-10 minutos a fuego suave.
2. Pica la carne a cuchillo y salpimiéntala. Agrégala a la sartén y rehógala brevemente. Pica las aceitunas en aritos y las ciruelas en daditos. Agrégalos y adereza la mezcla con una pizca de nuez moscada y otra pizca de comino. Mezcla bien y deja que se enfríe.
3. Cubre la placa del horno con papel de hornear. Extiende 1 lámina de hojaldre sobre una superficie plana y divídela en 4. Coloca en el centro de cada trozo una porción de carne. Bate el huevo y, con ayuda de un pincel, unta los bordes que rodean el relleno.
4. Divide la otra lámina de hojaldre en 4 y cubre los trozos anteriores. Ciérralos presionando los bordes con un tenedor. Úntalos con el resto de huevo batido y haz un corte en el centro del hojaldre. Hornéalos a 200 °C durante 15 minutos. Sirve y adorna con unas hojas de perejil.

Ingredientes // 4 personas

2 láminas de hojaldre
300 g de carne de cordero
1 cebolleta
1 zanahoria
3 dientes de ajo
4 ciruelas pasas
16 aceitunas verdes (sin hueso)
1 huevo
aceite de oliva virgen extra
sal
pimienta negra
comino
nuez moscada
perejil

Para que los pasteles no revienten durante la cocción, te recomiendo que les hagas un pequeño corte en la parte superior.

PECHUGAS DE PATO CON PLÁTANO

Ingredientes // 4 personas

2 pechugas de pato
2 plátanos
3 naranjas
2 nueces de mantequilla
1 guindilla de cayena
2 cucharaditas de harina de maíz refinada
aceite de oliva virgen extra
agua
sal
pimienta negra
1 rama de perejil

Elaboración

1. Parte por la mitad las pechugas y haz unos cortes superficiales (en forma de cuadraditos) sobre la grasa. Salpiméntalas y ponlas a dorar en una sartén por el lado de la grasa. Cuando estén bien doradas, dales la vuelta, cocínalas un minuto y retíralas a una placa de horno con la parte de la grasa boca abajo.
2. Pela los plátanos y córtalos en rodajas al bies. Ponlas a dorar en una sartén con una gotita de aceite. Una vez doradas, coloca unas rodajas de plátano sobre cada trozo de carne. Hornea a 220 °C durante 6-8 minutos.
3. Para preparar la salsa, pon a fundir la mantequilla en un puchero con una guindilla de cayena. Haz un zumo con las 3 naranjas y agrégalo. Deja reducir. Añade 2 cucharaditas de harina diluida en agua templada para que ligue. Mezcla y deja cocinar a fuego suave.
4. Sirve un poco de salsa de naranja en el fondo de cada plato y pon encima un trozo de pechuga de pato con plátano. Decora con una ramita de perejil.

Cuando un plátano tiene la punta verde y no tiene un color muy amarillo, significa que aún no ha llegado a su punto de madurez y no ha desarrollado todo su sabor. Elige los plátanos que no tienen golpes.

PECHUGAS DE PATO CON SALSA DE OPORTO Y PERA

Ingredientes // 4 personas

2 pechugas de pato
2 peras
1 vaso de vino de Oporto
1 vaso de nata líquida
1 nuez de mantequilla
sal
pimienta negra
perejil

Elaboración

1. Para hacer la salsa, pon el vino de Oporto y la nata en una cacerola y deja que reduzcan. Reserva.
2. Haz unos cortes superficiales en la piel de las pechugas de pato (en forma de rombos) y salpimiéntalas por los dos lados. Márcalas en una sartén sin aceite (primero por el lado de la piel). Retira la grasa resultante de freír las pechugas. Una vez doradas, retíralas de la sartén, córtalas por la mitad y colócalas en una fuente apta para horno. Hornea (con el horno precalentado) a 220 °C durante 5 minutos. Reserva.
3. Pela las peras, córtalas en cuartos y cocínalas a fuego lento en una sartén con una nuez de mantequilla. Una vez cocinadas, sube el fuego para que se doren. Reserva.
4. Sirve en un plato 2 trozos de pera con media pechuga de pato y acompaña con un poco de salsa de vino de Oporto. Decora con una hojita de perejil.

Las peras están maduras si ceden a una leve presión con el dedo. Al llegar a casa, hay que liberarlas de cualquier bolsa o envoltorio para que puedan respirar.

PECHUGAS DE POLLO AL CAVA

Ingredientes // 4-6 personas

800 g de pechuga de pollo
250 g de champiñones
1 cebolla
250 ml de nata
½ l de cava
harina
agua
aceite de oliva virgen extra
sal
pimienta negra
perejil

Elaboración

1. Filetea las pechugas, salpimiéntalas y pásalas por harina. Fríelas en una sartén con un poco de aceite, retíralas antes de que se empiecen a dorar y reserva. Aprovecha el aceite de las pechugas, cuélalo y pocha en una sartén con ese aceite la cebolla picada. Retira el aceite de la cebolla pochada, colócala en un vaso batidor, agrega la mitad de la nata y tritura con la batidora.
2. Limpia bien los champiñones y filetéalos. Cuécelos en una cazuela con un poco de agua durante unos 8-10 minutos.
3. Pon en una tartera las pechugas, encima los champiñones cocidos y vierte la crema de nata y cebolla. Riega también con el cava y el resto de la nata. Remueve la cacerola para que la salsa penetre bien. Deja que se guise todo junto unos 20 minutos.
4. Sirve los filetes de pechuga, acompaña con la salsa y decora con una hoja de perejil.

Cuando compres cava, consúmelo cuanto antes, ya que con los meses no gana calidad ni buqué. Se recomienda consumir el cava antes de un año desde su degüello.

POLLO ASADO CON PATATAS Y ENSALADA VERDE

Ingredientes // 4 personas

1 pollo
4 patatas
1 lechuga
1 cebolleta
6 dientes de ajo
harina de maíz refinada
agua
vinagre
aceite de oliva virgen extra
sal
tomillo
pimienta negra molida
perejil picado

Al limpiar las hojas de lechuga, hay que escurrirlas bien para que la ensalada no quede aguada.

Elaboración

1. Pon en un bol 3 cucharaditas de sal, 3 de pimienta negra molida y 3 de tomillo molido. Mezcla bien. Reserva.
2. Vierte un chorrito de aceite sobre la placa del horno y extiéndelo con un pincel. Espolvorea con un poco de la mezcla de sal, pimienta y tomillo (reserva el resto). Lava y corta las patatas por la mitad, hazles unos cortes superficiales en forma de cruz en la parte que no tiene piel y colócalas sobre la placa del horno (dejando la parte de la piel hacia arriba). Reserva para hornear junto con el pollo.
3. Espolvorea el pollo (por dentro y por fuera) con el resto de la mezcla de sal, pimienta y tomillo. Pela los dientes de ajo y aplástalos un poco. Haz 4 pequeños cortes en las pechugas e introduce 4 dientes de ajo. Los otros 2 introdúcelos en la tripa. Coloca el pollo sobre una fuente apta para horno. Hornea junto con las patatas a 180 °C durante 45 minutos. Saca del horno el pollo y las patatas, pasa la salsa a una cazuelita, desglasa y dale un hervor. Liga la salsa con una cucharadita de harina de maíz refinada diluida en agua. Espolvorea con perejil picado. Reserva.
4. Lava la lechuga, sécala y pícala a tu gusto. Pásala a un bol. Pica la cebolleta en juliana fina y añádela. Aliña con aceite, vinagre y sal. Sirve el pollo troceado, salsea, acompaña con la ensalada y las patatas. Si lo deseas, decora con una ramita de perejil.

POLLO CON LIMÓN CONFITADO

Ingredientes // 4 personas

4 muslos de pollo
5 cebollas
2 dientes de ajo
2 patatas
1 limón confitado a la sal
20-24 aceitunas verdes con hueso
aceite de oliva virgen extra
agua
1 trozo de guindilla
cúrcuma
canela
azafrán
jengibre
cilantro
sal
perejil

Elaboración

1. Para preparar el adobo, pon a marinar los muslos de pollo la víspera. Para ello, sazónalos, colócalos en un cuenco y añade una cucharada sopera de cúrcuma, una cucharadita de canela, unos trocitos de guindilla picante y un vaso de aceite. Mezcla bien, cubre con film de cocina y deja marinar. Una vez marinado, retira los muslos a un plato y dóralos en la sartén. Cuando tomen color, ponlos en una olla rápida y resérvalos.
2. Pela y corta en juliana las cebollas y póchalas en una sartén con un chorrito de aceite. Pela y pica 2 dientes de ajo y añádelos. Incorpora las hortalizas pochadas a la olla. Agrega las patatas peladas y cortadas en cuartos. Ralla un poco de jengibre por encima, añade unas hebras de azafrán y cubre con agua. Cierra la olla y deja cocinar a fuego suave durante 4 minutos a partir de que suba la válvula de seguridad.
3. Aparta las patatas a un plato y retira los muslos de pollo a una tartera. Desgrasa el caldo con la ayuda de un cacito e incorpórala a la tartera del pollo. Agrega las aceitunas y el cilantro. Corta el limón en rodajas o en medias lunas e incorpóralas. Deja cocinar a fuego moderado durante 4-5 minutos.
4. Sirve un muslo de pollo con 2 trozos de patata por ración. Acompaña con la salsa de cebolla, limón confitado y aceitunas. Decora con una ramita de perejil.

La carne de pollo es una de las más consumidas en el mundo, por su precio económico y por sus propiedades nutritivas. Quitando la piel, es un alimento ideal para las dietas hipocalóricas.

POLLO RELLENO CON PURÉ DE CASTAÑAS

Ingredientes // 4 personas

1 pollo
500 g de carne picada de cerdo
500 g de castañas
1 escarola
1 diente de ajo
3 orejones
4 ciruelas pasas
25 g de pasas de corinto
20 g de piñones
harina de maíz refinada
250 ml de leche evaporada
150 ml de vino blanco
1 cucharada de brandy
agua
aceite de oliva virgen extra
vinagre
sal
pimienta negra
1 trozo de vainilla
perejil

Elaboración

1. Corta una pequeña muesca en las castañas. Cuécelas en agua hirviendo durante 10-15 minutos. Mételas en un bol con agua fría y pélalas. Ponlas a cocer en una cazuela con un poco de agua, la leche evaporada y un trocito de vainilla durante 10 minutos. Pasa todo por el pasapurés.
2. Limpia bien la escarola, pícala a tu gusto y sécala bien. Pica el diente de ajo finamente y mézclalo con la escarola. En el momento de servir, aliña con aceite, vinagre y sal.
3. Pica las ciruelas y los orejones en trozos pequeños y colócalos en un bol. Agrega la carne, los piñones y las pasas. Salpimienta y vierte el brandy. Mezcla bien.
4. Salpimienta el pollo por dentro y por fuera. Rellénalo con la farsa. Átale las patas, colócalo sobre la placa del horno y riégalo con un chorrito de aceite. Hornéalo a 190 °C durante 60 minutos (con el horno precalentado). Transcurridos 30 minutos, añade el vino. Tras otros 10-15 minutos, agrega 150 mililitros de agua y deja hasta el final. Retira del horno y pon el jugo que ha soltado a calentar en un cacito. Liga la salsa con harina de maíz diluida en agua y espolvorea con perejil picado. Riega el pollo, sírvelo y acompáñalo con la escarola y el puré.

En esta receta he aromatizado el puré de castañas con vainilla, pero puedes elegir cualquier otra especia de tu gusto, como, por ejemplo, anís estrellado o cardamomo.

POPIETAS DE SOLOMILLO DE CERDO CON SALSA DE PIÑA

Si la salsa de piña te queda muy ligera, puedes ligarla con un poco de harina de maíz refinada diluida en agua fría.

Ingredientes // 4 personas

2 solomillos de cerdo
1 escarola
1 diente de ajo
12 dátiles
2 rodajas de piña
1 cucharada de miel
8 nueces
150 g de queso fresco
200 ml de zumo de piña
aceite de oliva virgen extra
vinagre
sal
pimienta negra
perejil

Elaboración

1. Pela y pica la piña en dados y ponla a rehogar en una cazuelita con un chorrito de aceite. Vierte el zumo de piña y la miel, y cocina durante 10-15 minutos. Tritura, cuela y reserva.
2. Limpia la escarola, sécala bien y trocéala. Pela y pica las nueces (en cuartos) y el ajo finamente. Corta el queso en dados. Mezcla los ingredientes en un bol y en el momento de servir aliña con aceite, vinagre y sal.
3. Limpia los solomillos y córtalos en 12 filetes largos. Salpimiéntalos y extiéndelos sobre una superficie plana. Coloca un dátil (sin hueso) en el extremo de cada filete y enróscalo como si fuera un caracol.
4. Coloca las popietas sobre una bandeja apta para horno, riégalas con un buen chorro de aceite y ásalas a 200 °C durante 12-15 minutos. Sirve la salsa en el fondo del plato, coloca encima las popietas y acompaña con la escarola. Adorna con una ramita de perejil.

PUDIN DE CARNE CON SALSA TÁRTARA

Ingredientes // 4 personas

1 kg de carne picada de ternera
100 g de higadillos de pollo
16 rebanadas de pan tostado
6 huevos
1 cebolleta
2 zanahorias
2 cucharaditas de pimienta verde (en grano)
harina
mantequilla
1 diente de ajo
1 cucharada de alcaparras
3 pepinillos
½ cebolleta
agua
aceite de oliva virgen extra
vinagre
sal
pimienta negra
perejil

Elaboración

1. Para preparar la salsa, cuece un huevo en una cazuela con agua y una pizca de sal. Reserva.
2. Pela las zanahorias y la cebolleta, pícalas finamente y saltéalas brevemente en una sartén. Pica los higadillos y añádelos. Salpimienta y saltea todo brevemente. Tritura la mezcla con la batidora eléctrica.
3. Coloca en un bol la carne picada, salpimiéntala y añade el salteado de los higadillos. Agrega 4 huevos batidos y la pimienta verde. Mezcla bien. Unta un molde (tipo plumcake) con mantequilla, coloca una tira de papel de hornear, vuelve a untar con mantequilla y espolvorea con harina. Vierte la farsa y hornea al baño María a 180 °C durante 45 minutos (con el horno precalentado). Deja enfriar y desmolda.
4. Para la salsa tártara, pon el huevo restante en el vaso de la batidora, agrega unas gotas de vinagre, sazona y vierte 200 mililitros de aceite. Liga los ingredientes con la batidora eléctrica.
5. Pica el huevo cocido, el diente de ajo, los pepinillos y media cebolleta finamente y agrégalos al bol de la salsa tártara. Agrega las alcaparras picaditas y mezcla bien. Sirve el pudin y acompáñalo con la salsa y el pan tostado. Decora con una hojita de perejil.

Si quieres, puedes hacer esta receta con higadillos de cerdo en vez de pollo, pero el sabor será más intenso.

RABO A LA CERVEZA CON CREMA DE PATATA

La chalota es el condimento tradicional de Burdeos. Procede de la misma familia que la cebolla y el ajo, pero su aroma es más sutil que el de la cebolla y menos acre que el del ajo. Selecciona las que tengan los bulbos duros y crujientes.

Ingredientes // 4 personas

1 rabo de ternera
1 cebolla
1 pimiento verde
2 zanahorias
3 dientes de ajo
16 cebollitas o chalotas
3 patatas
½ vaso de leche
agua
harina
½ l de cerveza negra
aceite de oliva virgen extra
sal
pimienta negra
1 hoja de laurel
perejil

Elaboración

1. Pela las chalotas y ponlas a dorar en una olla con un chorrito de aceite. Cuando tomen color, retíralas a un plato y resérvalas.
2. Trocea y salpimienta las piezas de rabo. Enharina y dora en una sartén con un chorrito de aceite. Reserva los trozos de carne en un plato, evitando la grasa.
3. Pela y pica la cebolla y los 3 dientes de ajo, y ponlos a dorar en la misma olla. Pica el pimiento y las zanahorias, y agrégalos. Sazona y cocina durante 3-4 minutos. Añade las piezas de rabo, una hoja de laurel, 20-25 granos de pimienta y la cerveza negra. Sazona y cierra la olla. Cocina a fuego suave durante 20-25 minutos a partir de que suba la válvula de seguridad. Abre la olla, retira los trozos de rabo a una fuente y tritura la salsa (retira antes la hoja de laurel). Vuelve a introducir el rabo y las chalotas que tenías reservadas. Tapa de nuevo y cocina a fuego lento durante 2 minutos a partir de que suba la válvula de seguridad.
4. Pela y trocea las patatas y ponlas a cocer en un puchero con un poco de agua y sal durante 15-20 minutos. Escurre el caldo y tritura con el pasapurés. Añade un poco de leche y mezcla bien.
5. Sirve la crema de patata en el fondo del plato, coloca encima 3 trozos de rabo y 3 chalotas, y salsea. Decora con una ramita de perejil.

REDONDO DE TERNERA AL OPORTO

Ingredientes // 4 personas

1 redondo de ternera
4 zanahorias
1 cebolla
1 cabeza de ajos
2 patatas
½ l de vino de Oporto
1 vaso de caldo
aceite de oliva virgen extra
agua
sal
pimienta negra
2 hojas de laurel

Elaboración

1. Pela y pica la cebolla y ponla a pochar en una sartén con un chorrito de aceite. Pica las zanahorias y añádelas. Sazona y deja pochar.
2. Quita la grasa a la carne con un cuchillo, sazona y ponla a dorar en una tartera con un chorro de aceite. Cuando coja color, cuela la grasa sobrante. Añade la verdura pochada. Dale un golpe a cada diente de ajo y agrégalos. Vierte el caldo y el vino de Oporto. Incorpora las 2 hojas de laurel, la pimienta negra, y deja cocinar durante 35 minutos, volteando la carne de vez en cuando.
3. Saca la carne a un plato y resérvala. Retira las hojas de laurel y pasa la salsa a un bol. Tritura con la batidora eléctrica y cuela. Vuelve a introducir la carne y la salsa en la tartera, tapa y deja que hierva a fuego suave durante 5 minutos. Retira la carne y filetéala. Agrega un poco de perejil picado a la salsa. Reserva.
4. Pela las patatas y córtalas en forma de rejilla con ayuda de la mandolina. Sumérgelas en agua para quitar el exceso de almidón. Escúrrelas y fríelas en una sartén con abundante aceite caliente. Retíralas a un plato con papel absorbente para eliminar el exceso de grasa.
5. Sirve 4 filetes de ternera por ración, salsea y acompaña con unas patatas fritas. Decora con una ramita de perejil.

Cuando alguna salsa, puré o guiso queden secos o espesos, puedes añadirles un poco de agua para aligerarlos.

ROASTBEEF A LA PIMIENTA CON PATATAS ALIÑADAS

Ingredientes // 4 personas

1,5 kg de lomo bajo de ternera
3 patatas
1 cucharada de manteca de cerdo
7 g de pimienta negra
7 g de pimienta rosa
4 dientes de ajo
vinagre
aceite de oliva virgen extra
1 cucharadita de comino
sal
sal gruesa
perejil

Elaboración

1. Coloca las pimientas (rosa y negra) en el mortero y májalas hasta que queden troceadas.
2. Sazona la carne, úntala con la manteca de cerdo y espolvoréala con la pimienta por los dos lados.
3. Hornéala a 200 °C durante 35 minutos. Deja que se temple y córtala en filetes finos. Coloca el jugo en una cazuelita y reserva caliente.
4. Pela las patatas, córtalas en dados y fríelas en una sartén con abundante aceite a fuego suave. Retira el aceite de la sartén y deja las patatas dentro. Sazona.
5. Corta los ajos en trocitos, colócalos en el mortero con una pizca de sal gruesa. Májalos y añade un chorrito de vinagre, el comino y perejil picado. Vierte el majado a la sartén y saltea brevemente. Sirve el roastbeef y acompáñalo con las patatas. Salsea y decora con una hojita de perejil.

Estas patatas pueden resultar un poco fuertes de sabor. Si no te apetece tanta intensidad, pon en el majado 2 ajos y una pizca de comino.

ROLLITOS DE CARNE CON ENSALADA DE RÚCULA

Conviene sacar, una hora antes aproximadamente, la carne del frigorífico para que coja temperatura ambiente y quede mucho más sabrosa.

Ingredientes // 4 personas

12 filetes de redondo (finos)
12 lonchas de tocineta (finas)
hojas de rúcula
2 dientes de ajo
300 g de queso de untar
aceite de oliva virgen extra
vinagre de Jerez
sal
pimienta negra
25 g de nueces (peladas)
25 g de albahaca
25 g de perejil

Elaboración

1. Pica un poco las hojas de albahaca, las nueces y el perejil, y coloca todo en un vaso batidor. Añade un chorrito de aceite. Tritura y mezcla con el queso de untar. Reserva.
2. Dora las lonchas de tocineta en una sartén sin nada de aceite. Reserva.
3. Golpea los filetes con la parte ancha del cuchillo para que la carne se extienda y se ablande. Salpimienta. Coloca una loncha de tocineta en cada filete, cubre con una porción de la mezcla de queso y enróllalos. Ensarta un palillo para evitar que se deshagan.
4. Unta una placa de horno con aceite y coloca encima los rollitos. Rocía con un chorrito de aceite y hornéalos a 200 °C durante 8-10 minutos (retira el palillo).
5. Para la vinagreta, pela y corta los dientes de ajo por la mitad y ponlos a dorar en una sartén con aceite. Retira la sartén del fuego, añade un chorro de vinagre y deja reducir. Retira los ajos. Sirve los rollitos, acompaña con la rúcula sazonada y aliña el plato con la vinagreta.

ROLLITOS DE CARNE CON SALSA ESPAÑOLA

Ingredientes // 4 personas

250 g de carne de ternera picada
250 g de carne de cerdo picada
50 g de miga de pan
½ vaso de leche
1 huevo
50 g de piñones
4 tomates secos
1 diente de ajo
harina
2 cebollas
1 zanahoria
1 pimiento verde
200 g de ternera (puntas)
1 hueso de jamón (trozo)
1 vaso de vino blanco
3 vasos de caldo de carne
1 vaso de salsa de tomate
aceite de oliva virgen extra
sal
pimienta negra
perejil

Elaboración

1. Pon la miga de pan en un cuenco, agrega la leche y deja que se remoje.
2. Maja los piñones en el mortero y añade los tomates secos picados, el diente de ajo bien picado y un buen puñado de perejil. Sazona y mezcla bien.
3. Mezcla las carnes de cerdo y de ternera en un bol, salpimienta y agrega el huevo. Amasa bien e incorpora la miga de pan. Mezcla todo bien.
4. Corta 4 trozos de film transparente y reparte la carne entre ellos. Extiende la carne dándole forma rectangular y pon en la parte central de cada uno un poco del relleno de piñones (dibujando una franja de lado a lado). Con ayuda del plástico, envuélvelos hasta conseguir unos rollitos. Retira el film de cocina con cuidado, enharina los rollitos y colócalos en una fuente para horno. Echa un chorro de aceite por encima y hornéalos a 220°C durante 25 minutos (con el horno precalentado).
5. Para hacer la salsa española, pela y pica las cebollas y ponlas a pochar en una sartén con un chorrito de aceite. Pica también la zanahoria y el pimiento verde y agrégalos. Sazona y dora todo a fuego fuerte. Cuando cojan color, incorpora las puntas de ternera y el hueso de jamón. Rehoga y agrega 2 cucharadas de harina. Cocina bien y añade la salsa de tomate, el vino blanco y el caldo de carne. Deja reducir durante 10-12 minutos. Pásalo a un bol, retira el hueso de jamón, tritura con la batidora eléctrica y cuela.
6. Corta cada rollito en 3 partes y sírvelos en un plato llano sobre una capa de salsa española. Decora con una hojita de perejil.

Para que los piñones no se enrancien con rapidez, lo mejor es conservarlos en ambientes fríos.

SALCHICHAS A LA CERVEZA CON PURÉ DE PATATAS Y CHALOTAS

Ingredientes // 4 personas

24 salchichas frescas
20 chalotas
3 patatas
1 cebolla
2 dientes de ajo
400 ml de cerveza
agua
aceite de oliva virgen extra
sal
hojas de perejil

Elaboración

1. Pon las patatas a cocer en una cazuela con agua durante 35 minutos. Pélalas, trocéalas y aplástalas. Sazona, riega con un chorro de aceite, agrega un poco de perejil picado, mezcla bien y reserva. Dora las salchichas en una sartén con una gota de aceite. Retíralas y reserva.
2. Para la salsa, pela y pica finamente los ajos y la cebolla. Pon las verduras a pochar en una sartén con aceite. Sazona. Cuando hayan cogido color, vierte la cerveza y cocínalo durante 10 minutos.
3. Tritura la salsa y pásala a una cazuela amplia y plana. Agrega las salchichas y cocínalo en la salsa durante 3 minutos.
4. Pela las chalotas y colócalas en una cazuelita con aceite. Cocínalas a fuego suave. Escúrrelas sobre un plato forrado con papel absorbente de cocina. Sirve las salchichas con el puré y las chalotas. Adorna con unas hojas de perejil.

Si la salsa te queda muy ligera, puedes espesarla añadiéndole una cucharada de harina de maíz refinada diluida en agua fría.

SOLOMILLITOS DE POLLO CON CHIPS DE ALCACHOFA

Ingredientes // 4 personas

12 solomillitos de pollo
12 dátiles
5 alcachofas
2 dientes de ajo
75 g de rúcula
25 g de pistachos picados
aceite de oliva virgen extra
vinagre de Módena
sal
pimienta negra

Elaboración

1. Salpimienta los solomillitos de pollo. Coloca un dátil (sin hueso) en un extremo de cada solomillito y enróscalos. Pínchalos con un palillo y colócalos sobre una fuente apta para el horno. Sazona por encima.
2. Riégalos con un chorrito de aceite y hornéalos a 200 °C durante 12-15 minutos. En el momento de servir, espolvoréalos con los pistachos picaditos.
3. Pela y pica los dientes de ajo y fríelos en una sartén con abundante aceite. Pela las alcachofas, retirándoles las hojas duras (las externas). Córtales la parte superior y lamínalas. Añádelas a la sartén y fríelas. Escúrrelas sobre un plato cubierto con papel absorbente de cocina. Sazona.
4. Mezcla en un bol el aceite, el vinagre y la sal. Limpia la rúcula, colócala en un bol y alíñala. Sirve los solomillitos y acompáñalos con la ensalada y con los chips de alcachofa.

No es conveniente ni pelar ni laminar las alcachofas hasta el último momento porque se oscurecen y oxidan muy rápido.

SOLOMILLO A LA SAL CON TORTELLINI Y PERA

Ingredientes // 4 personas

2 solomillos de cerdo
200 g de tortellini de queso
2 peras
sal gruesa
agua
aceite de oliva virgen extra
sal
perejil

Elaboración

1. Humedece la sal con un poquito de agua y mezcla bien. Haz una cama de sal en una fuente apta para horno. Quita la grasa a los solomillos, colócalos en la fuente y cubre bien con más sal. Hornea a 220 °C (con el horno precalentado) durante 20 minutos. Una vez hechos, retira la bandeja y quita la costra de sal a la carne. Trocea los solomillos en filetes gruesos. Reserva.
2. Pela las peras, quítales el rabo y pártelas por la mitad. Descorazona y trocea cada pera en 6 gajos. Pon a dorar en una sartén con una gotita de aceite a fuego moderado.
3. Cuece la pasta durante 5 minutos en un puchero ancho con abundante agua (a punto de ebullición) y un poco de sal. Escurre.
4. Sirve 3 filetes de solomillo por ración. Acompaña con los tortellini de queso y 3 trocitos de pera. Aliña la pasta con un poquito de aceite por encima. Decora con una ramita de perejil.

La pera es de las pocas frutas que no terminan de madurar en el árbol. Para saber si están maduras hay que apretar con el pulgar en el cuello o en la base de la pera. Si cede a la presión, es que está madura. Si no, se recomienda dejarla a temperatura ambiente.

SOLOMILLO DE CERDO CON HABITAS

El cerdo es uno de los alimentos que mejor se aprovechan en la cocina, aunque existen grandes diferencias nutricionales entre unas partes del animal y otras. Por eso, para quienes estén cuidando su alimentación, se aconseja consumir las partes más magras, como los lomos.

Ingredientes // 4 personas

2 solomillos de cerdo
3 zanahorias
2 cebolletas
800 g de habitas (sin desgranar)
1 loncha gruesa de jamón serrano
2 cucharadas de harina
1 limón
1 vaso de caldo de carne
agua
aceite de oliva virgen extra
sal
nuez moscada
pimienta negra
perejil

Elaboración

1. Para hacer la salsa, pica las cebolletas y las zanahorias, y ponlas a pochar en una sartén con un chorrito de aceite. Sazona. Una vez pochadas, agrega 2 cucharadas de harina y rehoga. Vierte el caldo de carne y el zumo de un limón. Ralla un poco de nuez moscada por encima y deja cocinar. Añade un poco de perejil picado. Mezcla y reserva.
2. Quita la grasa a los solomillos, salpimienta y córtalos por la mitad. Echa un chorrito de aceite por encima y dóralos en la plancha por los dos lados. Cuando tomen color, retíralos a una fuente apta para horno. Vierte por encima la salsa y hornea a 220 °C (con el horno precalentado) durante 8 minutos.
3. Desgrana las habitas y ponlas a cocer en un puchero con agua hirviendo durante 4-5 minutos. Escurre, deja que se templen y pela la mitad de las habitas. Corta el jamón serrano en daditos y saltéalos en una sartén con una gotita de aceite. Incorpora las habitas, con y sin piel, saltea y reserva.
4. En el momento de servir, saca la fuente del horno y retira la carne a un plato. Reserva. Pon la salsa de verduras en un vaso batidor y tritura con la batidora eléctrica.
5. Sirve un trozo de solomillo por ración, salsea y acompaña con un montoncito de habitas con jamón. Decora con una ramita de perejil.

TERNERA EN SALSA CON HABAS

Para que la carne no se rompa al filetearla, es conveniente dejarla enfriar.

Ingredientes // 4 personas

1 kg de falda de ternera
250 g de habas frescas
4 chalotas
2 cebollas
2 puerros
1 cabeza de ajos
harina de maíz refinada
200 ml de leche evaporada
100 ml de vino blanco
agua
aceite de oliva virgen extra
1 hoja de laurel
4 clavos
sal
perejil

Elaboración

1. Pon un litro y medio de agua a calentar en la olla rápida y añade una hoja de laurel y 2 clavos. Sazona. Pela y corta las cebollas por la mitad y agrégalas. Limpia los puerros, trocéalos y échalos. Agrega también la cabeza de ajos. Añade la carne, sazona, coloca la tapa, y cuece durante una hora a partir de que comience a salir el vapor.
2. Abre la olla, retira la carne y el laurel. Añade el vino y la leche evaporada. Deja reducir unos 10-15 minutos. Tritura y cuela. Liga la salsa con una cucharadita de harina de maíz refinada diluida en agua fría. Reserva.
3. Filetea la carne reservada, introdúcela en la salsa. Cocina a fuego suave durante 6-8 minutos. Pon a punto de sal y espolvorea con perejil picado.
4. Pela y pica las chalotas. Rehógalas en una tartera. Agrega las habas, saltéalas, pon a punto de sal y añádeles medio vaso de agua. Tápalas y cocínalas durante 10-15 minutos. Sirve la carne, salsea y acompáñala con las habas. Decora con una hojita de perejil y perejil picado.

TACOS DE POLLO Y VERDURAS

Ingredientes // 4 personas

8 tortillas de maíz
2 pechugas de pollo
200 g de champiñones
1 cebolleta
1 pimiento rojo
2 pimientos verdes
8 lonchas de queso danés
aceite de oliva virgen extra
sal
1 cucharadita de pimentón dulce
perejil

Elaboración

1. Retira las grasitas de las pechugas y haz tiras. Colócalas en un bol. Sazona, añade un chorrito de aceite y el pimentón. Mezcla bien y deja macerar durante 15 minutos. Dóralas por los dos lados en una sartén sin aceite. Reserva.
2. Pela la cebolleta, córtala en juliana y póchala en una sartén con un chorrito de aceite. Retira el tallo y las pepitas de los pimientos. Pela el rojo y corta los 3 en juliana; añade a la sartén. Sazona. Limpia los champiñones, lamínalos y añade. Cocina durante unos 15 minutos y pon a punto de sal.
3. Cocina las tortillas (un minuto por cada lado) en una sartén sin aceite.
4. Extiende las 8 tortillas sobre una placa de horno, coloca encima de cada una una loncha de queso, una porción de verduras y unos trozos de pollo. Hornea a 200 °C durante 3 minutos (con el horno precalentado). Sirve y adorna con unas hojas de perejil.

En esta receta he aromatizado la carne de pollo con pimentón, pero te recomiendo que te aventures y pruebes a utilizar otras especias. ¡En la variedad está el gusto!

PESCADOS Y MARISCOS

ABADEJO ASADO CON ENDIBIAS, PASAS Y PISTACHOS

Si la mahonesa se corta, añade otro huevo y repite la operación con el brazo de la batidora.

Ingredientes // 4 personas

1 abadejo de 1 kg
3 endibias
50 g de pasas
50 g de pistachos (pelados)
1 huevo
1 diente de ajo
agua
vinagre
aceite de oliva virgen extra
sal
pimienta negra
perejil

Elaboración

1. Remoja las pasas en agua la víspera. Cuando se hayan hidratado bien, escúrrelas y resérvalas.
2. Para la mahonesa de ajo, coloca el huevo en el vaso batidor, introduce el ajo pelado y laminado, añade un chorrito de vinagre, 300 mililitros de aceite y una pizca de sal. Mete el brazo de la batidora hasta el fondo y cuando empiece a emulsionar mueve hacia arriba y abajo suavemente.
3. Retira la cabeza y la espina central del pescado. Saca los lomos y córtalos en trozos de ración. Colócalos en una bandeja apta para horno untada de aceite. Salpimienta el pescado, napa con la mahonesa de ajo y hornea a 200 °C durante 7-8 minutos.
4. Pica las endibias en juliana y saltéalas en una sartén con aceite. Sazona y agrega las pasas y los pistachos. Cocina todo junto durante 5 minutos. Sirve el pescado y acompáñalo con las endibias salteadas. Decora con una hojita de perejil.

ALBÓNDIGAS DE RAPE

Se cree que el azafrán es originario de Oriente. Las flores del azafrán son de color lila y de cada una se obtienen 3 hebras, rojizas y con forma de trompeta. Se recolectan manualmente y se necesitan más de 80.000 flores para obtener un kilo del azafrán que cocinamos.

Ingredientes // 6 personas

1 kg de rape limpio
½ kg de langostinos
1 cebolla
1 huevo
1 copa de vino de Jerez o manzanilla
harina
pan rallado
agua
aceite de oliva virgen extra
sal
azafrán
pimienta negra
perejil

Elaboración

1. Para hacer el caldo, limpia el rape, reserva los lomos e introduce la cabeza, la espina y las pieles en una cazuela con agua y sal. Pela los langostinos, reserva las colas e incorpora a la cazuela las cabezas y las cáscaras. Añade una ramita de perejil. Deja hervir unos minutos. Desespuma, cuela y reserva.
2. Pica los lomos de rape y las colas de langostino, y ponlos en un bol. Pica finamente media cebolla y añádela. Reserva la otra mitad. Salpimienta y mezcla. Casca un huevo en otro bol, bátelo y agrégalo a la masa de carne. Incorpora una cucharada de pan rallado y mezcla bien. Añade una más y sigue trabajando la masa. Haz unas pelotillas con la masa, pásalas por harina y fríelas en una sartén con abundante aceite caliente. Retíralas a un plato con papel absorbente para eliminar el exceso de grasa.
3. Cuela la mitad del aceite de la fritura a otra sartén. Pica la otra mitad de la cebolla y ponla a pochar. Vierte el vino blanco y 3-4 cazos de caldo de pescado. Añade el azafrán. Deja hervir e introduce las albóndigas. Cocina otros 4-5 minutos.
4. Sirve 5 o 6 albóndigas por ración, salsea y decora con una hojita de perejil.

ANCHOAS AL PAPILLOTE

Ingredientes // 4 personas

32 anchoas
1 pan de chapata
1 cebolleta
1 puerro
5 dientes de ajo secos
12 dientes de ajo frescos
1 vaso de chacolí
aceite de oliva virgen extra
sal
1 guindilla de cayena
perejil

Elaboración

1. Con un cuchillo de sierra, corta el pan en rodajas. Colócalas sobre la placa de horno y tuéstalas a 190 °C durante 10 minutos (con el horno precalentado). Retíralas y en el momento de servir úntalas con un diente de ajo seco.
2. Pica finamente la cebolleta, el puerro y los ajos (los frescos y 4 secos). Ponlos a pochar en una tartera con un chorrito de aceite. Sazona.
3. Cuando las verduras empiecen a sudar, agrega la guindilla y el chacolí. Cocina todo junto durante 5 minutos.
4. Limpia las anchoas, retirándoles la cabeza, las tripas y la espina central. Sazónalas, junta los lomos y añádelas a la cazuela con cuidado. Coloca la tapa y cocínalas durante 5 minutos. Espolvoréalas con perejil picado y sírvelas con el pan tostado.

Tal vez te estés preguntando para qué juntamos los lomos de las anchoas. Pues muy sencillo: para que no se sequen y queden jugosas.

ANCHOAS CON PURÉ Y PIQUILLOS

Si después de pelar patatas te sobra alguna, no la tires. Sumérgela en un bol con agua y se mantendrá durante 5-7 días en perfectas condiciones. No olvides secarla bien si después la vas a freír.

Ingredientes // 4 personas

24 anchoas
12 rebanadas de pan
2 patatas
12 pimientos del piquillo
3 dientes de ajo
harina
huevo batido
agua
azúcar
aceite de oliva virgen extra
sal
pimienta negra

Elaboración

1. Pela y trocea las patatas y ponlas a cocer en un puchero con abundante agua y una pizca de sal. Deja cocinar 8-10 minutos. Escúrrelas y pásalas por el pasapurés. Añade perejil picado, un poquito de aceite de oliva y pimienta molida. Mezcla e introduce en una manga pastelera. Reserva.
2. Pela y lamina un diente de ajo y ponlo a dorar en una sartén con un buen chorro de aceite. Corta los pimientos en juliana y añádelos. Agrega un poco de azúcar y de sal, en la misma cantidad.
3. Corta 12 rebanadas de pan al bies. Estira bien cada rebanada con un rodillo y colócalas sobre una fuente para horno. Tuesta el pan en el horno por los dos lados y reserva.
4. Limpia las anchoas, retira la espina dorsal y sazona. Pásalas por harina y huevo batido y fríelas en una sartén con abundante aceite y 2 dientes de ajo (enteros). Retíralas a un plato con papel absorbente para eliminar el exceso de aceite.
5. Pon 3 rebanadas de pan en cada plato y cúbrelas con una capa de puré de patatas. Coloca encima una anchoa rebozada, sobre ésta unas tiras de pimiento y, para terminar, cubre con otra anchoa rebozada. Decora con una hojita de perejil y sirve.

BACALADILLAS RELLENAS CON SALSA PICANTE

Ingredientes // 4 personas

4-8 bacaladillas (según tamaño)
4 lonchas de jamón
1 puerro
1 pimiento rojo
1 alegría riojana
2 dientes de ajo
harina de maíz refinada
harina
huevo batido
agua
aceite de oliva virgen extra
sal
pimienta negra
perejil

Elaboración

1. Limpia los pescados, quitándoles la cabeza, las tripas y la espina central. Pon las espinas y las cabezas a cocer con el puerro troceado y unas ramas de perejil. Sazona. Cuela el caldo y resérvalo.
2. Pela los ajos, pícalos y ponlos a dorar. Pica el pimiento rojo e incorpóralo junto con la alegría. Sazona y rehoga. Vierte el caldo, deja reducir durante 15 minutos. Tritura, cuela y liga con una cucharada de harina de maíz refinada diluida en agua fría. Reserva la salsa.
3. Rellena el pescado con el jamón. Salpimienta. Pásalos por harina y huevo batido, y fríelos en una sartén con aceite. Sirve la salsa y coloca encima las bacaladillas. Decora con una hojita de perejil.

La bacaladilla es un pescado muy perecedero, por lo que es importante consumirlo lo antes posible tras su compra y mantenerlo en el frigorífico hasta el momento de su consumo o congelarlo una vez limpio de escamas y vísceras. Además, posee una carne frágil, por lo que es importante manipularla y cocinarla con cuidado.

BACALAO À BRÁS

Ingredientes // 4 personas

½ kg de bacalao desmigado (en salazón)
2 patatas
8 huevos
3 dientes de ajo
1 lechuga
1 cebolleta
12 aceitunas negras
vinagre
aceite de oliva virgen extra
sal
perejil

Elaboración

1. Pon el bacalao a remojar en agua durante 48 horas (cambia 3 veces el agua) para desalarlo. Escurre, seca, desmiga y reserva.
2. Pela las patatas y córtalas en tamaño «cerilla». Fríelas en una sartén con abundante aceite caliente. Retira las patatas a un plato con papel absorbente para eliminar el exceso de grasa. Sazona.
3. Vierte un poco del aceite de las patatas a una tartera. Introduce los ajos pelados y picados y deja que se doren. Añade el bacalao desmigado y desalado. Cocina. Añade perejil picado y las patatas fritas. Mezcla. Casca los huevos y échalos sobre el bacalao. Rompe y deja cuajar. Pica las aceitunas negras y añádelas.
4. Limpia la lechuga y trocéala. Ponla en un bol. Pica la cebolleta, añádela y aliña con aceite, vinagre y sal.
5. Sirve en plato llano el bacalao à Brás y decora con una ramita de perejil. Acompaña con un poco de ensalada.

Para conservar las aceitunas negras en las mejores condiciones, guárdalas en un frasco de cristal con 2 dientes de ajo, una ramita de tomillo y cubiertas con aceite de oliva.

BACALAO AJOARRIERO

Para desmigar el bacalao más fácilmente, hazlo después de escaldarlo.

Ingredientes // 4 personas

600 g de bacalao desalado (para desmigar)
2 patatas
8 dientes de ajo
2 pimientos rojos
1 tomate maduro
1 cebolla
2 pimientos choriceros
agua
aceite de oliva virgen extra
sal
perejil

Elaboración

1. Lava los pimientos choriceros, quítales el tallo y las pepitas y ponlos a remojar en un bol con agua caliente. Cuando estén hidratados, sácales la carne y resérvala.
2. Lava los pimientos rojos, colócalos sobre la placa de horno, rocía con un chorrito de aceite y sazona. Ásalos a 190 °C durante 30 minutos (con el horno precalentado). Retíralos y deja que se templen. Pélalos y córtalos en tiras. Reserva.
3. Escalda el bacalao en una cazuela con agua hirviendo. Retíralo y reserva el agua. Desmiga el bacalao y resérvalo.
4. Pela los dientes de ajo y dóralos en una tartera con un buen chorro de aceite. Cuando se doren, retíralos y resérvalos. Pica la cebolla finamente y ponla a pochar. Sazona. Ralla encima el tomate y cocina todo conjuntamente. Añade la carne del pimiento choricero. Mezcla bien.
5. Pela las patatas y córtalas en lascas. Sálalas y cocínalas a fuego suave en una sartén con aceite durante unos 12 minutos. Escúrrelas y pásalas a la tartera. Agrega los pimientos morrones y el bacalao (si hiciera falta, añade un poco del agua resultante de escaldar el pescado). Cocina todo conjuntamente durante 5 minutos. Pon a punto de sal. Sirve y decora con los ajos fritos y una ramita de perejil.

BACALAO CLUB RANERO

La temporada de bacalao fresco va de otoño a primavera. Al elegirlo, desconfía de los que sean excesivamente blancos, pues su color natural es amarfilado. Debe ser translúcido y sin manchas de sangre.

Ingredientes // 4 personas

4 lomos de bacalao (en salazón)
2 cebollas rojas
2 pimientos verdes
2 pimientos choriceros
8 dientes de ajo
agua
aceite de oliva virgen extra
sal
½ guindilla
perejil

Elaboración

1. Para desalar el bacalao, ponlo en remojo durante 48 horas, cambiando el agua 3 veces como mínimo.
2. Retira las pepitas a los pimientos choriceros y ponlos en remojo durante 5 minutos. Saca la carne, pica y reserva.
3. Corta la cebolla en juliana y ponla en una sartén con un chorrito de aceite. Quita las pepitas a los pimientos verdes, córtalos en juliana y agrégalos. Sazona y deja pochar.
4. Cuando las verduras estén pochadas, agrega la carne del pimiento choricero, dale un toque de calor y retira del fuego. Reserva caliente.
5. Pon a dorar 8 dientes de ajo en una tartera con una buena cantidad de aceite. Corta la guindilla en 4 trozos y añádelos. Cuando tomen color, retíralos del aceite y resérvalos. Introduce los lomos de bacalao en el aceite y fríelos a fuego medio durante 3 minutos por cada lado. Retira el bacalao a una fuente para que suelte su jugo. Retira el aceite a un bol y deja que se temple para separar el suero del bacalao (que se quedará en la parte baja).
6. Coge 3 cacitos del suero, viértelos en la tartera y deja ligar el pilpil a fuego medio. Añade otros 2 cacitos y bátelo con un colador. Agrega, poco a poco, el resto del aceite sin dejar de mover el colador. Cuando espese, incorpora los lomos de bacalao y cocínalos a fuego suave unos minutos.
7. Sirve un lomo de bacalao por ración. Salsea con el pilpil y pon encima un montoncito de verdura pochada. Acompaña con 2 ajos dorados y un trocito de guindilla. Decora con una ramita de perejil.

BACALAO AL PILPIL

Ingredientes // 4 personas

4 lomos de bacalao (salado)
2 patatas
1 pan de chapata
8 ajos
3 pimientos verdes
1 cebolleta
agua
aceite de oliva virgen extra
sal
1 trocito de guindilla
perejil

Elaboración

1. Para desalar el bacalao, enjuaga los lomos bajo el grifo y colócalos en un bol. Cúbrelos con agua e introduce el bol en el frigorífico. Cambia el agua cada 8 horas. Dependiendo del grosor del bacalao, repite el proceso durante 2-3 días. Escúrrelos y reserva.

2. Corta el pan en rebanadas (sin separarlas del todo). Pica la cebolleta, colócala en un vaso batidor con un chorrito de aceite y tritura. Unta las aberturas del pan con la mezcla de cebolla y aceite. Espolvorea con perejil picado y envuelve con papel de hornear. Asa a 180 °C durante 15-20 minutos (con el horno precalentado). A los 10 minutos, dale la vuelta.

3. Lava los pimientos, córtalos en tiras gruesas y fríelos en una sartén con aceite. Sazona y reserva.

4. Pela los ajos y pica la guindilla en aros. Ponlos a dorar en una tartera con abundante aceite. Cuando se doren, retíralos a un plato. Introduce los trozos de bacalao y fríelos durante 2 minutos por cada lado, primero dejando la parte de la piel hacia arriba y después hacia abajo.

5. Retira los trozos de bacalao a una fuente. Inclina la fuente para que vaya soltando la gelatina. Pasa casi todo el aceite de la tartera a una cazuelita y deja que se temple.

6. Empieza a ligar el aceite de la tartera imprimiendo movimientos circulares con un colador. Vierte un poco de aceite de la cazuelita y sigue ligando. Añade la gelatina a la tartera y sigue imprimiendo movimientos circulares con el colador. Cuando empiece a emulsionar, liga bien todo el aceite de la tartera. Vierte el resto del aceite poco a poco sin dejar de remover con una varilla. Introduce los lomos de bacalao y remueve la tartera hasta que los ingredientes queden bien integrados.

7. Pela las patatas, córtalas en lonchitas de medio centímetro de grosor y cuécelas en una cazuela con agua y sal. Escurre y reserva. Sirve el bacalao al pilpil y acompáñalo con los pimientos, las patatas, el pan, los ajos y la guindilla. Si lo deseas, decora con una hojita de perejil.

Si el pilpil quedara demasiado espeso, se puede aligerar con agua; así podremos ponerlo de nuevo a hervir sin que se corte.

BACALAO CON CREMA DE PAN Y AJO

Ingredientes // 4 personas

4 lomos de bacalao en salazón
½ barra de pan
8 dientes de ajo
8 ajos frescos
1 esqueleto de pollo
harina
agua
aceite de oliva virgen extra
sal
1 cucharadita de pimentón dulce
perejil

Elaboración

1. Para desalar el bacalao, pasa por agua los lomos para retirar el exceso de sal y ponlos en remojo en un cuenco con abundante agua durante 48 horas (en ese tiempo cambia el agua 3 veces). Escurre, seca y reserva.
2. Para hacer el caldo, pon el esqueleto de pollo en una cazuela con abundante agua, una ramita de perejil y una pizca de sal. Deja hervir. Cuela y reserva.
3. Para la crema de ajo, pela los ajos, lamínalos y dóralos en una cazuela con un chorrito de aceite. Corta la corteza del pan, trocéala y añádela (si está blanquecina, tuéstala primero en el horno). Agrega una cucharadita de pimentón y vierte el caldo del pollo. Deja cocer 10-15 minutos. Tritura.
4. Enharina los lomos de bacalao y fríelos en una sartén con abundante aceite caliente. Retíralos a un plato con papel absorbente para eliminar el exceso de grasa.
5. Haz unos cortes en forma de cruz en las puntas de los ajos frescos. Fríelos en una sartén con un chorrito de aceite. Cuando se doren, retíralos a un plato y sazona.
6. Sirve la crema de ajo en el fondo del plato, coloca en el centro el bacalao frito y acompaña con los ajos frescos. Decora con una hojita de perejil.

Se aconseja congelar el pescado fresco al menos 48 horas para evitar el anisakis. El pescado congelado tiene tantos nutrientes como el fresco.

BACALAO DORADO A MI MANERA

Ingredientes // 4 personas

500 g de bacalao desmigado
4 huevos
3 patatas
3 cebolletas
agua
aceite de oliva virgen extra
sal
perejil

Elaboración

1. Pela y corta las patatas tipo paja con ayuda de una mandolina. Lávalas y déjalas en remojo para eliminar el almidón. Escurre bien, seca y fríe en una sartén con abundante aceite. Escúrrelas en papel absorbente y resérvalas para el final.
2. Corta las cebolletas en juliana fina y ponlas a pochar a fuego suave en una sartén con aceite. Cuando se doren, desmenuza el bacalao y añádelo a la sartén. Cocínalo durante un par de minutos y escúrrelo. Pon a punto de sal.
3. Mezcla el bacalao con las patatas y reparte la mezcla en 4 recipientes aptos para el horno. Presiona un poco cada uno por la parte central dejando un pequeño hueco.
4. Casca los huevos y coloca uno en cada recipiente. Sazona y hornea a 180 °C durante 5 minutos. Espolvorea con perejil picado y sirve.

Para que las patatas queden crujientes te recomiendo enjuagarlas bien bajo el chorro de agua fría para que suelten el almidón.

BACALAO FRESCO CON BERBERECHOS

Puedes dejar los paquetes preparados con antelación, pero mantenlos en la nevera hasta el momento de hornearlos.

Ingredientes // 4 personas

800 g de bacalao fresco
8 espárragos verdes
12 tomates cherry
500 g de berberechos
2 chalotas
harina de maíz refinada
1 copa de cava
agua
aceite de oliva virgen extra
sal
pimienta negra
perejil

Elaboración

1. Pon a calentar el cava en una sartén y añade los berberechos. Coloca la tapa y, cuando se abran, cuela el líquido y resérvalo. Retira las conchas y reserva la carne.
2. Pica las chalotas y póchalas en un cazo con un chorrito de aceite. Añade el líquido de los berberechos y deja reducir a fuego suave durante 6-8 minutos. Añade los berberechos y liga la salsa con un poco de harina de maíz refinada diluida en agua. Espolvorea con perejil picado y reserva.
3. Limpia el pescado, saca los lomos, corta 4 trozos y salpimiéntalos. Corta 4 trozos de papel de aluminio. Pon encima de cada uno un trozo de pescado, unos cilindros de espárragos y unos tomates cherry. Riégalos con un poco de aceite.
4. Cierra los paquetes y colócalos en una bandeja apta para horno. Hornea a 220 °C durante 8-10 minutos (con el horno precalentado). Cuando se hinchen, sácalos. Sirve el pescado y salsea.

BACALAO FRESCO CON GAJOS DE PATATA

Retira el pedúnculo antes de hornear el tomate, ya que después cuesta mucho más.

Ingredientes // 4 personas

1 kg de bacalao fresco
3 patatas
2 tomates
3 dientes de ajo
30 g de miga de pan duro
aceite de oliva virgen extra
10 avellanas
10 almendras
sal
20 g de sésamo (sin tostar)
2 g de comino en polvo
perejil

Elaboración

1. Lava las patatas, déjalas con la piel y córtalas en gajos. Pásalas a un bol y riégalas con un chorro de aceite. Maja en el mortero el sésamo, el comino, la sal, y échalo sobre las patatas. Mezcla bien de manera que queden bien embadurnadas. Extiéndelas sobre la placa del horno y coloca al lado los tomates (con un corte en forma de cruz) y los ajos con piel. Rocía los tomates con un chorrito de aceite. Hornea a 180 °C durante 20 minutos (con el horno precalentado). Reserva los gajos de patata.
2. Pela los ajos y los tomates y colócalos en el vaso batidor. Añade las avellanas y las almendras picaditas. Ralla la miga de pan y vierte un chorrito de aceite. Sazona y tritura con la batidora eléctrica. Reserva.
3. Limpia el pescado y córtalo en 4 raciones. Sazona los trozos de pescado, colócalos sobre la placa de horno untada de aceite y napa el pescado con la mezcla. Hornea el bacalao a 180 °C durante 5 minutos. Déjalo otros 5 minutos más con el gratinador. Si lo deseas, mete las patatas para que se calienten. Sirve el pescado y acompáñalo con los gajos de patata. Decora el plato con perejil picado.

BOLAS DE MERLUZA CON CHAMPIÑONES AL AJILLO

Para que las bolas de merluza queden más bonitas, te recomiendo que rellenes el pescado dejando el lado más feo de los filetes en la parte interior.

Ingredientes // 4 personas

800 g de merluza (cola)
28 gambas
1 tomate pequeño
300 g de champiñones
3 dientes de ajo
50 g de pistachos
1 huevo
agua
aceite de oliva virgen extra
sal
pimienta negra
pimentón dulce
hojas de albahaca
perejil

Elaboración

1. Coloca en un vaso batidor las gambas (peladas), la clara del huevo (reserva la yema en un bol pequeño), el tomate (pelado y picado), los pistachos (pelados), un chorrito de aceite, una pizca de sal y unas 10 hojas de albahaca. Tritura hasta que quede una pasta homogénea. Reserva.
2. Agrega una pizca de sal al bol de la yema, añade una pizca de pimentón y un chorrito de aceite. Bate bien y reserva.
3. Corta la cola de merluza en 8 filetes largos y finos. Salpimiéntalos. Rellena cada uno con la mezcla anterior y enróllalos. Coloca cada trozo de merluza enrollado sobre un trozo grande de film de cocina y envuélvelos bien de manera que queden herméticamente cerrados. Cuécelos al vapor durante 8 minutos. Deja que se templen y retira el film de cocina.
4. Pica los dientes de ajo finamente. Limpia los champiñones y lamínalos. Rehoga los ajos en una sartén con un chorrito de aceite, agrega los champiñones, sazona y saltea brevemente. Espolvorea con perejil picado. Sirve el pescado y acompaña con los champiñones. Salpica los platos con la yema especiada. Decora con una ramita de perejil.

BRANDADA DE BACALAO CON TOMATES ASADOS

Para pelar mejor los tomates, hazlo cuando estén templados. Al asarlos, añade una pizca de azúcar para que no queden tan ácidos.

Ingredientes // 4 personas

500 g de bacalao salado
3 dientes de ajo
12 tomates en rama
2 puerros
100 ml de nata
aceite de oliva virgen extra
azúcar
sal
perejil

Elaboración

1. Enjuaga el bacalao y colócalo en un bol. Cúbrelo con agua fría y mételo en la nevera cambiando el agua cada 8 horas. Calcula un día de desalado por cada centímetro de grosor.
2. Limpia los tomates, hazles un corte en forma de cruz en la parte inferior y colócalos sobre la placa de horno. Añade una pizca de sal y una pizca de azúcar. Rocía con aceite y hornea a 180 °C durante una hora. Deja que escurran. Cuando estén templados, pélalos y reserva.
3. Dora los dientes de ajo con piel en una sartén con aceite. Añade el bacalao troceado y cocínalo un poco. Retira los ajos y el bacalao y pasa el aceite a una jarrita.
4. Desmiga el bacalao, pásalo a un bol junto con los ajos pelados. Añade poco a poco el aceite reservado y la nata mientras trituras. Tritura hasta que ligue todo bien. Reserva.
5. Limpia los puerros y córtalos en juliana fina. Fríelos en una sartén con aceite caliente (pero no muy caliente). Escúrrelos sobre un plato forrado con papel absorbente de cocina. Sazona. Sirve la brandada junto con los tomates y acompaña con los puerros fritos. Decora con una hojita de perejil.

BRÓTOLA AL HORNO CON FLAN DE GUISANTES

Ralla la nuez moscada en el último momento para que conserve mejor todo su aroma.

Ingredientes // 4 personas

1 brótola (de unos 800 g)
300 g de guisantes
1 cebolleta
2 huevos
1 diente de ajo
1 limón
100 ml de nata líquida
agua
aceite de oliva virgen extra
sal
2 hojas de menta
pimienta negra
nuez moscada
perejil

Elaboración

1. Exprime el zumo del limón y dale un hervor junto con el diente de ajo pelado y cortado por la mitad y un poco de nuez moscada. Deja reducir. Cuela y pasa la mezcla a un bol, añade un chorro de aceite y perejil picado. Sazona. Mezcla bien y deja reposar la vinagreta.
2. Pica la cebolleta y ponla a pochar en una cazuelita con un chorrito de aceite. Agrega los guisantes, las hojas de menta y una pizca de sal. Cubre con agua (poca), tapa y cuece durante 8-10 minutos. Escurre los guisantes y colócalos en el vaso batidor. Añade el caldo de la cocción justo al ras de los guisantes, tritura y cuela.
3. Bate los huevos y añade la nata líquida. Añade el puré de guisantes, sazona y mezcla bien. Reparte la mezcla en moldes (aptos para horno) y cocínalos al baño María en el horno a 170 °C durante 30 minutos (con el horno precalentado). Deja que se enfríe y desmolda. Reserva.
4. Limpia el pescado, saca 4 lomos y colócalos en una placa de horno untada de aceite. Salpimienta y rocía con un chorrito de aceite. Ásalos a 200 °C durante 8 minutos. Sirve el pescado, riégalo con la vinagreta mezclada con el jugo que ha soltado el pescado y acompaña con el flan de guisantes. Decora con una hojita de perejil.

CABALLA CON GUISANTES Y ZANAHORIA

Las mejores caballas para cocinar son las llamadas «caballas del año», es decir, las más pequeñas. Pero si las vas a preparar a la parrilla, sacarás mejor provecho a las grandes.

Ingredientes // 4 personas

3 caballas (o verdeles)
1 kg de guisantes (sin desgranar)
3 zanahorias
2 cebolletas
2 dientes de ajo
½ vaso de vino blanco
2 cucharadas de harina
agua
aceite de oliva virgen extra
sal
perejil

Elaboración

1. Desgrana los guisantes y ponlos a cocer en una cazuela con abundante agua. Corta las zanahorias en rodajas y añádelas. Sazona y deja cocer durante 15-18 minutos. Escurre. Reserva.
2. Pela y pica los dientes de ajo y las cebolletas, y ponlas a pochar en una tartera con un chorrito de aceite. Añade 2 cucharadas de harina, rehoga y vierte el vino blanco. Mezcla y agrega los guisantes y las zanahorias cocidas.
3. Saca los lomos a las caballas y retírales las espinas dorsales. Parte los lomos por la mitad. Sazónalos y ponlos en la tartera con las verduras. Deja hervir durante un minuto y cocina a fuego suave otros 2 minutos.
4. Sirve 6 trocitos de pescado por ración. Acompaña con la salsa de guisantes y zanahorias, y decora con una ramita de perejil.

CALAMARES EN SALSA ROJA

Ingredientes // 4 personas

2-4 calamares (según tamaño)
2 cebollas
4-5 tomates maduros
2 tomates secos
4 dientes de ajo
½ vaso de chacolí
12 rebanadas de pan
aceite de oliva virgen extra
azúcar
1 cucharadita de pimentón dulce
sal
perejil

Elaboración

1. Limpia los calamares retirándoles la piel, el pico y la pluma. Separa los tubos, las aletas, los tentáculos, las corbatas y las tintas. Reserva.
2. Pica los ajos en láminas y las cebollas en dados. Ponlos a pochar en la olla rápida con un chorro de aceite hasta que cojan un bonito color dorado. Pica los tomates en dados y añádelos. Agrega también los tomates secos. Adereza con una pizca de sal y azúcar.
3. Añade el pimentón y el chacolí. Incorpora los calamares, los tentáculos y las aletas. Coloca la tapa y cocina todo durante 4-5 minutos desde el momento en que suba la válvula. Retira los calamares y deja que se templen.
4. Pasa la salsa por el pasapurés. Trocea los calamares y mételos en la salsa. Pon a punto de sal. Tuesta las rebanadas de pan en el horno, unta un extremo en la salsa y pásala por perejil picado. Sirve los calamares y acompáñalos con las rebanadas de pan.

Cuando el calamar es grande, a veces resulta difícil dar la vuelta al tubo. Para hacerlo puedes ayudarte de una cuchara de madera o del caño del grifo.

CALAMARES RELLENOS DOS GUSTOS

Ingredientes // 4 personas

16 calamares (para rellenar)
3 cebollas
3 pimientos verdes
2 tomates maduros
4 dientes de ajo
agua
1 vaso de chacolí
4 rebanadas de pan de molde
aceite de oliva virgen extra
sal
perejil

Cuanto más maduros estén los tomates, más rica quedará la salsa.

Elaboración

1. Limpia los calamares retirándoles la piel, la boca, las aletas, los tentáculos, las corbatas, la pluma y las tintas. Da la vuelta a los tubos y enjuágalos bien. Reserva. Coloca las tintas en un vaso batidor, añade un poco de agua, una pizca de sal y tritura. Reserva las tintas. Sazona los tubos y rellénalos con los tentáculos, las corbatas y las aletas. Reserva.
2. Para la salsa, pon a pochar en la misma cazuela los ajos laminados, las cebollas y los pimientos cortados en dados. Deja que se doren bien. Pica los tomates y añádelos. Vierte el chacolí y dale un hervor. Cocina las verduras durante unos 10 minutos aproximadamente. Pon a punto de sal. Pasa las verduras por el pasapurés y reparte la salsa en 2 cazuelas.
3. Vierte las tintas en una de las cazuelas e introduce la mitad de los calamares. Añade el resto de los calamares a la otra salsa (la marrón). Cocínalos durante 30 minutos.
4. Corta el pan de molde en triángulos y fríelos en una sartén con aceite. Escúrrelos sobre un plato forrado con papel absorbente de cocina. Unta una de las puntas de los panes con aceite y pásalos por perejil picado. Sirve los calamares, salsea cada uno con su salsa y acompáñalos con los panes fritos. Decora con una hojita de perejil.

CALDERETA DE SEPIA AL AZAFRÁN

Para aprovechar bien el majado, te recomiendo que agregues un poco del caldo al mortero y lo vuelques todo a la cazuela.

Ingredientes // 6 personas

2 sepias limpias (800 g aproximadamente)
espinas de pescado
1 cebolla
1 cebolleta
4 patatas
2 dientes de ajo
1 pimiento verde
1 tomate
agua
unas hebras de azafrán
aceite de oliva virgen extra
sal
1 hoja de laurel
perejil

Elaboración

1. Pon abundante agua en un cazo. Agrega las espinas, la cebolla troceada y unas hojas de perejil. Sazona y cuece todo durante 15 minutos. Cuela y reserva el caldo.
2. Pica la cebolleta y ponla a pochar en una cazuela. Pica el pimiento en dados y añádelos. Rehoga la verdura durante 10 minutos. Ralla el tomate, incorpóralo y cocina el conjunto durante 5 minutos más. Sazona.
3. Pela las patatas, cáscalas y añádelas a la cazuela.
4. Limpia la sepia, córtala en trozos de bocado, sazónala y añade a la cazuela.
5. Añade el caldo con la hoja de laurel. Maja los dientes de ajo con las hebras de azafrán y, cuando el caldo empiece a hervir, agrega a la cazuela. Pon a punto de sal, tapa y cuece todo durante 30 minutos. Sirve y espolvorea con perejil picado.

CARPACCIO DE LANGOSTINOS

Ingredientes // 4 personas

16 langostinos
80 g de rúcula
½ pan de hogaza
zumo de 2 limones
aceite de oliva virgen extra
sal
cebollino

Elaboración

1. Pela los langostinos, retírales el intestino y coloca cada uno entre 2 trozos de papel de horno. Aplástalos (puedes darle un golpe con el fondo de una cazuela) e introdúcelos en el congelador durante 30 minutos.
2. Corta 4 rebanadas de pan, pártelas por la mitad y hornéalas a 190 °C (con el horno precalentado) hasta que se tuesten.
3. Saca los langostinos del congelador, retira el papel de horno y ponlos en una fuente. Sazona.
4. Prepara una mezcla con aceite, zumo de limón, cebollino picado y una pizca de sal. Riega los langostinos y sirve. Acompaña con las tostadas y la rúcula aliñada con la mezcla y una pizca de sal.

Una vez descongelados los langostinos, no se han de volver a congelar, y se pueden conservar durante varios días en el frigorífico. El color que presentan es diferente si se obtienen cocidos o crudos. Estos últimos presentan un color gris oscuro que se convierte en rosáceo cuando se cocinan.

CAZUELA DE RAYA

Para que la raya tenga una buena presencia, te recomiendo que retires el hueso que sobresale y que recortes los bordes.

Ingredientes // 4 personas

800 g de raya (4 aletas)
½ kg de berberechos
espinas de pescado blanco
3 patatas
200 g de habitas tiernas
1 zanahoria
1 pimiento rojo
1 cebolleta
2 dientes de ajo
100 ml de vino blanco
agua
aceite de oliva virgen extra
sal
pimienta negra
perejil

Elaboración

1. Pon a calentar abundante agua en una cazuela. Añade las espinas de pescado, la parte verde de la cebolleta, la zanahoria troceada y unas ramas de perejil. Sazona y cuece el conjunto durante 15-20 minutos. Cuela y reserva.
2. Pon un poco de vino en una sartén, añade los berberechos, coloca la tapa y espera a que se abran. Retira los berberechos, vacíalos y resérvalos. Cuela el jugo que hayan soltado y resérvalo.
3. Pica los ajos y ponlos a dorar en una cazuela. Pica la cebolleta y el pimiento (pelado) en dados, y añádelos. Deja que se poche bien. Sazona. Vierte el jugo de los berberechos y un poco de caldo de pescado. Agrega las habitas peladas. Pela las patatas, córtalas en rodajas gorditas y agrégalas. Pon a punto de sal y cocínalas durante 12-15 minutos.
4. Salpimienta el pescado, corta cada aleta por la mitad y sella en una plancha con un chorrito de aceite. Agrégalas a la cazuela y cocínalas brevemente. Justo antes de apagar el fuego, añade los berberechos (sin cáscara) y mezcla suavemente. Espolvorea con perejil picado y sirve.

CEVICHE DE BONITO CON SALSA ROSA

Ingredientes // 4 personas

500 g de bonito
4 patatas
1 lima
1 cebolleta
1 huevo
4 rodajitas de guindilla
1 cucharada de mostaza
1 vaso de zumo de naranja
3 cucharadas de whisky
unas gotas de salsa picante
unas gotas de salsa inglesa
3 cucharadas de kétchup
aceite de oliva virgen extra
vinagre
sal
pimienta negra
cebollino picado
perejil

Elaboración

1. Corta el bonito en taquitos, salpimiéntalos y añádelos a un bol. Pica la cebolleta y añádela. Vierte el zumo de lima y el de naranja (reserva un poco). Incorpora las rodajitas de guindilla y mezcla todo bien para que el pescado quede bien impregnado. Cubre con film de cocina y mételo en el frigorífico. Déjalo macerando durante unos 30 minutos aproximadamente.
2. Para la mahonesa, pon el huevo en el vaso de la batidora, agrega unas gotas de vinagre, sazona y vierte 150 mililitros de aceite. Introduce el brazo de la batidora hasta el fondo y cuando empiece a emulsionar realiza movimientos ascendentes y descendentes muy suavemente hasta que quede bien ligada. Añade el kétchup, el whisky, la mostaza, la salsa picante, la salsa inglesa y el zumo de naranja reservado. Mezcla bien y reserva la salsa rosa (tiene que quedar ligera).
3. Pela las patatas, córtalas en lonchitas gruesas y fríelas en una sartén con aceite. Sirve las patatas en el fondo del plato, sazona y espolvorea con perejil picado. Pon encima el bonito y acompaña todo con la salsa rosa. Espolvorea con cebollino picado y decora con una ramita de perejil.

Las pequeñas manchas marrones que puede presentar la lima en la cáscara, aunque le quiten atractivo, no afectan al sabor. Se deben descartar las piezas blandas o desecadas.

CHICHARRO CON ZANAHORIAS SALTEADAS

Para que las zanahorias se cocinen en menos tiempo, te recomiendo tapar la sartén.

Ingredientes // 4 personas

2 chicharros
5 zanahorias
4 dientes de ajo
8 lonchas de tocineta
harina
aceite de oliva virgen extra
100 ml de vinagre
sal
pimienta negra
1 cucharadita de pimentón dulce
1 cucharadita de comino molido
1 cucharadita de orégano
perejil

Elaboración

1. Mezcla en un bol 2 ajos majados, el pimentón, el orégano, el comino, el vinagre y 2 cucharadas de aceite. Sazona. Mezcla bien. Limpia el pescado, retirándole la cabeza y las espinas. Corta cada lomo en 3 trozos, salpimiéntalos y ponlos a macerar durante 10-15 minutos.
2. Retira el pescado, escúrrelo bien y, si hiciera falta, sécalo. Pasa los trozos de pescado por harina y fríelos con un diente de ajo entero y con piel.
3. Pela las zanahorias y saca lonchas finas con el pelador.
4. Cocínalas durante 4-5 minutos en una sartén con un chorrito de aceite. Sazona. Agrega un diente de ajo picado y mezcla bien.
5. Retira los bordes de la tocineta y fríelas por los dos lados. Sirve las zanahorias con el pescado y la tocineta. Adorna con unas hojas de perejil.

CHICHARRO REBOZADO CON TOMATES ASADOS

Si quieres que los tomates adquieran más sabor, te recomiendo que los dejes marinando durante un par de horas en la salsa antes de asarlos.

Ingredientes // 4 personas

3 chicharros (jureles)
8 tomates en rama
4 dientes de ajo
agua
harina
huevo batido
aceite de oliva virgen extra
sal
1 cucharada de azúcar
1 cucharadita de orégano
pimienta negra
perejil

Elaboración

1. Pon abundante agua a hervir en una cazuela. Haz en la base de los tomates un corte superficial en forma de cruz. Escáldalos durante 1 minuto y pélalos.
2. Mezcla en un bol una pizca de sal, el azúcar, el orégano y un chorro de aceite. Añade los tomates y embadúrnalos bien. Colócalos en una bandeja apta para horno y ásalos a 180 °C durante 20-25 minutos (con el horno precalentado).
3. Retira las cabezas y las colas de los chicharros. Saca los lomos con ayuda de un cuchillo bien afilado. Retírales la piel y las espinas centrales y córtalos por la mitad (a lo largo). Salpiméntalos.
4. Calienta una sartén con aceite, aplasta los dientes de ajo y añádelos. Pasa los trozos de pescado por harina y el huevo batido, y fríelos. Escúrrelos sobre un plato forrado con papel absorbente de cocina. Sirve el pescado con los tomates, salsea con el jugo de los tomates y adorna con unas hojas de perejil.

CHICHARRO Y PURÉ EN ESCABECHE

Si sobra escabeche, se puede utilizar para aliñar ensaladas, carnes y pescados.

Ingredientes // 4 personas

2 chicharros
4 patatas medianas
1 cebolleta
1 zanahoria
8 dientes de ajo
agua
125 ml de vinagre de sidra
125 ml de vino blanco
harina
aceite de oliva virgen extra
sal
8-10 bolitas de pimienta negra
1 hoja de laurel (fresca)
perejil

Elaboración

1. Pela las patatas, cáscalas, lávalas y ponlas a cocer en agua hirviendo y sal durante 10-12 minutos. Escurre y pásalas por el pasapurés. Resérvalas.
2. Pon una cazuela amplia al fuego con el aceite de oliva (250 mililitros de aceite), el vino y el vinagre. Añade la cebolleta y la zanahoria troceada, los dientes de ajo pelados, las bolitas de pimienta, la hoja de laurel y una pizca de sal. Cocina a fuego suave durante 15 minutos. Déjalo templar.
3. Retira las espinas a los chicharros, saca los lomos y corta 4 trozos de cada lomo de manera que te queden 16 trozos. Colócalos en una fuente honda. Riégalos con el escabeche y déjalos macerar durante 15 minutos.
4. Retira los trozos de pescado y sécalos un poco. Escurre el aceite y resérvalo. Pasa las verduras del escabeche (retirando la hoja de laurel) a un vaso batidor y tritúralas. Mezcla con el puré de patatas y pon a punto de sal.
5. Pasa los trozos de pescado por la harina y fríelos 2 minutos por cada lado. Escúrrelos sobre un plato forrado con papel de cocina absorbente. Sirve el pescado y acompáñalo con el puré escabechado. Rocía con un poco de aceite y decora con perejil picado.

COLITAS DE BACALAO CON PATATAS Y FRITADA

Si las colitas tienen mucha agua, es conveniente secarlas bien antes de enharinarlas. De esta manera no se formará un engrudo alrededor del pescado.

Ingredientes // 4 personas

12 colitas de bacalao desalado
2 patatas
3 cebolletas
3 pimientos verdes
3-4 dientes de ajo
harina
aceite de oliva virgen extra
sal
pimienta negra
perejil

Elaboración

1. Lava las patatas y déjalas con la piel. Córtalas en lonchas de un centímetro y medio de grosor. Hazles unos cortes superficiales en forma de rombo.
2. Colócalas sobre un recipiente apto para el horno. Salpimiéntalas, rocíalas con aceite y ásalas en el horno a 180 °C durante 30 minutos (con el horno precalentado).
3. Pica las cebolletas y los pimientos en juliana fina. Ponlos a pochar en una sartén grande con un chorrito de aceite. Sazona. Reserva.
4. Aplasta los dientes de ajo y fríelos en una sartén con aceite. Pasa las colitas por harina y fríelas en la misma sartén con los ajos. Sirve el pescado con la fritada, los ajos y las patatas. Rocía con el juguito que ha soltado el bacalao. Adorna con un poco de perejil picado y unas hojas de perejil.

DORADA CON VERDURITAS SALTEADAS

Al comprar limas, descarta las piezas blandas o desecadas.

Ingredientes // 4 personas

4 doradas (250 g aproximadamente)
1 cebolleta
1 calabacín
1 pimiento rojo
1 pimiento verde
2 puerros
1 lima
agua
50 ml de salsa de soja
½ vaso de vino blanco
1 cucharadita de harina de maíz refinada
aceite de oliva virgen extra
50 ml de vinagre
sal
pimienta negra
perejil

Elaboración

1. Lava los pimientos y el calabacín, y córtalos en rectángulos.
2. Pela la cebolleta y los puerros. Corta la cebolleta en 8 trozos y suelta las capas. Corta los puerros en cilindros. Pon un poco de aceite en una sartén (o wok), añade las hortalizas y saltéalas. Sazona. Retíralas a un plato y resérvalas.
3. Echa en la sartén o wok la salsa de soja, el vinagre y un poco de ralladura de lima. Dale un hervor, deja reducir y liga con la harina de maíz refinada diluida en agua (si queda muy espesa, aligérala con un poco de agua). Reserva la salsa.
4. Limpia las doradas y saca los lomos. Colócalos sobre una placa de horno untada de aceite. Salpimienta, riégalos con un chorrito de aceite y un chorrito de vino blanco. Hornea a 200 °C durante 8-10 minutos. Mezcla el jugo que ha soltado la bandeja con la salsa. Sirve el pescado y acompáñalo con las verduras salteadas. Salsea y decora con una hojita de perejil.

EMPANADILLAS DE MEJILLÓN ASADAS CON ENSALADA

Ingredientes // 4 personas

24 mejillones
12 obleas para empanadilla
2 cebolletas
1 pimiento verde
2 tomates
2 dientes de ajo
50 g de rúcula
1 huevo batido
agua
vinagre
aceite de oliva virgen extra
sal
un trozo de guindilla picante
perejil

Elaboración

1. Para el relleno de las empanadillas, pela y pica los dientes de ajo y ponlos a dorar en una sartén con un chorrito de aceite. Retira el verde de las cebolletas, pícalas y añádelas. Pica el pimiento verde y agrégalo. Sazona y deja pochar.
2. Pela y pica los tomates y añádelos a la verdura pochada. Agrega la guindilla picada (en trozos no muy pequeños para poder retirarlos luego). Cocina. Retira la guindilla y reserva.
3. Limpia los mejillones y ponlos en una cacerola con un poco de agua. Tapa y cocina hasta que se abran. Retira la carne de las conchas. Reserva 12 mejillones y pica el resto. Añade los mejillones picados a la verdura. Espolvorea un poco de perejil picado, mezcla y deja atemperar. Reserva.
4. Extiende las obleas de empanadilla y pon un montoncito del relleno sobre cada una. Coloca un mejillón entero en el centro. Unta con agua los bordes de cada oblea y dóblalas por la mitad. Sella los bordes con la ayuda de un tenedor.
5. Pinta las empanadillas con el huevo batido. Ponlas sobre papel de hornear en una bandeja de horno. Hornea a 200 °C (con el horno precalentado) durante 20 minutos.
6. Aliña la rúcula con aceite, sal y vinagre. Mezcla.
7. Sirve 3 empanadillas por ración y acompaña con un poco de ensalada de rúcula.

El color pálido de la carne del mejillón no significa que esté en mal estado o que sea menos fresco. Esta coloración se debe a la diferencia entre sexos. Los machos son más anaranjado pálido y las hembras presentan un anaranjado más fuerte o rojizo.

ESCALOPE DE PEZ ESPADA CON SALSA DE CEBOLLA

Para que el ajo de la ensalada desprenda más sabor, presiónalo con un tenedor como si estuvieras cerrando una empanadilla.

Ingredientes // 4 personas

4 filetes de pez espada (800 g)
1 escarola
2 cebolletas
1 manzana
2 dientes de ajo
2 limones
harina
huevo batido
pan rallado
aceite de oliva virgen extra
sal
pimienta negra
orégano
perejil

Elaboración

1. Pica las cebolletas en dados y ponlas a pochar en una cazuela con un buen chorro de aceite. Cuando estén doradas, añade la manzana pelada y troceada y cocina el conjunto durante 8-10 minutos. Sazona. Pasa la mezcla por el pasapurés. Reserva caliente.
2. Retira las pieles del pescado. Salpimienta. Colócalos sobre una fuente y riégalos con el zumo de los limones (reserva una cucharada). Macéralos durante 5-10 minutos por cada lado.
3. Limpia la escarola, sécala y trocéala. Unta el bol con un diente de ajo. Agrega la escarola y alíñala con aceite y el resto de zumo de limón. Sazona, mezcla y reserva.
4. Retira el pescado y sécalo bien. Mezcla el pan rallado con el orégano. Reboza el pescado pasándolo por harina, huevo y pan rallado. Fríelo en una sartén con aceite y el otro diente de ajo sin pelar. Sirve el pescado con la salsa y la escarola. Adorna con unas hojas de perejil.

FANECAS EMPANADAS CON SALSA DE LIMÓN

Ingredientes // 4 personas

4 fanecas (en filetes)
3 chalotas
3 dientes de ajo
2 limones
pan rallado
125 ml de vino blanco
aceite de oliva virgen extra
sal
pimienta negra
eneldo
perejil

Elaboración

1. Pela y pica las chalotas finamente. Ponlas a pochar en una cazuelita con un chorrito de aceite. Sazona. No hace falta que cojan color.
2. Añade el vino y dale un hervor fuerte. Exprime los limones y vierte el zumo. Cocina hasta que reduzca a la mitad. Sazona. Pica el eneldo y añádelo.
3. Limpia las fanecas, retirándoles la cabeza y las espinas. Salpimienta los lomos y pásalos por el pan rallado.
4. Fríelos con los dientes de ajo en una sartén con aceite. Retíralos a un plato forrado con papel absorbente para eliminar el exceso de aceite. Sirve la salsa de limón en el fondo del plato, coloca encima los filetes de faneca y adorna con los ajos y unas hojas de perejil.

No se te ocurra tirar las cabezas ni las espinas de las fanecas, ya que te vendrán muy bien para preparar un buen caldo de pescado.

FILETES DE RODABALLO CON SALSA DE MEJILLONES

No conviene consumir mejillones crudos debido al riesgo de intoxicación que conlleva. Antes de cocerlos hay que lavarlos varias veces para eliminar cualquier resto de suciedad. Para retirar los restos de arena, es aconsejable sumergirlos en agua fresca y salada durante una hora. Se recomienda desechar los ejemplares que floten o tengan las valvas dañadas. Al cocer los mejillones, desecha los que están abiertos.

Ingredientes // 4 personas

2 rodaballos
1 kg de mejillones
1 cebolla
1 tomate
1 diente de ajo
200 ml de leche evaporada
½ vaso de vino blanco
1 vaso de agua
harina
huevo batido
aceite de oliva virgen extra
sal
pimienta negra
perejil

Elaboración

1. Limpia los mejillones y cuécelos en una cazuela con un vaso de agua. Cuando se abran, retira las conchas y reserva la carne y el caldo por separado.
2. Para la salsa, pica la cebolla finamente y ponla a pochar en una cazuelita con un chorrito de aceite hasta que coja color. Sazona. Pela el tomate, pícalo, añádelo y cocínalo. Vierte el vino, dale un hervor y agrega un vaso del caldo resultante de cocer los mejillones y la leche evaporada. Cocínalo a fuego suave durante 15 minutos. Pica la mitad de los mejillones finamente y añádelos. Pon a punto de sal y espolvorea con perejil picado.
3. Saca los filetes del rodaballo y quítales la piel. Salpimienta. Pásalos por harina y huevo batido y fríelos en una sartén con aceite y un diente de ajo con piel durante un minuto por cada lado. Sirve la salsa de mejillones y coloca encima el rodaballo rebozado. Adorna con el resto de los mejillones. Decora con una hojita de perejil.

GALLO CON CALABACÍN Y SALSA DE CAVA

Cocinar con alcohol no supone ningún riesgo de aumentar nuestro peso, ya que al hervir el alcohol se evapora.

Ingredientes // 6 personas

3 gallos
1 calabacín
2 chalotas
harina de maíz refinada
200 ml de cava
agua
aceite de oliva virgen extra
sal
pimienta negra
perejil

Elaboración

1. Corta las cabezas de los gallos y saca los lomos. Cuece las espinas y las cabezas en una cazuelita con agua, sal y unas ramas de perejil durante 20 minutos. Cuela, pon a punto de sal y reserva el caldo.
2. Pela y pica las chalotas finamente y ponlas a rehogar en una cazuela con un poco de aceite. Sazona. Cuando empiecen a coger un poco de color, agrega el cava y 200 mililitros de caldo. Deja que reduzca a fuego suave durante 10 minutos. Liga con un poco de harina de maíz refinada diluida en agua. Añade perejil picado. Reserva la salsa.
3. Unta la plancha del horno con un poco de aceite. Salpimienta los lomos, dóblalos y colócalos sobre la placa del horno. Rocía con una gotita de aceite y hornea a 200 °C durante 5 minutos.
4. Corta el calabacín en lonchas de 2 centímetros de grosor y córtalas en cuartos. Salpimienta y saltea en el wok (o en una sartén). Sirve el pescado, acompaña con el calabacín y con la salsa de cava.

GALLOS EN ESCABECHE CON ESPÁRRAGOS VERDES Y TOMATES CHERRY

Ingredientes // 4 personas

3 gallos
16 espárragos verdes
16 tomates cherry
4 dientes de ajo
harina
aceite de oliva virgen extra
75 ml de zumo de limón
75 ml de vino blanco
pimienta negra
1 hoja de laurel
1 rama de tomillo
1 rama de romero
sal
perejil

Elaboración

1. Limpia los gallos y saca los lomos. Salpimienta, enrosca dejando la parte de la piel hacia dentro y ensarta un palo de brocheta.
2. Pásalos por harina. Fríelos y escúrrelos sobre un plato forrado con papel de cocina. Resérvalos.
3. Para el escabeche, pela los dientes de ajo e introdúcelos en una cazuela con 250 mililitros de aceite. Agrega el zumo de limón, el vino blanco, las hierbas, unos granos de pimienta y una pizca de sal. Cocina el conjunto durante 15 minutos. Introduce los filetes de gallo y cocínalos durante un minuto por cada lado. Retira del fuego, tápalos y deja reposar durante 8-10 minutos.
4. Retira la parte inferior de los espárragos y cocínalos a la plancha durante 6-8 minutos. Añade los tomates y cocina todo junto durante 2 minutos más. Sazona. Sirve el pescado con los espárragos, los tomates y los ajos. Rocía el plato con un poco de escabeche y espolvorea con perejil picado.

No se te ocurra tirar el escabeche. Guárdalo en un bote con tapa y aprovéchalo para aderezar tus platos. Será perfecto para aliñar una pasta con gambas.

HAMBURGUESA DE PESCADO CON SALSA DE MOSTAZA

Puedes hacer las hamburguesas sin utilizar papel de horno. Para ello, forma 4 bolas, colócalas sobre la plancha untada con aceite, aplástalas y cocínalas 2 minutos por cada lado.

Ingredientes // 4 personas

4 bollos de pan
½ kg de jurel (limpio)
1 zanahoria
1 pimiento verde
2 dientes de ajo
4 hojas de lechuga
1 tomate
1 yema de huevo
100 g de queso de untar
1 cucharada de mostaza
1 cucharada de cebollino picado
aceite de oliva virgen extra
sal
pimienta negra
perejil

Elaboración

1. Para la salsa, coloca el queso, la mostaza y el cebollino en un bol. Mezcla bien. Resérvala.
2. Pela y pica la zanahoria y el pimiento finamente, y ponlos a pochar en una sartén con un chorrito de aceite hasta que queden bien dorados. Pica los ajos finamente e incorpóralos. Sazona y reserva.
3. Pica el pescado finamente, salpimienta y añádelo a un bol. Agrega la yema y las verduras pochadas. Mezcla bien. Amasa a mano y divide la masa en 4 porciones. Coloca cada porción entre 2 trozos de papel de horno y aplasta un poco (te puedes ayudar de un rodillo). Cocina las hamburguesas sin retirar los papeles en una plancha (sin aceite) durante 3-4 minutos por cada lado.
4. Abre los bollos de pan por la mitad, colócalos sobre la placa del horno y caliéntalos. Rellena cada bollo con una hoja de lechuga con una pizca de sal, unas rodajas de tomate con una pizca de aceite y una hamburguesa. Adereza con la salsa y adorna con unas hojas de perejil.

LENGUADO AL VAPOR CON SALSA DE LIMA

Ingredientes // 4 personas

2 lenguados
250 g de arroz jazmín
100 g de judías verdes
1 zanahoria
½ vaso de vino blanco
1 cebolleta (sólo la parte verde)
20 g de hojas de albahaca
20 g de hojas de menta
1 lima
50 ml de salsa de soja
1 cucharada de jengibre
aceite de sésamo
aceite de oliva virgen extra
sal
pimienta negra
cebollino
perejil

Para eliminar el olor a pescado de las manos (u otros olores fuertes), una buena solución consiste en exprimir un limón en un vaso con agua y sumergirlas; o, si no, frotarlas directamente con el limón.

Elaboración

1. Pon el arroz en una cazuela y cubre con agua (un centímetro por encima del arroz). Sazona, tapa y cocina a fuego fuerte durante 6-8 minutos. Pasado este tiempo, baja el fuego y cocina otros 6-8 minutos.
2. Pica la zanahoria y las judías verdes en cuadraditos y saltea en un wok con un chorrito de aceite. Sazona. Añade el arroz cocido, mezcla y saltea.
3. Limpia los lenguados y saca los filetes (sin piel). Salpimienta y haz unas popietas de lenguado: dobla cada filete por la mitad (con la parte de la piel hacia dentro). Coloca en una fuente para horno untada con aceite de oliva. Vierte un chorrito de vino por encima y hornea a 220 °C durante 5 minutos (con el horno precalentado).
4. Para hacer la salsa, pica la albahaca, la menta y lo verde de la cebolleta. Coloca en un bol, añade el jengibre e incorpora el zumo de lima, la salsa de soja y una pizca de aceite de sésamo. Mezcla bien.
5. Sirve el arroz en un plato llano (dale forma con la ayuda de un molde de aro) y acompaña con las popietas de lenguado. Pica el cebollino y extiende por encima del pescado. Salsea y decora con una hojita de perejil.

LENGUADO CON SALSA DE NÉCORAS

Elaboración

1. Pela y pica los dientes de ajo y ponlos a dorar en una cazuela con un chorrito de aceite. Pela y pica la cebolla y agrégala. Sazona y deja pochar. Una vez pochados, incorpora las nécoras troceadas. Rehoga. Vierte una copa de brandy y flambea. Añade la rama de estragón, una cucharada de harina, la salsa de tomate y un vaso de agua. Mezcla bien y deja reducir. Tritura con la batidora eléctrica. Cuela.
2. Limpia el lenguado y saca los filetes. Salpimienta, dobla cada filete por la mitad y colócalos en una fuente apta para horno untada con aceite. Hornea a 220 °C (con el horno precalentado) durante 6-8 minutos. Cuela el jugo que saque el pescado y resérvalo.
3. Pela las patatas y haz bolas con ayuda de un sacabolas. Ponlas a cocer en un puchero con agua hirviendo y una pizca de sal durante 8-10 minutos. Escurre bien el agua y saltéalas en una sartén, a fuego fuerte, con el jugo que ha soltado el pescado. Añade perejil picado.
4. Sirve un poco de salsa de nécora en el fondo del plato, coloca encima 2 filetes de lenguado y acompaña con las bolas de patata. Decora con una ramita de perejil.

Ingredientes // 4 personas

1 o 2 lenguados (según tamaño)
2 nécoras
2 patatas
1 cebolla
2 dientes de ajo
1 vaso de tomate natural
1 copa de brandy
harina
agua
1 rama de estragón
aceite de oliva virgen extra
sal
perejil

Para saber si una nécora es macho o hembra, hay que ponerla boca arriba, con las patas abiertas, y fijarse en la parte de abajo. Si es triangular, es macho; si es redonda, hembra.

LENGUADO CON VILLEROI DE GAMBAS

Un truco para quitar la piel del lenguado fácilmente consiste en mojar la cola del pescado con agua caliente. De esta manera, la piel se despegará fácilmente y, a partir de ahí, sólo hay que tirar hacia la parte de la cabeza y retirarla.

Ingredientes // 4 personas

2 lenguados
12 gambas
1 cebolla
4 pimientos morrones en conserva
2 dientes de ajo
¼ l de leche
harina
huevo batido
pan rallado
agua
aceite de oliva virgen extra
sal
pimienta negra
perejil

Elaboración

1. Pela las gambas y reserva las colas. Pon las cáscaras y las cabezas en un puchero con un poco de agua para hacer el caldo de gamba. Sazona, añade una ramita de perejil y deja cocinar. Cuela y reserva.
2. Para la salsa de pimiento, pela y pica la cebolla y póchala en una cazuela con un chorrito de aceite. Una vez pochada, añade una cucharada de harina y rehoga. Pica los pimientos y agrégalos. Mezcla y vierte el caldo de gambas. Deja que hierva 10-15 minutos. Tritura y reserva.
3. Para la bechamel, pon un chorrito de aceite en una cazuela, añade 2 cucharadas de harina y rehoga. Pica las colas de las gambas y añádelas. Vierte la leche poco a poco sin dejar de remover con la varilla. Salpimienta y añade un poco de perejil picado.
4. Limpia los lenguados y saca los filetes. Corta los filetes por la mitad, sazona y pásalos por la bechamel. Deja atemperar sobre una fuente untada con aceite. Después pásalos por harina, huevo batido y pan rallado. Fríelos en una sartén con abundante aceite caliente y 2 dientes de ajo enteros. Retíralos a una fuente.
5. Sirve 4 piezas de pescado por ración. Acompaña con la salsa de pimientos y decora con una ramita de perejil.

LIBAS FRITAS CON JUDÍAS Y ZANAHORIAS SALTEADAS

La liba es un pescado blanco barato, muy interesante para incluirlo en nuestra dieta. Lo puedes hacer como aquí o bien utilizarlo como ingrediente de una tortilla.

Ingredientes // 4 personas

4 libas de ración
300 g de judías verdes
3-4 zanahorias
4 dientes de ajo
2 chalotas
1 calabacín
harina
1 cucharada de curry
aceite de oliva virgen extra
sal
pimienta negra

Elaboración

1. Pela y pica las chalotas en dados. Pica el calabacín. Rehoga las verduras en un cazo y sazona. Tritura y reserva.
2. Retira los bordes de las judías y córtalas en bastones finos. Pela las zanahorias y saca láminas finas con un pelador.
3. Pon un poco de aceite en una sartén, caliéntalo, agrega las judías y las zanahorias, sazona y saltéalas bien.
4. Limpia el pescado, saca los lomos, salpimienta y pásalos por la mezcla de harina y curry. Aplasta los ajos (con piel) y dóralos en una sartén con aceite. Añade los filetes de pescado y fríelos. Escurre sobre un plato forrado con papel de cocina. Sirve la salsa en el fondo y coloca encima el pescado y las hortalizas. Adorna con el ajo frito.

LUBINA A LA SAL CON SALSA DE AZAFRÁN

La cocina a la sal es uno de los métodos de cocción más antiguos y sanos. No hay que tener miedo de que la carne o el pescado que se cocine queden demasiado salados, pues sólo absorberán la cantidad necesaria.

Ingredientes // 4 personas

2 lubinas
1 patata
2 zanahorias
6 espárragos verdes
6-8 chalotas
1 kg de sal gruesa
1 cucharada de harina
agua
aceite de oliva virgen extra
sal
azafrán
perejil

Elaboración

1. Limpia las lubinas, saca los lomos y resérvalos. Pon las cabezas, las colas y las espinas en un puchero con agua y unas ramitas de perejil. Sazona y deja que hierva unos minutos. Desespuma y cuela.
2. Pela y pica finamente las chalotas y ponlas a pochar en una cazuelita con un chorro de aceite y una pizca de sal. Una vez pochadas, agrega la harina, rehoga e incorpora el azafrán y el caldo de pescado. Deja reducir.
3. Pela y corta en daditos la patata y las zanahorias, y dóralas en una sartén con un chorrito de aceite. Cocina a fuego suave. Pica los espárragos trigueros y añádelos. Deja cocinar.
4. Corta 4 trozos de papel de aluminio y úntalos con un poquito de aceite. Envuelve los lomos de lubina con el papel de aluminio, dejando al descubierto la parte de la piel. Colócalos en una bandeja para horno. Humedece la sal con agua y cubre los lomos de lubina con la sal (sobre la parte de la piel). Hornea a 220 °C durante 5-6 minutos (con el horno precalentado). Saca del horno y retira la sal de encima de cada lomo de pescado; quítales también la piel.
5. Sirve un lomo de lubina por comensal, salsea y acompaña con las verduras. Decora con una ramita de perejil.

LUBINA CON SALSA ROMESCO

Para pelar fácilmente frutos secos como las almendras o las nueces, se deben sumergir en agua hirviendo, escurrir, dejar enfriar y presionar en la raíz para que suelten la piel.

Ingredientes // 4 personas

- 2 lubinas
- 4 cebolletas
- 12 almendras tostadas
- 10 avellanas tostadas
- 1 cabeza de ajos
- 2 tomates
- 5 ñoras
- 1 trozo de guindilla picante
- 2 rebanadas de pan
- aceite de oliva virgen extra
- vinagre
- sal
- pimienta negra
- perejil

Elaboración

1. Para hacer la salsa romesco, pon los tomates, la cabeza de ajos y las ñoras en una fuente para horno. Añade una pizca de aceite y sazona. Hornea a 200 °C (con el horno precalentado) durante 5 minutos. Saca las ñoras, resérvalas y sigue horneando el resto otros 20-25 minutos. Deja atemperar y pela los tomates y los ajos. Introdúcelos en un vaso batidor junto con las ñoras.
2. Tuesta las almendras y las avellanas en una sartén, y añádelas al vaso del tomate, los ajos y las ñoras. Fríe las rebanadas de pan en una sartén con aceite y agrégalas. Añade un trozo de guindilla picante, un chorro de vinagre y otro de aceite. Sazona y tritura con la batidora eléctrica. Reserva.
3. Saca los lomos de las lubinas, humedécelos con aceite, salpimienta y ponlos en una bandeja para horno. Hornea a 220 °C durante 10 minutos.
4. Retira el verde de las cebolletas y pártelas por la mitad. Condiméntalas con un chorrito de aceite y una pizca de sal. Cocínalas a la plancha.
5. Sirve un lomo de lubina por ración. Acompaña con 2 medias cebolletas y salsea con la romesco. Decora con una ramita de perejil.

MEJILLONES CON SALSA PICANTE

Ingredientes // 4 personas

1,5 kg de mejillones
1 cebolla
1 pimiento verde
1 kg de tomates pera
2 dientes de ajo
1 cucharada de harina
1 vaso de vino blanco
azúcar
aceite de oliva virgen extra
sal
1 o 2 guindillas de cayena
perejil

Elaboración

1. Pela y pica la cebolla y ponla a pochar en una cazuela con un chorrito de aceite. Pica el pimiento verde y añádelo. Echa un poco de sal y otro poco de azúcar (en la misma medida) para quitar la acidez. Cuando empiecen a tomar color, trocea los tomates e incorpóralos junto con las 2 guindillas de cayena. Cocina a fuego moderado durante 20-25 minutos. Tritura con la batidora eléctrica y reserva.
2. Limpia bien los mejillones y retira las barbas. Colócalos en una cazuela, vierte una copa de vino blanco, tapa y cocina hasta que se abran. Una vez abiertos, retira los mejillones a una fuente y deja atemperar. Cuela el caldo con una estameña. Reserva el caldo. Retira las valvas vacías de los mejillones y reserva las otras valvas con los mejillones.
3. Pela y lamina los dientes de ajo y ponlos a dorar en una tartera con un chorrito de aceite. Añade una cucharada de harina y cocina. Vierte un vaso del caldo de mejillones y la salsa de tomate. Mezcla e incorpora los mejillones. Cocina a fuego suave durante 3-4 minutos.
4. Sirve en plato hondo y decora con una ramita de perejil.

Al comprar mejillones, descarta los que estén abiertos o con la cáscara rota. Y no olvides que, si se cuecen demasiado tiempo, la carne se endurece. Por lo tanto, hay que ir retirándolos de la cazuela a medida que se vayan abriendo.

MERLUZA CON ESPÁRRAGOS, GUISANTES Y HUEVO

Ingredientes // 4 personas

- 4 rodajas de merluza (de unos 150 g)
- 8 espárragos frescos
- 1 kg de guisantes
- 4 huevos
- 1 cebolleta
- 2 dientes de ajo
- ½ vaso de vino blanco
- harina
- agua
- azúcar
- aceite de oliva virgen extra
- sal
- cebollino
- perejil

Elaboración

1. Pela los espárragos y ponlos a cocer en una cazuela con abundante agua. Añade un poco de azúcar y de sal. Deja cocer 10-12 minutos. Escurre y reserva el caldo de la cocción. Corta cada espárrago en 2 y ata los trozos de 4 en 4 con una tira de cebollino. Reserva.
2. Desgrana los guisantes y ponlos en un puchero con abundante agua hirviendo y una pizca de sal. Deja cocer durante 8-10 minutos. Escurre y reserva.
3. Pela y pica finamente 2 dientes de ajo y ponlos a dorar en una tartera con un chorrito de aceite de oliva. Pica la cebolleta y añádela. Deja pochar. Sazona las rodajas de merluza y añádelas. Dora por los dos lados, retíralas a un plato y reserva. Incorpora 2 cucharadas de harina a la cebolla, rehoga y vierte una copita de vino blanco. Mezcla. Agrega 3 cazos del caldo de espárrago reservado. Añade perejil picado, mezcla e incorpora los guisantes cocidos. Vuelve a introducir las rodajas de merluza y deja cocinar 3 minutos por cada lado.
4. Vierte 2 cazos de caldo de espárrago en un vaso batidor y agrega perejil picado. Tritura con la batidora eléctrica y añade al guiso.
5. Extiende un trozo de film de cocina, píntalo con una gotita de aceite y colócalo sobre una taza. Casca un huevo dentro, sazona y cierra el plástico con un nudo. Repite la operación con el resto de los huevos. Ponlos a cocer durante 4-6 minutos en una cazuela con abundante agua a punto de ebullición. Retira. Quita con cuidado el plástico.
6. Sirve un trozo de merluza por ración. Salsea y acompaña con un atadito de espárragos y un huevo escalfado. Decora con una hojita de perejil.

No hay ningún problema en cocinar las salsas con un poco de vino, ya que, con el calor, el alcohol que contiene se evapora. Pero, ante prohibición expresa, se puede sustituir por agua.

MERLUZA CON FRITADA

Ingredientes // 4 personas

1 merluza mediana
3 cebolletas
3 pimientos verdes
3 dientes de ajo
1 copa de chacolí
aceite de oliva virgen extra
sal
pimienta negra
perejil

Elaboración

1. Pela los ajos y las cebolletas. Lamina los ajos y pica las cebolletas en juliana fina. Ponlos a pochar en una sartén con aceite. Sazona.
2. Retira el tallo y las pepitas de los pimientos. Pícalos en juliana fina e incorpóralos a la sartén. Sazona. Cuando empiecen a ablandarse, vierte el chacolí y cocina todo durante 6 minutos.
3. Corta la merluza en rodajas y salpiméntalas. Cocina a la plancha con la tapa puesta durante 3 minutos por cada lado.
4. Para servir, pon la fritada en la base de la fuente y coloca encima las rodajas de merluza. Vierte por encima el jugo que ha soltado el pescado. Adorna con perejil picado.

Si quieres conservar el pescado que te ha sobrado en perfectas condiciones, envuélvelo con papel de cocina humedecido en agua y después introdúcelo en un envase que cierre herméticamente.

MERLUZA EN SALSA ROJA

Ingredientes // 4 personas

4 lomos de merluza
20-24 almejas
3 dientes de ajo
1 cebolleta
1 pimiento morrón
½ vaso de vino blanco
½ vaso de caldo de pescado
harina
sal
aceite de oliva virgen extra
perejil

Elaboración

1. Lava el pimiento y colócalo en una fuente apta para horno. Sazona, vierte un chorrito de aceite por encima y hornea (con el horno precalentado) a 200 °C durante 25 minutos. Retíralo a un plato, deja atemperar y quítale la piel. Aparta un cuarto de pimiento a un vaso batidor, agrega un poco de caldo de pescado y tritura con la batidora eléctrica. Corta en tiras el resto del pimiento. Reserva.
2. Pela y pica los dientes de ajo y ponlos a dorar en una sartén con un chorrito de aceite. Pica la cebolleta y añádela. Sazona y deja pochar. Agrega 2 cucharadas de harina y cocina. Sazona los lomos de merluza y añádelos junto con las almejas. Vierte el vino blanco y el caldo de pescado. Agrega perejil picado y la salsa de pimiento. Remueve y deja cocinar durante 4 minutos. Dales la vuelta a los lomos y cocina otros 4 minutos.
3. Sirve un lomo de merluza por ración. Salsea y acompaña con unas almejas y unas tiras de pimiento morrón asado. Decora con una ramita de perejil.

Si vas a acompañar los pescados con un vino, siempre les irá mejor uno blanco.

MERO CON SALSA DE MEJILLONES Y LANGOSTINOS

Para aprovechar bien las cáscaras de los langostinos, prepara un caldo con ellas y verás qué sabrosas te quedarán las salsas.

Ingredientes // 4 personas

4 lomos de mero de 200 g
1 kg de mejillones
12 langostinos
1 puerro
1 cebolla
1 zanahoria
½ copa de brandy
1 cucharada de harina
agua
aceite de oliva virgen extra
sal
pimienta negra
perejil

Elaboración

1. Pon los mejillones en una cacerola, agrega un vaso de agua y cocina a fuego moderado hasta que se abran. Cuela el caldo y resérvalo. Separa la carne de los mejillones de las conchas.
2. Pela los langostinos (dejando la puntita de la cola) y pon las cáscaras y las cabezas a cocer en una cacerola con un poco de agua y unas ramas de perejil durante 5-8 minutos.
3. Pica el puerro, la cebolla y la zanahoria y dora todo en una cacerola con un chorrito de aceite y una pizca de sal. Agrega los mejillones (reserva 4), vierte el brandy y flambea. Añade una cucharada de harina y moja con el caldo de langostinos y con el de los mejillones. Cocina a fuego suave durante 5-8 minutos. Tritura con la batidora y pasa por un colador.
4. Hazle unos cortes al mero por la parte de la piel, salpimienta y cocínalo en la barbacoa con un chorrito de aceite.
5. Abre los langostinos por la mitad (sin llegar hasta la cola), salpiméntalos y saltéalos junto con los mejillones reservados en una sartén con un chorrito de aceite. Espolvorea con perejil picado.
6. Sirve la salsa en el fondo de un plato, pon encima el mero, coloca sobre el pescado los langostinos y el mejillón. Decora con una hojita de perejil.

PERLÓN CON PATATAS COCIDAS Y PESTO

Para que las patatas no se rompan al cocer, añade un chorrito de vinagre en el agua y cuécelas a fuego suave.

Ingredientes // 4 personas

1 perlón hermoso o 2 medianos
3 patatas
1 puerro
agua
1 chorrito de vinagre
100 ml de aceite de oliva virgen extra
50 g de piñones pelados
1 puñado de hojas de albahaca
1 puñado de hojas de perejil
1 diente de ajo
sal
pimienta negra
perejil

Elaboración

1. Lava las patatas y ponlas a cocer en una cazuela con agua hirviendo, un chorrito de vinagre y una pizca de sal. En 25-30 minutos estarán a punto. Refresca, pela y corta las patatas en lonchas. Reserva.
2. Para el pesto, coloca en el vaso batidor el diente de ajo pelado, los piñones, la albahaca, el perejil y el aceite. Salpimienta, tritura y reserva.
3. Limpia bien y corta el pescado en rodajas de 3 centímetros de grosor. Salpimienta y reserva.
4. Pon abundante agua a calentar en una cazuela. Agrega un puerro limpio troceado, unas ramas de perejil, y sazona. Cuando empiece a hervir, añade el pescado y cuécelo durante 2-3 minutos. Escurre y sirve junto con las patatas. Aliña con el pesto. Si lo deseas, decora con una hojita de perejil.

PESCADILLA CON CALAMAR EN TINTA

Si por razones de salud no puedes tomar fritos, esta receta queda fenomenal con la pescadilla cocida al vapor. La pescadilla es una merluza pequeña y, por tanto, es pescado blanco: el más apto para los estómagos delicados.

Ingredientes // 4 personas

1 pescadilla
1 calamar grande
2 cebollas
5 dientes de ajo
½ vaso de tomate natural o
5 tomates pera
½ vaso de vino blanco
harina
huevo batido
aceite de oliva virgen extra
sal
perejil

Elaboración

1. Limpia el calamar, reserva la tinta y corta el tubo en aros. Reserva.
2. Introduce la tinta junto con el tomate en un vaso batidor. Añade un poco de sal gorda y el vino blanco. Tritura con la batidora eléctrica.
3. Pela y pica la cebolla y los ajos, sazona y deja pochar en una olla rápida. Una vez pochados, agrega una cucharada de harina, cocina bien y añade la mezcla de tinta de calamar. Deja cocinar 5-6 minutos y tritura con la batidora eléctrica. Incorpora los aros de calamar, cierra la olla y deja cocinar durante 4-5 minutos a partir de que suba la válvula de seguridad.
4. Limpia la pescadilla y saca los lomos. Sazona. Pon a dorar 2 dientes de ajo en una sartén con abundante aceite. Enharina los lomos de pescado, pásalos por el huevo batido y fríelos con los ajos. Retíralos a un plato con papel absorbente para eliminar el exceso de grasa.
5. Sirve un lomo de pescadilla por ración. Acompaña con los calamares en su tinta y decora con una ramita de perejil.

PESCADILLA RELLENA DE GAMBAS, SETAS Y AJOS FRESCOS

No hay cosa más desagradable que una ensalada aguada. Recuerda que, una vez limpias y escurridas las hojas (escarola, lechuga, lollo, roble...), es imprescindible secarlas bien.

Ingredientes // 4 personas

1 pescadilla (1,2 kg)
1 escarola
200 g de setas
16 gambas
18 ajos frescos
150 ml de leche
20 g de harina
aceite de oliva virgen extra
vinagre
sal
pimienta negra

Elaboración

1. Retira la cabeza de la pescadilla. Saca los lomos y córtalos en 4 trozos cada uno. Salpimiéntalos y resérvalos.
2. Pica los ajos frescos en cilindros y ponlos a rehogar en una cazuela con un chorrito de aceite. Pica las setas en tiritas y añádelas. Deja que se pochen. Sazona. Incorpora las gambas peladas y saltéalas brevemente.
3. Agrega la harina y rehógala un poco. Vierte la leche poco a poco sin dejar de remover. Sazona y cocina el relleno durante 3 minutos.
4. Unta la placa del horno con un poco de aceite y coloca encima 4 trozos de pescado dejando la parte de la piel hacia abajo. Cúbrelos con el relleno y tápalos con los otros 4 trozos de pescado. Pinta con una gotita de aceite y hornea a 200 °C durante 8-10 minutos. Sirve y acompaña con la ensalada de escarola aliñada con aceite, vinagre y sal.

Corta los lomos por la mitad y resérvalos.

Cierra herméticamente el papel de aluminio presionando bien los bordes.

Colócalos sobre la placa del horno y ásalos a 220 °C durante 10-12 minutos.

Retira el aceite e incorpora el jamón cocido cortado en daditos, y saltea.

PESCADO AL PAPILLOTE CON SALTEADO PAISANO

Ingredientes // 4 personas

1 brótola (900 g aproximadamente)
4 rebanadas de pan de hogaza
100 g de guisantes
125 g de jamón cocido
2 patatas
aceite de oliva virgen extra
2 cucharaditas de pimentón dulce
sal
pimienta negra
perejil

Elaboración

1. Limpia el pescado y sácale los lomos. Córtalos por la mitad y resérvalos.
2. Coloca 75 mililitros de aceite en un bol y añade el pimentón. Mezcla bien y unta las rebanadas de pan. Tuéstalas en el horno a 180 °C durante 8-10 minutos. Cuela el aceite sobrante y resérvalo para adornar el plato al final.
3. Para hacer los papillotes, corta 4 trozos grandes de papel de aluminio. Coloca en el extremo de cada papel una rebanada de pan. Salpimienta los lomos de pescado y coloca uno encima de cada trozo de pan. Cierra el papel de aluminio herméticamente presionando bien los bordes. Colócalos sobre la placa del horno y ásalos a 220 °C durante 10-12 minutos (puedes sacarlos del papel aluminio o servirlos con él).
4. Pela las patatas y córtalas en daditos pequeños. Ponlas a freír en una sartén con aceite. Sazona. Cuando pasen unos 5 minutos, añade los guisantes, coloca la tapa y cocina todo junto durante 8-10 minutos más. Retira el aceite e incorpora el jamón cocido cortado en daditos, y saltea. Pon a punto de sal. Sirve el pescado y acompáñalo con el salteado de patatas, guisantes y jamón. Espolvorea con perejil picado y decora con el aceite reservado. Puedes decorar con una hojita de perejil si lo deseas.

Te recomiendo congelar la cabeza y las espinas de la brótola para hacer un caldo. Luego te vendrá muy bien para hacer un arroz, una sopa o una fideuá.

POPIETAS DE GALLO CON SETAS AL HORNO

Ingredientes // 4 personas

3 o 4 gallos (según tamaño)
20 setas de cardo
12 espárragos verdes
3 dientes de ajo
½ vaso de vino blanco
agua
aceite de oliva virgen extra
sal
pimienta negra
perejil

La diferencia principal entre los espárragos blancos y los verdes es que los primeros crecen bajo tierra y los segundos con la punta hacia fuera, lo que supone que les dé el sol y desarrollen la clorofila que les aporta el color verde. Elige los que sean brillantes y tersos, y tengan la punta bien cerrada.

Elaboración

1. Pela y pica los dientes de ajo. Colócalos en un bol y vierte un chorro de aceite. Mezcla.
2. Pon las setas en una bandeja para horno. Sazona. Con la ayuda de una brocha, pringa las setas con el aceite y el ajo. Hornea a 200 °C durante 15-20 minutos (con el horno precalentado). Retira del horno y espolvorea perejil picado por encima. Reserva.
3. Corta las puntas de los espárragos (reserva los tallos) y pon a cocer durante 5 minutos en una cacerola con un poco de agua y una pizca de sal. Una vez cocidas, retíralas a un plato forrado de papel para escurrir bien el agua.
4. Pica los tallos de los espárragos y ponlos en un vaso batidor. Añade un chorrito de aceite, sazona y tritura con la batidora eléctrica. Cuela y reserva.
5. Saca los filetes a los gallos. Salpimiéntalos y colócalos estirados con la piel hacia arriba. Pon una punta de espárrago sobre cada filete y enrolla. Repite la operación con cada uno. En una tartera, vierte el vino blanco e introduce las popietas o rollitos de gallo. Tapa y deja cocinar a fuego lento durante 6-8 minutos. Una vez cocinadas, retira las popietas a un plato con papel absorbente para escurrir.
6. Sirve 3 popietas acompañadas de 5 setas por ración y salsea con el aceite de espárrago.

PULPO CON ALIOLI DE FRUTAS

Ingredientes // 4 personas

1 pulpo de 1 kg
4 patatas
5 dientes de ajo
2 huevos
1 pera
50 g de uva blanca
1 naranja
300 g de grasa de oca
aceite de oliva virgen extra
sal
pimentón dulce
unos canónigos

Elaboración

1. Coloca el pulpo en la olla a presión y tapa la olla. Cuécelo durante 10 minutos (10 minutos por kilo). Sácalo, trocéalo en trozos de bocado y resérvalo.
2. Pon la grasa de oca en una cazuela. Calienta para que se derrita y añade los dientes de ajo con piel. Pela las patatas, cuádralas y dales forma circular con la ayuda de un cortapastas pequeño. Introdúcelas en la cazuela y deja que se confiten a fuego lento durante 20 minutos. Retira los ajos a un plato y resérvalos.
3. Pela las uvas y quítales las pepitas. Ponlas a cocer en una cazuela pequeña. Pela y descorazona la pera, trocéala y añádela. Exprime la naranja y vierte el zumo. Deja cocer a fuego suave durante 5 minutos. Tritura y deja atemperar.
4. Para hacer el alioli de frutas, quita la piel a los ajos confitados, ponlos en un mortero y májalos. Separa las yemas de los huevos e incorpóralas. Mezcla y añade poco a poco aceite de oliva, sin dejar de remover, hasta conseguir una emulsión. Añade 2 cucharadas de las frutas y mezcla bien.
5. Sirve el pulpo con las patatas confitadas. Espolvorea un poco de pimentón por encima y salsea con el alioli de frutas. Decora con unas ramitas de canónigos.

Otra técnica para cocer el pulpo es «asustarlo». Hay que introducirlo y sacarlo rápidamente 3 veces en una cazuela con agua en ebullición. Los cambios de temperatura bruscos hacen que el colágeno del cefalópodo se rompa. Después, se cuece.

RAPE AL HORNO CON PUERROS COCIDOS

Ingredientes // 4 personas

4 rapes de ración o 2 medianos
12 puerros (finos)
2 huevos
5 dientes de ajo
agua
aceite de oliva virgen extra
vinagre
sal
guindilla picante
pimienta negra
perejil

Elaboración

1. Limpia los puerros retirándoles las barbas y la primera capa. Cuécelos (sin trocear) durante 12-14 minutos en una cazuela con abundante agua y una pizca de sal. Retíralos, escúrrelos y colócalos en una fuente. Riégalos con un buen chorro de aceite.
2. Cuece los huevos durante 10 minutos en una cazuela con agua hirviendo. Pélalos y pícalos finamente. En el momento de servir, espolvorea los puerros.
3. Riega la placa de horno con un chorrito de aceite. Salpimienta los rapes y colócalos encima. Ásalos en el horno a 220 °C durante 20 minutos (con el horno precalentado). Retíralos y salpícalos con unas gotas de vinagre.
4. Corta la guindilla en rodajas y filetea los dientes de ajo. Dora todo en una sartén con un chorro de aceite. En el último momento añade perejil picado. Riega el pescado y sírvelo. Acompáñalo con los puerros y rocía con el jugo que ha soltado el pescado en la placa de horno. Decora con una ramita de perejil.

Después de regar el pescado con el refrito, te recomiendo que remuevas la placa del horno para que la salsa ligue un poco.

RAYA AL PIMENTÓN

Ingredientes // 4 personas

2 alas de raya
espinas de pescado blanco
1 puerro
½ barra de pan (sólo la miga)
2 ajos
agua
aceite de oliva virgen extra
2 cucharadas de vinagre
sal gruesa
pimienta negra
8-10 cominos en grano
1 hoja de laurel
1 cucharadita de pimentón dulce
perejil

Al sofreír el majado, remueve a menudo para que el pan pierda la humedad y no se quede como una bola.

Elaboración

1. Pon las espinas, el puerro troceado y unas ramas de perejil a cocer en una cazuela con agua durante 15 minutos. Cuela y reserva el caldo.
2. Pela los ajos, trocéalos y colócalos en el mortero. Añade los cominos, un poco de sal gruesa y maja bien. Cuando estén bien majados, añade la miga de pan remojada en agua y escurrida. Sigue majando hasta que se mezcle bien.
3. Pon un buen chorro de aceite en una cazuela, agrega la pasta del mortero y sofríela a fuego no muy fuerte sin dejar de remover con una varilla hasta que absorba el aceite. Agrega la hoja de laurel, el pimentón y el vinagre. Remueve con una varilla y vierte un vaso del caldo. Remueve bien hasta que se ligue el pan con el caldo.
4. Trocea y salpimienta la raya e introdúcela. Cocínala durante unos 4 minutos. Espolvorea con perejil picado y sirve el pescado. Salsea y decora con una hojita de perejil.

REY CON PATATAS PANADERA

Puedes dejar las patatas peladas y cortadas con antelación; lo único que tienes que hacer es colocarlas en un bol y cubrirlas con agua.

Ingredientes // 4 personas

1 rey (1,2 kg aproximadamente)
3 patatas
2 cebolletas
2-3 dientes de ajo
1 puerro
1 copa de chacolí
agua
aceite de oliva virgen extra
sal
pimienta negra
1 guindilla
perejil

Elaboración

1. Limpia el pescado y saca los lomos. Pon la cabeza, la cola y las espinas en una cazuelita. Agrega el chacolí, el agua (250 mililitros), el puerro (limpio y troceado) y una pizca de sal. Cuece todo durante 10 minutos. Cuela el caldo y resérvalo.
2. Pela las patatas y córtalas en medias lunas de medio centímetro de grosor. Pela las cebolletas y córtalas en juliana fina. Pon todo a pochar en una sartén con aceite y sazona. Cuando estén casi hechas, escúrrelas y pásalas a la bandeja del horno. Riégalas con el caldo.
3. Salpimienta el pescado y colócalo sobre las patatas. Rocía con un chorrito de aceite y ásalo a 200 °C durante 8-10 minutos. Saca la placa del horno.
4. Lamina la guindilla y los ajos. Fríelos en una sartén con bastante aceite. Añade un poco de perejil picado. Sirve el pescado con las patatas y riega con el refrito. Adorna con una rama de perejil.

RODABALLO CON SALSA BEARNESA Y ALMEJAS

Ingredientes // 4 personas

1 rodaballo de 1,5 kg
20 almejas grandes
1 cebolleta
3 yemas de huevo
6 cucharadas de vinagre
6 cucharadas de vino blanco
100 g de mantequilla
perifollo
estragón
aceite de oliva virgen extra
sal
pimienta negra
perejil

Elaboración

1. Para la salsa bearnesa, pon en un cazo la cebolleta picada, una cucharada de perifollo picado y otra de estragón picado. Vierte el vino y el vinagre y deja reducir a fuego suave hasta que quede a la mitad. Cuela el jugo y deja templar.
2. Monta las yemas con una batidora de varillas. Cuando empiece a montar, añade el jugo que tenías reservado. Sigue batiendo y, cuando la salsa empiece a espesar, agrega la mantequilla fundida poco a poco sin dejar de batir. Cuando la salsa quede consistente (como una crema o una mahonesa), sazona y reserva.
3. Saca los lomos del rodaballo, salpimienta cada lomo por los dos lados y mójalos bien en una fuente bañada con aceite. Cuando estén bien embadurnados de aceite, déjalos en la fuente con la piel hacia arriba y hornea a 200-220 °C durante 8-10 minutos. Reserva los lomos con el jugo que han soltado.
4. Pon las almejas en una sartén con un chorrito de aceite. Tapa y cocina a fuego fuerte hasta que se abran.
5. Sirve el rodaballo con su jugo en el plato y coloca a un lado las almejas. Salsea por encima con la salsa bearnesa (puedes poner el resto de la salsa en una salsera) y decora con una hojita de perejil.

Ésta es una salsa deliciosa e ideal para acompañar platos de carnes, pescados y verduras a la parrilla.

Ingredientes // 4 personas

800 g de sabirón
8 lonchas de jamón cocido
1 aguacate
1 tomate grande
12 aceitunas negras
170 ml de cerveza
70 g de harina de trigo
70 g de harina de maíz refinada
aceite de oliva virgen extra
sal
pimienta negra
perejil

Elaboración

1. Pela el tomate y pícalo en dados. Escúrrelo bien para que suelte todo el jugo y pásalo a un bol. Pica las aceitunas negras y échalas en un bol. Pela el aguacate, pícalo en dados y añádelo.
2. Sazona la mezcla y vierte una gotita de aceite. Remueve bien. Extiende las lonchas de jamón sobre una superficie lisa, pon una porción de aceitunas, tomate y aguacate en cada loncha, y enróscalas.
3. Retira la cabeza de los sabirones y, con ayuda de un cuchillo bien afilado, saca los filetes. Salpimiéntalos.
4. Coloca en un bol las harinas (la de trigo y la refinada de maíz), vierte la cerveza y mezcla bien. Introduce los filetes de pescado y fríelos en una sartén. Escúrrelos sobre un plato forrado con papel de cocina. Sirve el pescado con los rollitos de jamón. Adorna con unas hojas de perejil.

SABIRÓN CON RULOS DE JAMÓN COCIDO

En el País Vasco llamamos sabirón al pez que en otros lugares llaman xabiroi, pez escorpión, pez araña, faneca brava, escarapote o salvario.

SALMÓN ASADO CON PASTEL DE PATATAS

Elaboración

1. Pela las patatas y córtalas en medias lunas y ponlas a freír en una sartén con aceite. Limpia los ajos frescos y los puerros. Córtalos en cilindros finos y agrégalos a la sartén. Cocínalos un poco con las patatas. Escurre la mezcla sobre un colador para quitar el exceso de grasa.
2. Distribuye la fritada en una bandeja apta para horno, vierte la nata, sazona y espolvorea con las hierbas de Provenza. Mételo en el horno y cocínalo a 190 °C durante 25 minutos. Reserva.
3. Para hacer el mojo, corta el pan de molde en trozos y colócalo en el vaso batidor. Añade el vinagre, 4 cucharadas de aceite, el diente de ajo pelado y picado, la almendra molida y las hojas de eneldo. Tritura y reserva el mojo.
4. Retira la piel al salmón, córtalo en trozos de ración y salpimiéntalos. Colócalos sobre la placa del horno engrasada con un poco de aceite. Cubre los trozos de pescado con el mojo y hornéalos a 190 °C durante 5-6 minutos (con el horno precalentado). Sirve el salmón y acompaña con el pastel de patatas. Decora con una hojita de perejil.

Ingredientes // 4 personas

800 g de salmón (limpio)
3 patatas
12 ajos frescos
1 diente de ajo
2 puerros
300 ml de nata
15 g de eneldo
2 rebanadas de pan de molde (sin corteza)
4 cucharadas de vinagre
2 cucharadas de almendra molida
aceite de oliva virgen extra
1 cucharada de hierbas de Provenza
sal
pimienta negra
perejil

Deja reposar las patatas en el horno hasta que la nata se quede compacta para que, al cortar, el pastel no se deshaga.

SALMÓN CON CREMA DE PUERROS Y VERDURAS

Las alcaparras también son conocidas como «tapaderas» y, aunque se podrían confundir con aceitunas, las alcaparras son más pequeñas, amargas y no tienen nada que ver en la composición nutricional.

Ingredientes // 4 personas

4 rodajas de salmón
4 puerros
1 patata
200 g de judías verdes
8-12 chalotas
1 cucharada de alcaparras
agua
aceite de oliva virgen extra
sal
cebollino

Elaboración

1. Limpia y trocea los puerros y ponlos a cocer en una cazuela con abundante agua. Pela y trocea la patata, y añádela. Sazona y cocina durante 15-20 minutos. Retira parte del agua y tritura con la batidora eléctrica.
2. Pela las chalotas y confítalas, a fuego suave, en una sartén con un poquito de aceite durante 15 minutos.
3. Corta cada filete de salmón en 2 tiras gruesas, eliminando la piel y las espinas centrales. Enrosca cada tira en forma de espiral y atraviésalas con un pincho de brocheta. Salpimienta por los dos lados y cocínalas a la plancha.
4. Trocea las judías verdes y escáldalas durante 5 minutos en un puchero con abundante agua y una pizca de sal. Escurre y reserva.
5. Para la vinagreta de alcaparras, pica el cebollino y ponlo en un bol junto con las alcaparras y un chorrito de aceite. Mezcla.
6. Sirve la crema en el fondo del plato y coloca encima 2 brochetas de salmón por ración. Retira el pincho. Acompaña con unas judías verdes escaldadas y unas chalotas confitadas. Salsea con la vinagreta de alcaparras.

SALMÓN CON HORTALIZAS Y FIDEOS AL WOK

Ingredientes // 4 personas

300 g de salmón
300 g de calabacín
150 g de zanahoria
250 g de coliflor
150 g de judías verdes
50 ml de salsa de soja
200 g de fideos japoneses (somen)
agua
aceite de oliva virgen extra
sal
cebollino

Elaboración

1. Retira la piel al salmón, quítale las espinas y córtalo en daditos de bocado. Pon los daditos en un bol y agrega la salsa de soja. Déjalos macerando durante 15 minutos.
2. Pon a calentar una cazuela con abundante agua y una pizca de sal. Cuando empiece a hervir, introduce los fideos y cuécelos durante 3 minutos aproximadamente. Escurre y refresca. Reserva.
3. Separa el trozo de coliflor en ramilletes muy pequeños.
4. Lava el calabacín y córtalo en bastones (con piel).
5. Pela las zanahorias y córtalas en lonchas.
6. Limpia las judías y córtalas en rombos.
7. Pon un poco de aceite en el wok, caliéntalo bien y saltea las verduras. Sazona. Escurre los trozos de salmón y añádelos. Cocina el conjunto un poco. Espolvorea con cebollino picadito. Sirve los fideos en el fondo y pon encima el salmón con las verduras.

Si quieres darle un toque distinto al salmón, agrega una cucharadita de zumo de limón y una pizca de eneldo a la salsa de soja.

SARDINAS ASADAS CON PAN DE AJO

Ingredientes // 4 personas

24 sardinas
1 pan de chapata
1 lechuga
1 cebolleta
2-3 dientes de ajo
aceite de oliva virgen extra
vinagre
sal
perejil picado

Elaboración

1. Pela y maja los ajos, agrega una pizca de sal, un poco de perejil picado y un buen chorro de aceite de oliva. Corta la chapata en rebanadas sin separarlas del todo. Úntala con la mezcla, envuélvela con papel de horno y hornéala a 180 °C durante 15-20 minutos (con el horno precalentado).
2. Limpia la lechuga y sécala. Corta la cebolleta en juliana fina y agrégala a la ensaladera junto con la lechuga.
3. En el momento de servir, alíñala con aceite, vinagre y sal.
4. Cubre la placa del horno con papel de horno. Vierte encima un chorrito de aceite, agrega una pizca de sal gruesa y pon encima las sardinas (sin cabeza ni tripa). Riégalas con otro chorrito de aceite y sazónalas de nuevo.
5. Sube la temperatura del horno a 220 °C, introduce las sardinas y ásalas durante 5 minutos. Espolvorea con perejil picado. Sirve las sardinas junto con la ensalada y el pan.

¡Todos a comer sardinas! Y es que la sardina es un pescado con una gran cantidad de ácidos grasos omega-3, que nos ayudan a disminuir los niveles de colesterol.

SARDINAS REBOZADAS CON PAN FRITO

La sardina pequeña o mediana es la ideal para rebozar. Para que queden jugosas basta con freírlas durante 40 segundos por cada lado.

Ingredientes // 4 personas

20 sardinas
300 g de pan de hogaza
2 pimientos verdes
8 dientes de ajo
harina
huevo batido
aceite de oliva virgen extra
sal
pimentón dulce
perejil

Elaboración

1. El pan de hogaza será de hace 3-4 días. Con un cuchillo de sierra pícalo en trocitos y colócalos en un bol.
2. Pela los dientes de ajo (déjalos enteros) y dóralos en una tartera con 6-8 cucharadas de aceite. Pica los pimientos en dados, añádelos y dóralos un poco. Retira los ajos y los pimientos y resérvalos.
3. Añade el pan a la tartera y fríelo sin dejar de remover durante unos 15-20 minutos. Añade los ajos y los pimientos y mezcla bien.
4. Limpia las sardinas, retira la espina central y sazona. Pásalas por harina y huevo batido, y fríelas en una sartén con aceite. Escúrrelas sobre un plato forrado con papel absorbente de cocina. Sirve las sardinas con el pan frito y los ajos y los pimientos. Adorna con un poco de pimentón y unas hojas de perejil.

SARGO AL HORNO CON PATATAS ENTOMATADAS

Ingredientes // 4 personas

2 sargos
2 patatas medianas
2 tomates maduros
2 dientes de ajo
1 calabacín
aceite de oliva virgen extra
sal
pimienta negra
hojas de albahaca
perejil

Elaboración

1. Riega la placa del horno con una gota de aceite.
2. Corta el calabacín en lonchas largas y después por la mitad. Monta 4 bases individuales (camas) y salpimiéntalas. Rocía con una gota de aceite.
3. Limpia el pescado, saca los lomos y salpimiéntalos. Úntalos con aceite y ponlos encima del calabacín dejando la parte de la piel hacia arriba. Ásalos a 200 °C durante 8-10 minutos.
4. Lava las patatas, cúbrelas con film de cocina y colócalas en el microondas. Cocínalas a la máxima potencia (4 minutos por patata). Déjalas templar y pélalas. Corta cada una en dados grandes.
5. Pela y pica los ajos finamente, y rehógalos en una sartén con aceite. Pela los tomates, pícalos en dados, escúrrelos y añádelos a la sartén. Saltea a fuego fuerte e incorpora la albahaca picada y los dados de patata. Salpimienta y saltea. Sirve el pescado con el calabacín y acompaña con el tomate y la patata. Decora con una hojita de perejil y sirve.

Ni se te ocurra tirar las espinas y las cabezas de los sargos, porque son perfectas para hacer un buen caldo con el que potenciar tus arroces o guisos de pescado.

SARGO GRATINADO CON ENSALADA DE CUSCÚS

Elaboración

1. Para hacer la mahonesa, casca el huevo en un vaso batidor y añade una pizca de sal, aceite de oliva y un chorrito de zumo de limón. Introduce hasta el fondo del vaso el brazo de la batidora eléctrica, pósalo y bate sin mover durante unos segundos. Cuando empiece a emulsionar, mueve, poco a poco, de arriba abajo hasta que coja cuerpo. Reserva.
2. Saca los lomos del sargo y pártelos por la mitad. Salpimienta y colócalos sobre una bandeja para horno untada en aceite. Echa un poquito de aceite por encima del pescado y extiéndelo bien. Vierte el vino blanco y hornea a 200-220 °C durante 5 minutos (con el horno precalentado). Saca la bandeja, extiende 2 cucharadas de mahonesa por encima de cada lomo y vuelve a meterlos en el horno. Gratina durante 3-4 minutos, hasta que se dore.
3. Pon agua a hervir. Pon en un bol el cuscús y añade un poco más de cantidad de agua que de cuscús. Tapa con film de cocina y deja reposar unos minutos hasta que se hidrate.
4. Pela y pica finamente el tomate. Pica también los pimientos rojo y verde y la cebolleta. Añade al cuscús y mezcla bien. Agrega un chorrito de aceite de oliva. Pica unas hojas de menta e incorpóralas. Sazona y mezcla.
5. Condimenta las hojas de canónigo con sal y un poquito de aceite de oliva.
6. Sirve en plato llano un trozo de pescado por ración y acompaña con una montañita de cuscús. Decora con unas hojitas de canónigo.

Ingredientes // 4 personas

2 doradas
200 g de cuscús
1 cebolleta
½ pimiento verde
½ morrón rojo
1 tomate
1 huevo
1 limón
½ vaso de vino blanco
agua
aceite de oliva virgen extra
sal
pimienta negra
unas hojas de menta
hojas de canónigo

La cebolleta está especialmente indicada para utilizarla en crudo, ya que tiene un sabor más suave que el de la cebolla.

SEPIA CON ALBÓNDIGAS

La carne picada a cuchillo queda más suelta y jugosa que la picada a máquina. Si pides que te la piquen en la carnicería, asegúrate de elegir la pieza y de ver el proceso.

Ingredientes // 4-6 personas

3 sepias
300 g de carne de ternera picada
100 g de carne de cerdo picada
3 cebollas
2 dientes de ajo
1 vaso de salsa de tomate
1 huevo
50 g de miga de pan
harina
1 vaso de leche
¼ l de vino tinto
aceite de oliva virgen extra
sal
pimienta negra
½ cucharadita de canela en polvo
perejil

Elaboración

1. Para la salsa, pela y pica los dientes de ajo y ponlos a dorar en una sartén con un chorrito de aceite. Pela y pica las cebollas, añádelas y sazona. Cuando estén pochadas, vierte el vino y la salsa de tomate. Deja reducir. Pasa por el pasapurés y reserva.
2. Desmenuza la miga de pan y ponla a remojo en la leche. Una vez remojada, escurre y colócala en otro cuenco junto con la carne picada de cerdo y de ternera. Mezcla. Casca el huevo dentro y agrega una pizca de canela. Salpimienta y añade un poco de perejil picado. Mezcla. Haz pequeñas bolitas, enharínalas y dóralas en una sartén con un chorrito de aceite. Retíralas a un plato con papel absorbente para eliminar el exceso de grasa. Reserva.
3. Limpia las sepias y córtalas en cuadraditos. Sazónalas y saltéalas en una sartén con un poquito de aceite.
4. Pon la salsa de tomate en una fuente apta para horno. Incorpora las albóndigas y mezcla. Esparce por encima los cuadraditos de sepia y hornea a 200 °C durante 18-20 minutos (con el horno precalentado).
5. Sirve las albóndigas con la sepia en un plato y decora con una ramita de perejil.

TORTA DE PULPO

Tal vez te extrañe que no haya añadido nada de agua a la olla. No hace falta, ya que el pulpo irá soltando su propia agua a medida que se vaya cocinando.

Ingredientes // 4 personas

1 pulpo de 1 kg
3 patatas medianas
½ pimiento rojo
1 pimiento verde
3 dientes de ajo
agua
aceite de oliva virgen extra
vinagre
sal
pimentón dulce
perejil

Elaboración

1. Coloca el pulpo en la olla a presión y tapa la olla. Cuécelo durante 10 minutos (10 minutos por kilo). Sácalo, trocéalo en trozos de bocado y resérvalo.
2. Pela las patatas y córtalas en forma de paja. Repártelas en 4 raciones y fríelas en una sartén con aceite. Una vez que empiecen a dorarse, dales la vuelta y dóralas por el otro lado. Pásalas a 2 placas forradas con papel de hornear, sazona y termina de cocinarlas en el horno a 180 °C durante 10 minutos.
3. Para la vinagreta, pica los pimientos y los ajos finamente y ponlos a cocer en una cazuelita con agua y una pizca de sal. A los 10 minutos, escúrrelos y pásalos a un bol. Añade un buen chorro de aceite, un chorrito de vinagre, una pizca de sal y un poco de perejil picado. Mezcla bien.
4. Coloca los trozos de pulpo encima de las tortas. Sazona y aliña con la vinagreta. Espolvorea con pimentón y adorna con unas hojas de perejil.

Ingredientes // 4 personas

2 gallos
12 ajos frescos
160 g de harina
3 huevos
100 ml de cerveza
1 naranja (el zumo)
2 cucharadas de miel
1 cucharada de vinagre
1 cucharada de salsa de soja
aceite de oliva virgen extra
sal
pimienta negra
perejil

Elaboración

1. Para la salsa, pon la miel en un bol. Añade la salsa de soja, 2 cucharadas de aceite, el zumo de naranja, el vinagre y una pizca de sal. Bate bien y reserva.
2. Casca los huevos y bátelos bien. Agrega la harina y mezcla. Vierte la cerveza, pon a punto de sal y sigue mezclando (con ayuda de una varilla) hasta que quede una masa homogénea. Reserva la masa para las tortitas.
3. Retira las cabezas de los gallos, saca los filetes y quítales la piel. Pícalos en daditos y salpimiéntalos. Pica los ajos en cilindros y saltéalos en una sartén con aceite. Agrega los trozos de pescado. Saltea brevemente, escurre bien el aceite y deja templar.
4. Incorpora el pescado a la masa de las tortitas y mezcla bien. Echa pequeñas porciones a una sartén con un poco de aceite y fríelas por los dos lados. Escúrrelas sobre un plato forrado con papel absorbente para eliminar el exceso de aceite. Sírvelas y acompáñalas con la salsa agridulce. Adorna con unas hojas de perejil.

TORTITAS DE GALLO CON SALSA AGRIDULCE

Para que la piel del gallo no se te resista, te recomiendo que utilices un cuchillo bien afilado.

TRUCHA RELLENA DE ESCALIVADA

Para que te queden más bonitas, te recomiendo asar las truchas durante 7 minutos y gratinarlas el último minuto.

Ingredientes // 4 personas

4 truchas de ración
1 pimiento rojo
1 cebolla
1 berenjena
10 dientes de ajo
2 cucharadas de pan rallado
aceite de oliva virgen extra
250 ml de vinagre de Módena
2 cucharadas de azúcar
sal
pimienta negra
perejil

Elaboración

1. Coloca el pimiento, la cebolla, la berenjena y 8 ajos sobre la placa del horno. Riégalos con un chorrito de aceite, sazónalos y hornéalos a 180 °C durante 35-40 minutos (con el horno precalentado). Aparta los ajos y reserva. Pela y corta las demás verduras en tiras. Reserva.
2. Retira las espinas centrales y laterales de las truchas y ábrelas como un libro. Pon un poco de aceite en una placa de horno y coloca encima las truchas. Salpimienta y cúbrelas con la escalivada.
3. Pela y pica 2 dientes de ajo, y mézclalos con el pan rallado y con una cucharada de perejil picado. Espolvorea el pescado con la mezcla, rocía con un chorrito de aceite y hornea a 200 °C durante 8 minutos (con el horno precalentado).
4. Pon 2 cucharadas de azúcar y el vinagre de Módena en una cazuelita. Pon a reducir durante unos 15 minutos aproximadamente. Sirve las truchas y coloca al lado los dientes de ajo asados. Salpica el plato con la reducción de vinagre y adorna con unas hojas de perejil.

VERDEL EN SALSA VERDE

No me cansaré de recordártelo: si algún mejillón no se abre, tíralo; no vaya a ser que tengas un disgusto.

Ingredientes // 4 personas

4 verdeles (1,3 kg)
1 kg de mejillones (de los pequeños)
12 huevos de codorniz
200 g de habitas frescas
1 cebolleta
2 dientes de ajo
150 ml de vino blanco
1 cucharada (rasa) de harina
agua
aceite de oliva virgen extra
sal
pimienta negra
perejil picado

Elaboración

1. Limpia los mejillones retirándoles las barbas y cualquier adherencia que puedan tener. Pon el vino blanco en una cazuela amplia y baja, y agrega los mejillones. Tapa la cazuela y cocina los mejillones hasta que se abran. Resérvalos (16 con sus cáscaras y el resto sin cáscara). Reserva también el líquido resultante de la cocción.
2. Pela las habitas y cuécelas en una cazuelita con agua y una pizca de sal durante 10 minutos. Escurre y reserva. Pon los huevos de codorniz en una cazuelita y cuécelos durante 5 minutos. Refresca, pela y reserva.
3. Pica los ajos y la cebolleta finamente y rehógalos durante 4-5 minutos en una tartera. Sazona. Agrega la harina y cocínala un poco. Vierte un poco del líquido resultante de cocer los mejillones, perejil picado y mezcla bien.
4. Limpia el pescado, saca los lomos, córtalos por la mitad a lo largo retirando las espinas centrales de los lomos. Añade los trozos de pescado salpimentado y las habitas. Tapa y cocina el conjunto durante 2 minutos. Introduce los mejillones y pon a punto de sal. Sirve, adorna con los huevos de codorniz cortados por la mitad.

WOK DE DORADA, VERDURAS Y FIDEOS CHINOS

Ingredientes // 4 personas

2 doradas (pequeñas)
20 gambas (congeladas)
1 pimiento morrón
2 cebolletas
150 g de fideos chinos
2 puerros
100 ml de vino blanco
2 cucharadas de salsa de soja
agua
aceite de oliva virgen extra
sal
pimienta negra
perejil

Para que las gambas queden más finas, te recomiendo retirarles el intestino (el filamento negro que se aprecia en la espalda) con una puntilla.

Elaboración

1. Limpia las doradas y córtales la cabeza. Retira las espinas y la piel y corta los lomos en trozos de bocado. Resérvalos. Pon las espinas a cocer en una cazuelita con 300 mililitros de agua, unas ramas de perejil y una pizca de sal. Cuece durante 10 minutos, cuela y reserva.
2. Para la salsa, pica los puerros en medias lunas y ponlos a pochar en una cazuela con un chorrito de aceite. Sazona. Cuando estén bien dorados, añade el vino y dale un hervor para que se evapore el alcohol. Vierte el caldo de pescado y cocina el conjunto durante 10 minutos, tritura, cuela y reserva.
3. Pela las cebolletas, córtalas en dados grandes y saltéalas en el wok con un poco de aceite. Pela el pimiento y córtalo en trozos del mismo tamaño, y añádelos. Sazona. Cuando estén bien salteados, retíralos y agrega las gambas y el pescado. Salpimienta y saltea brevemente. Añade la soja y perejil picado. Mezcla bien. Añade la verdura salteada y mezcla. Reserva.
4. Pon agua a hervir en una cazuela, agrega los fideos y una pizca de sal. Cuécelos durante 2-3 minutos y escúrrelos. Añádelos a la salsa de puerro, vierte un chorro de aceite y mezcla bien. Sirve los fideos y acompaña con la verdura y el pescado. Adorna con perejil.

POSTRES

ARROZ CON LECHE GRATINADO

Ingredientes // 4 personas

400 ml de leche
40 g de arroz para postres
2 cucharadas de azúcar
1 pera en almíbar
2 claras
1 cucharada de bayas de goji
½ cucharada de canela en polvo
1 rama de canela
hojas de menta

Elaboración

1. Pon la leche en una cazuela. Añade el arroz, las bayas de goji, una cucharada de azúcar y la rama de canela. Cuécelo a fuego suave durante una hora, removiéndolo de vez en cuando.
2. Pica la pera en almíbar en dados y reserva. Con ayuda de una varilla eléctrica, monta las claras a punto de nieve. Añade ½ cucharada de azúcar y sigue montando.
3. Retira la canela del arroz con leche y deja que se enfríe. Mezcla las claras con la fruta y el arroz con leche con movimientos suaves y envolventes. Reparte la mezcla en 4 recipientes.
4. Mezcla la canela en polvo con la otra media cucharada de azúcar y espolvorea los recipientes. Gratínalos en el horno hasta que se dore la superficie. Decora con unas hojas de menta y sirve.

Si no quieres que el arroz con leche se pegue, es muy importante removerlo de vez en cuando y cocinarlo a fuego muy suave.

BISCUIT DE TURRÓN

Ingredientes // 4 personas

½ l de nata para montar (fría)
200 g de turrón blando
1 cucharada de azúcar
1 tableta de chocolate negro
hojas de menta

Elaboración

1. Con ayuda de un cuchillo, pica el turrón finamente y colócalo en un bol.
2. Monta la nata con una batidora de varillas eléctrica. A medio montar, agrega el azúcar y sigue montando.
3. Agrega el turrón a la nata y mezcla bien. Reparte la mezcla en las copas y congélalas (aproximadamente 4 horas).
4. Con ayuda de un cuchillo, saca 4 cucharadas de virutas de chocolate y espolvorea las copas. Adórnalas con unas hojas de menta y sirve.

Para saborear este delicioso postre, te recomiendo sacar las copas del congelador media hora antes de consumirlo.

BLINIS CON PASAS Y MIEL

Añade el azúcar, el huevo, la mezcla de harina con levadura y sal.

Incorpora las pasas escurridas.

Cuando empiecen a cuajarse, dales la vuelta y cocínalos por el otro lado.

Riega los blinis con unos hilos de miel.

Ingredientes // 40 piezas

1 huevo
175 ml de leche
125 g de harina
40 g de mantequilla (fundida)
40 g de azúcar
½ sobre de levadura en polvo
50 g de pasas (remojadas)
4 cucharadas de miel
sal
mantequilla para untar la plancha
hojas de menta

Elaboración

1. Mezcla la harina con la levadura, sazona y reserva.
2. Coloca la leche en el vaso de la batidora. Añade el azúcar, el huevo, la mezcla de harina con levadura y sal. Bate bien con la batidora eléctrica. Incorpora la mantequilla y sigue batiendo. Incorpora las pasas escurridas, cubre con film de cocina y deja reposar un par de horas en el frigorífico.
3. Calienta una plancha y úntala con un poco de mantequilla. Vierte la masa a cucharadas y, cuando empiecen a cuajarse, dales la vuelta y cocínalos hasta que se doren por el otro lado. Repite el proceso hasta terminar con la masa.
4. Riega los blinis con unos hilos de miel. Sírvelos y adórnalos con unas hojas de menta.

Si no vas a comer todos los blinis de una sentada, lo mejor será conservar la masa (sin hacer) en el frigorífico para el día siguiente.

BOTONES DE ALMENDRA

Ingredientes // 40 unidades

125 g de mantequilla
125 g de azúcar glas
125 g de harina
1 huevo
1 cucharada de leche
70 g de almendra en grano
hojas de menta

Elaboración

1. Pon la mantequilla (a punto de pomada) en un bol. Incorpora el azúcar, la leche y el huevo. Mezcla bien hasta que queden perfectamente integrados.
2. Agrega la harina a la masa anterior. Mezcla con movimientos suaves y envolventes hasta que quede una masa homogénea.
3. Coloca una boquilla redonda lisa en la manga pastelera. Introduce la masa y reparte pequeñas porciones sobre una placa de horno forrada con papel de hornear.
4. Espolvoréalas con la almendra en grano. Hornéalas a 180 °C durante 8-10 minutos (que cojan color tostado, pero no muy oscuro). Sácalas del horno, retíralas del papel y ponlas en una bandeja. Adorna con unas hojas de menta.

Es importante dejar espacio entre los montoncitos de masa porque al hornearlos tienden a expandirse y podrían juntarse unos con otros.

CAPRICHO DE OTOÑO

Ingredientes // 4 personas

200 g de pan alemán
450 ml de leche condensada
1-2 kiwis
1-2 plátanos
1 cucharadita de canela
4 cucharaditas de azúcar
frambuesas, menta y almendras tostadas picadas

Elaboración

1. Desmiga el pan y colócalo en un bol. Añade la canela y 400 mililitros de leche condensada (reserva el resto para decorar). Mezclar bien y deja reposar unos 30 minutos para que se empape bien.
2. Rellena 4 moldes de aro hasta la mitad. Aplasta y desmolda. Pela los plátanos y los kiwis, lamínalos y cubre los caprichos. Reparte el azúcar por encima de la fruta y carameliza con el soplete. Espolvorea con la almendra picada y decora con unas frambuesas, unos hilos de leche condensada y unas hojas de menta. Si lo deseas, decora también con pétalos de flores. Sirve.

Deja reposar el pan con la leche condensada durante 30 minutos para que quede más jugoso.

COMPOTA CON PAN Y QUESO FRESCO

Ingredientes // 4 personas

300 g de higos frescos
1 manzana reineta
200 g de queso fresco
3 rebanadas de pan de molde
75 g de azúcar
1 rama de canela
1 trozo de piel de naranja
100 ml de agua
30 g de avellana picada

Elaboración

1. Pela los higos, pica la pulpa en trocitos y ponlos en una cazuelita. Pela la manzana, pícala en daditos y añádela.
2. Agrega la piel de naranja, la rama de canela, el agua y el azúcar. Cuece el conjunto hasta que espese, aproximadamente durante 15 minutos. Retira la canela y la piel de naranja.
3. Corta las rebanadas de pan en bastones, extiéndelos sobre la placa de horno y tuéstalos a 180 °C durante 6-7 minutos.
4. Corta el queso en taquitos y salpícalos con las avellanas picadas. Sirve la compota en un vasito y acompaña con los taquitos de queso fresco y los bastones de pan de molde.

En lugar de pan, puedes utilizar también un trozo seco de bizcocho. En este caso te sugiero que, en vez de tostarlo en el horno, optes por freírlo en una sartén con aceite.

CREMA DE YOGUR GRATINADA

Ingredientes // 4 personas

4 yogures con bífidus
5 huevos
4 cucharadas soperas de azúcar glas
1 limón
hojas de menta

Elaboración

1. Casca los huevos y separa las claras de las yemas. Reserva por separado.
2. Abre los yogures y ponlos en una jarra. Agrega 2 cucharadas de azúcar glas y las yemas. Tritura con la batidora eléctrica.
3. Rellena los moldes y hornéalos a 150 °C durante 20-25 minutos (con el horno precalentado). Retíralos del horno y deja que se enfríen.
4. Con una batidora de varillas monta las claras a punto de nieve con la ralladura de limón. Cuando casi estén montadas, añade 2 cucharadas de azúcar glas. Sigue montando. Introduce el merengue en una manga pastelera y adorna los recipientes. Gratínalos brevemente en el horno y adórnalos con unas hojas de menta.

Es importante dejar que las cremas se enfríen antes de adornarlas con el merengue de limón. Si lo haces en caliente, el merengue puede empezar a soltar líquido.

CREMA FRÍA DE WHISKY

Ingredientes // 4 personas

250 ml de whisky
250 ml de nata líquida
370 ml de leche condensada
2 cucharadas de sirope de chocolate
1 cucharadita de café instantáneo
1 cucharadita de extracto de vainilla líquida
menta y barquillos
1 vaso de café
2 hojas de gelatina
agua

Elaboración

1. Para el hielo de café, pon a remojo las hojas de gelatina en agua fría hasta que se ablanden. Calienta el café, añade las hojas de gelatina y mezcla bien hasta que se disuelvan. Pasa la mezcla a una fuente e introduce en el congelador hasta que endurezca. Reserva.
2. Pon a calentar el whisky, flambéalo y deja que se evapore parte del alcohol. Coloca todos los ingredientes en el vaso batidor y tritura la mezcla durante 45 segundos aproximadamente. Cuela la mezcla, pásala a una jarra y resérvala en el frigorífico. Sirve y, para decorar, rasca el hielo de café con un tenedor. Decora también con los barquillos y con una hojita de menta.

Para disolver las gelatinas, calienta el café sin que llegue a hervir.

CREMA PASTELERA CON CANUTILLOS

Ingredientes // para ½ litro de leche

12 canutillos
½ l de leche
2 yemas de huevo
1 huevo
100 g de azúcar
30 g de harina de maíz refinada
1 rama de vainilla
½ cucharadita de jengibre
hojas de menta

Elaboración

1. Para la crema pastelera, pon a calentar la leche en una cazuela (reserva un poco) con el interior de la vainilla y el jengibre. Cuando empiece a hervir, retira la cazuela del fuego.
2. Pon 60 gramos de azúcar y la harina de maíz refinada en un cuenco. Mezcla bien. Vierte la leche reservada anteriormente y sigue mezclando. Incorpora las yemas y el huevo. Bate hasta que quede una masa homogénea.
3. Vierte un poco de leche a la mezcla de los huevos. Remueve bien y vuelca todo a la cazuela. Cocínala a fuego suave (sin dejar de remover) hasta que espese.
4. Reparte la crema en 4 recipientes. Iguala las superficies y deja que se templen. Espolvoréalas con el resto del azúcar y quémalas con el soplete. Adorna con unas hojas de menta y acompáñalas con los canutillos.

Si vas a utilizar la crema pastelera para rellenar canutillos, bizcochos o pasteles, te recomiendo que la dejes enfriar tapada con film de cocina. Para que no le salga costra, es importante que el film esté en contacto con la crema.

CREMOSO DE CHOCOLATE CON MERENGUE DE NARANJA

Ingredientes // 4 personas

2 naranjas
200 g de chocolate negro
250 ml de nata líquida
250 ml de leche
25 g de azúcar
40 g de harina de maíz refinada
hojas de menta
3 claras
2 cucharadas de azúcar glas
1 naranja (la ralladura)

Elaboración

1. Calienta la nata y la leche (reserva un vasito) en una cazuela. Agrega el chocolate troceado y mezcla bien hasta que se disuelva.
2. Mezcla la harina de maíz y el azúcar en un bol. Vierte la leche reservada anteriormente y diluye bien. Pasa la mezcla a la cazuela y cocínala a fuego suave (durante unos 4-5 minutos) hasta que espese.
3. Pela las 2 naranjas y saca los gajos en vivo. Coloca 3 gajos en cada recipiente. Reparte la mezcla de chocolate en los 4 recipientes y deja templar.
4. Para el merengue, monta las claras con una batidora de varillas eléctrica. Cuando estén casi montadas añade el azúcar glas y la ralladura de naranja, y sigue montando. Introduce el merengue en una manga pastelera y adorna los recipientes. Decora cada recipiente con un gajo de naranja y unas hojas de menta.

Sacar los gajos en vivo significa eliminarles la membrana que los cubre dejándolos como en carne viva.

Ingredientes // 4 personas

2 yogures naturales
250 ml de nata
2 hojas de gelatina
agua
1 kiwi
1 rodaja de piña
6-8 fresas
hojas de menta
3 huevos
150 g de harina
¼ l de leche
1 cucharada de azúcar
sal
2 nueces de mantequilla
azúcar moreno (opcional)

Elaboración

1. Pon a remojo las hojas de gelatina en un bol con agua fría. Calienta la nata, agrega las hojas de gelatina bien escurridas y mezcla bien hasta que se disuelvan. Mezcla con los yogures y deja que se enfríe. Reserva.
2. Para los crepes, coloca los huevos en un vaso batidor y añade la harina, la leche, la cucharada de azúcar, una nuez de mantequilla fundida y una pizca de sal. Tritura con la batidora eléctrica hasta que quede una masa homogénea sin grumos.
3. Funde la otra nuez de mantequilla en una sartén, vierte un cacillo de masa, extiéndela bien y cuando se cuaje dale la vuelta y cocínala durante 30 segundos. Repite el proceso con el resto de la masa. Reserva los crepes.
4. Rellena los crepes con la gelatina de yogur y ciérralos a tu gusto. Pela y pica la piña y los kiwis en dados. Lava las fresas, retírales el tallo y córtalas en daditos. Acompaña los crepes con las frutas y espolvoréalos con un poco de menta picada y azúcar moreno.

CREPES DE FRUTAS Y YOGUR

Normalmente, el primer crepe absorbe toda la mantequilla y queda muy grasiento. Si es el caso, lo mejor será desecharlo.

CUAJADO DE PAN Y PLÁTANO

Ingredientes // 4 personas

125 g de pan del día anterior (sin corteza)
½ l de leche
4 huevos
2 plátanos
8 nueces
15 g de mantequilla
50 g de azúcar blanco
50 g de azúcar integral
hojas de menta

Elaboración

1. Unta los moldes con un poco de mantequilla y espolvoréalos con el azúcar integral. Esparce bien el azúcar por todo el molde.
2. Pica el pan en trozos y ponlo en un bol grande. Vierte la leche.
3. Agrega el azúcar y casca los huevos. Tritura hasta que todos los ingredientes queden perfectamente integrados y deja reposar.
4. Trocea los plátanos y repártelos entre los 4 recipientes. Vierte encima la crema y adorna cada uno con una nuez partida por la mitad. Hornea al baño María a 180 °C (con el horno precalentado) durante 25-30 minutos. Deja enfriar y desmolda. Pica el resto de las nueces con unas hojas de menta y adorna los platos.

Es mejor hornear al baño María para que la crema no empiece a hervir y aparezcan agujeros en la masa.

FLAN DE MASCARPONE Y LECHE CONDENSADA

Ingredientes // 6 personas

500 g de queso mascarpone
6 huevos
300 ml de leche entera
200 ml de leche condensada
agua
menta
150 g de azúcar
½ limón

Elaboración

1. Pon el azúcar en una sartén, agrega unas gotas de zumo de limón y ponlo a calentar hasta que consigas caramelo. Cuando empiece a tostarse, remuévelo con una cuchara. Viértelo sobre los moldes y espárcelo bien.
2. Casca los huevos en un bol grande y bátelos con la batidora de varillas eléctrica. Agrega la leche entera, la leche condensada y el queso mascarpone. Sigue batiendo hasta conseguir una crema homogénea.
3. Reparte la mezcla en los moldes. Pon un poco de agua en un recipiente apto para el horno, coloca dentro los moldes y hornéalos al baño María a 180 °C durante 20-25 minutos.
4. Saca los flanes del horno, deja que se templen y desmóldalos. Sírvelos y adórnalos con unas hojas de menta.

Para limpiar el caramelo de la cuchara y de la sartén, lo mejor es introducir la cuchara en la sartén, llenarla de agua y dejar que el caramelo se disuelva.

FRESAS A LA PIMIENTA CON YOGUR

Muele encima de las fresas un poco de pimienta.

Cuando el caramelo esté listo, introduce las fresas.

Coloca las fresas en un plato y añade la reducción por encima.

Puedes añadir un poco del caramelo al yogur para darle más color y sabor.

Ingredientes // 40 piezas

2-3 yogures naturales
500 g de fresas
200 g de azúcar
1 cucharada de vinagre de Jerez
4 cucharadas de copos tostados de maíz
pimienta negra
hojas de menta

Elaboración

1. Limpia las fresas y retírales el tallo. Córtalas por la mitad y colócalas en un bol. Muele un poco de pimienta por encima. Reserva.
2. Para hacer el caramelo, pon a calentar el azúcar y unos granos de pimienta en una sartén bien caliente. Cuando se funda y tenga la consistencia de un bonito caramelo dorado, introduce las fresas.
3. Vierte el vinagre. Cocina las fresas brevemente y escúrrelas con un colador. Deja que reduzca el caramelo y vete añadiendo a la sartén el jugo que vayan soltando las fresas. Coloca las fresas en un plato y añade la reducción por encima.
4. Pon los yogures en un bol y bátelos un poco. Sirve en el fondo el yogur y coloca encima las fresas. Espolvorea con los copos tostados de maíz y adorna con unas hojas de menta.

No te asustes si al añadir el vinagre al caramelo éste se contrae y forma un bloque. Con el agua de la fruta enseguida empezará a disolverse.

GALLETAS CON MANZANA Y LECHE CONDENSADA

Ingredientes // 4 personas

1 lámina de pasta brisa
125 ml de leche condensada
2 manzanas
100 g de frambuesas
25 g de mantequilla
menta

Elaboración

1. Corta la pasta brisa en 8 triángulos. Úntalos con la leche condensada (reserva un poco) y colócalos sobre una placa de horno cubierta con papel de hornear a 170 °C durante 10-12 minutos.
2. Descorazona las manzanas, retira los extremos y parte por la mitad de manera que queden 4 lonchas gruesas. Funde la mantequilla en una sartén y asa las manzanas.
3. Extiende 4 galletas en una fuente grande, coloca encima de cada una una loncha de manzana, rellena el agujero del corazón con las frambuesas y salpica todo con unos hilos de leche condensada. Coloca al lado las otras galletas y decora con unas hojas de menta.

Comer una manzana al día es bueno para disminuir el colesterol y para proteger nuestro corazón porque contiene fibra y antioxidantes.

GUIRLACHE DE PIÑONES

Ingredientes // 4 personas

150 g de miel
150 g de azúcar
50 ml de agua
250 g de piñones
4 copitas de vino dulce
menta

Elaboración

1. Pon a calentar el azúcar, la miel y el agua en una sartén. Cocínalos durante 5 minutos a fuego suave (hasta que se disuelva el azúcar y se forme un bonito caramelo dorado).
2. Agrega los piñones y cocina la mezcla a fuego suave durante 10-15 minutos aproximadamente.
3. Extiende una hoja de papel de horno sobre una superficie lisa. Agrega el guirlache y extiéndelo bien. Cubre con otro papel de horno y estíralo con un rodillo. Antes de que se enfríe del todo, marca trozos con un cuchillo y deja que se enfríe totalmente.
4. Retira los papeles, separa los trozos, sirve en una fuente y decora con una hojita de menta. Acompaña con 4 copitas de vino dulce.

Te recomiendo consumir el guirlache en el día, porque se humedece con facilidad y pierde el punto crujiente.

HUESOS DE SAN EXPEDITO

Ingredientes // 4 personas

250 g de harina
1 cucharadita de levadura
1 huevo
1 yema
2 cucharadas de azúcar
5 cucharadas de anís
aceite de oliva virgen extra
azúcar glas
hojas de menta

Elaboración

1. Mezcla la levadura y la harina, y colócalas en un bol. Agrega el huevo, la yema, el azúcar, el anís y 2 cucharadas de aceite.
2. Amasa los ingredientes hasta formar una masa compacta. Dale forma de bola, tápala con un trapo y deja que repose durante 30 minutos.
3. Coge porciones de masa y hazlas rodar sobre la encimera hasta conseguir unos cilindros del grosor de un dedo. Córtalos en trozos de 6 centímetros y hazles un corte a lo largo.
4. Pon abundante aceite a calentar en una sartén. Añade los huesos con el aceite templado y fríelos bien por los 2 lados. Escúrrelos sobre una fuente forrada con papel absorbente de cocina. Pásalos por un plato con azúcar glas y sirve. Adorna con unas hojas de menta.

Si no quieres que los huesos de san Expedito contengan alcohol, puedes sustituir el anís por leche aromatizada con unas flores de anís estrellado.

LECHE FRITA

Elaboración

1. Reserva un vaso de leche y pon el resto a calentar en una cazuela. Agrega la leche condensada, la rama de canela y la corteza de limón. Cuando esté caliente, cuela la leche y resérvala.
2. Pon la harina de maíz refinada en un bol. Vierte la leche fría y remueve bien con una varilla manual. Vierte encima el resto de la leche caliente y mézclalo bien todo hasta que no queden grumos.
3. Echa todo a una cazuela y cocina a fuego suave hasta que espese. Pásalo a una fuente y extiéndelo. Deja que se enfríe.
4. Desmolda y corta la crema en cuadrados. Pásalos por harina y huevo batido, y fríelos en una sartén con aceite caliente. Escúrrelos sobre un plato forrado con papel absorbente de cocina. Sirve y espolvorea con azúcar y canela. Adorna con unas hojas de menta.

Ingredientes // 6 personas

400 ml de leche
200 ml de leche condensada
65 g de harina de maíz refinada
1 limón
harina
huevo batido
aceite de oliva virgen extra
25 g de azúcar
1 rama de canela
canela en polvo
hojas de menta

La leche condensada aporta a la leche frita un sabor y una textura muy especiales. ¡Haz la prueba y ya me contarás!

MAGDALENAS DE LECHE CONDENSADA Y FRESAS

Ingredientes // 12 unidades

250 g de leche condensada
3 huevos
150 g de harina
2 cucharaditas de levadura
aceite de oliva virgen extra
100 g de fresas
1 cucharada de azúcar
azúcar glas
hojas de menta

Elaboración

1. Retira el tallito de las fresas, pícalas y cocínalas a fuego suave con una cucharada de azúcar. Cuando se ablanden, tritúralas y cuélalas.
2. Casca los huevos en un bol y bate con la batidora de varillas eléctrica mientras añades la leche condensada y 2 cucharadas de aceite.
3. Mezcla la harina con la levadura. Tamiza encima de los huevos. Incorpora la cremita de fresas y mezcla bien con movimientos envolventes.
4. Introduce la masa en la manga pastelera, rellena los moldes y hornéalos a 200 °C durante 18-20 minutos aproximadamente. Espolvorea con azúcar glas y decora con una ramita de menta.

Para comprobar si las magdalenas están hechas, introduce un palito de brocheta en el centro de una de ellas. Si sale seco estarán listas para comer.

MELOCOTÓN ASADO CON YOGUR Y MARACUYÁ

Ingredientes // 4 personas

4 melocotones
2 yogures naturales
2 maracuyás (o frutas de la pasión)
2 cucharadas de azúcar
1 rama de canela
1 vaso de agua
menta

Elaboración

1. Lava los melocotones, córtalos por la mitad y pélalos. Con ayuda de una puntilla, retira los huesos y reserva todo.
2. Para hacer el jarabe, vierte el agua en un cazo, añade las pieles y los huesos de melocotón. Agrega el azúcar, la rama de canela y deja que hierva un par de minutos. Cuela y reserva.
3. Coloca los yogures en un cuenco y añade las pulpas de las frutas de la pasión. Mezcla bien y reserva.
4. En una bandeja apta para el horno coloca las mitades de los melocotones boca abajo y vierte por encima el jarabe. Hornea (con el horno precalentado) a 180 °C durante 20-25 minutos.
5. Sirve unas cucharadas de yogur en el fondo del plato. Coloca encima un par de mitades de melocotón, píntalos con el jarabe y decora con una hojita de menta.

Escoge los ejemplares de maracuyá que resulten más pesados con respecto a su tamaño. Al madurar, su piel se torna arrugada; si está lisa, envuélvelos en papel de periódico y déjalos unos días a temperatura ambiente.

MINITATIN DE PLÁTANO

Ingredientes // 4 personas

6 plátanos
4 obleas para empanadilla
4 cucharadas de azúcar
½ limón
agua
menta

Elaboración

1. Forra el interior de 4 moldes de tartaleta (con forma de aro de base desmontable) con papel de horno.
2. Para hacer el caramelo, pon el azúcar en una sartén, vierte un chorrito de agua y el zumo de medio limón. Cocina a fuego moderado. Cuando adquiera textura caramelizada y color rubio, reparte 2 cucharadas de caramelo en el fondo de cada molde.
3. Pela los plátanos y corta cada uno en 3 trozos de tamaño similar. Coloca 5 trozos de plátano en cada molde sobre el caramelo (en vertical). Cubre los trozos de plátano con una oblea para empanadilla. Hornea a 180 °C durante 20 minutos (con el horno precalentado).
4. Retira del horno, coloca un platito sobre cada molde y dales la vuelta. Apoya cada plato sobre la mesa y desmolda con cuidado. Sirve y decora con una hojita de menta.

En el mercado existe una gran variedad de moldes para horno de diferentes formas, tamaños y materiales. Unos de los más novedosos son los de silicona, cuya principal ventaja está en que permiten un desmoldado muy cómodo.

Ingredientes // 4 personas

3 yogures naturales
100 g de nata montada
2 claras de huevo a punto de nieve
4 hojas de gelatina (8 g)
5 cucharadas de azúcar
1 limón (el zumo)
agua
hojas de menta
2 kiwis
1 naranja (el zumo)

MOUSSE DE YOGUR CON SALSA DE KIWI

Elaboración

1. Pon las hojas de gelatina a remojo en agua fría. Calienta el zumo de limón y añade la gelatina remojada y escurrida. Mezcla bien hasta que se disuelva.
2. Bate los yogures con 3 cucharadas de azúcar y cuela encima el zumo de limón con la gelatina. Mezcla bien.
3. Incorpora las claras a punto de nieve y la nata montada. Mezcla bien. Reparte la mezcla en 4 moldes individuales y mételos en el frigorífico durante 30-60 minutos, hasta que cuajen.
4. Para la salsa de kiwi, tritura suavemente los kiwis (pelados) con el zumo de naranja y 2 cucharadas de azúcar. En el momento de servir, cubre la mousse con la salsa de kiwi. Decora con unas hojas de menta.

Para que la nata monte con facilidad, es importante que esté fría. De todas maneras, si la tienes a temperatura ambiente, puedes hacerlo colocándola en un bol dentro de otro bol con hielos.

PANACOTA CON MANGO

Ingredientes // 4 personas

250 ml de leche
250 ml de nata
50 g de azúcar
2 hojas de gelatina
½ vaina de vainilla
agua
½ naranja (el zumo)
1 mango
menta

Elaboración

1. Pon a hervir la nata, la leche con el azúcar y las semillitas de la vainilla. Cuando hierva agrega la gelatina previamente remojada. Mezcla bien con la varilla. Pasa a una jarra y reparte en 4 copas.
2. Pela el mango, pica la mitad en daditos pequeños y tritura el resto con el zumo de naranja. Mezcla el mango con el puré y completa las copas. Decora con una hojita de menta y sirve.

Una naranja será más jugosa cuanto más pesada sea; sin embargo, el color de la cáscara no asegura una buena calidad, pues hay piezas maduras con la cáscara de color verde.

PASTEL DE YOGUR CON PASAS

Ingredientes // 6 personas

3 huevos
5 cucharadas de azúcar
2 yogures naturales con bífidus
100 g de queso fresco de untar
25 g de pasas remojadas en agua
1 ½ cucharada de harina de maíz refinada
1 cucharadita de canela en polvo
mantequilla
harina
mermelada de grosellas
hojas de menta

Elaboración

1. Unta un molde con mantequilla y espolvoréalo con harina. Espárcela bien y retira el exceso. Reserva.
2. Coloca los huevos en el vaso de la batidora. Agrega 4 cucharadas de azúcar, los yogures, el queso fresco y la harina de maíz refinada. Tritura.
3. Vierte la mezcla al molde.
4. Escurre las pasas, sécalas, pásalas por azúcar y añádelas a la masa. Añade la canela y mezcla. Hornea a 180 °C durante 25-35 minutos. Sirve y acompaña con la mermelada de grosellas. Adorna con unas hojas de menta.

Para que las pasas se hidraten, es interesante remojarlas antes de agregarlas al bizcocho. Puedes hacerlo con agua, té o licor. Lo dejo a tu gusto.

PERAS AL HORNO

Ingredientes // 4 personas

4 peras blanquilla
200 ml de leche condensada
1 huevo
azúcar
jengibre en polvo
helado de chocolate
hojas de menta

Elaboración

1. Pela las peras, córtalas en cuartos a lo largo y retírales el corazón. Extiéndelas en un recipiente apto para el horno.
2. Espolvorea con una pizca de azúcar y una pizca de jengibre. Ásalas a 180 °C durante 25 minutos aproximadamente (el tiempo variará en función del punto de madurez de las peras).
3. Casca el huevo y separa la clara de la yema. Coloca la yema en un bol y bátela con una varilla manual. Ve incorporando la leche condensada poco a poco sin dejar de batir.
4. Coloca las peras en 4 recipientes aptos para el horno con el jugo que han soltado al asarlas. Riégalas con la mezcla de leche condensada y yema, y gratínalas en el horno durante 2 minutos. Sirve las peras y acompáñalas con el helado. Adorna con unas hojas de menta.

Si no quieres que las peras oscurezcan, te recomiendo que las introduzcas en un bol con agua y zumo de limón a medida que las vayas pelando y cortando.

PERAS AL OPORTO

Ingredientes // 4 personas

4 peras
1 vaso de agua
400 ml de vino de Oporto
1 rama de canela
1 cucharadita de harina de maíz refinada
2 cucharadas de azúcar
helado de vainilla
hojas de menta

Elaboración

1. Mezcla en una cazuela el agua con el vino de Oporto, la rama de canela y el azúcar. Pon a calentar a fuego suave. Cuando empiece a hervir, pela las peras, introdúcelas, pon la tapa y cuécelas a fuego suave durante 25-30 minutos. Escurre las peras y reserva el vino.
2. Si lo deseas, corta las peras por la mitad, retírales el corazón y córtalas en láminas finas a modo de abanico. Reserva.
3. Pon a reducir el vino y lígalo con la cucharadita de harina de maíz refinada diluida en agua fría.
4. Sirve las peras, acompáñalas con el helado y salsea. Decora con una hojita de menta.

A la hora de cocer las peras, dales la vuelta cada 5 minutos para que cojan el color del vino por todos los lados.

PERAS AL VINO

Ingredientes // 4 personas

4 peras
½ l de vino tinto
2 cucharadas de azúcar
1 rama de canela

Elaboración

1. Pela las peras e introdúcelas en una cazuela. Añade la rama de canela, el azúcar y el vino. Deja cocinar a fuego medio durante 25 minutos aproximadamente. Retira las peras a un plato y deja reducir el caldo durante 5 minutos a fuego fuerte. Deja atemperar.
2. Sirve una pera por ración y salsea.

Para prolongar la vida útil de las peras, hay que conservarlas en un lugar fresco y oscuro. Por el contrario, para acelerar su maduración, se aconseja guardarlas en una bolsa de papel, fuera del frigorífico, junto con una manzana madura.

PETITS CHOUX RELLENOS

Ingredientes // 18 piezas

18 bolitas de helado de vainilla
250 ml de chocolate a la taza
azúcar glas
hojas de menta
125 ml de agua
sal
65 g de mantequilla
2,5 g de azúcar
100 g de harina tamizada
3-4 huevos (según tamaño)

Elaboración

1. Para la pasta choux, hierve el agua con el azúcar, una pizca de sal y la mantequilla en un cazo. Retira la cazuela del fuego y agrega la harina. Mezcla bien hasta que quede completamente incorporada. Coloca la mezcla en un bol.
2. Agrega los huevos de uno en uno y remueve bien. Hasta que el primero no quede totalmente incorporado, no añadas el siguiente.
3. Mete la masa en una manga pastelera. Forma pequeños montoncitos redondos sobre una placa forrada con papel de horno. Hornéalos a 180 °C durante 20 minutos (con el horno precalentado) y deja atemperar.
4. Abre los petits choux y coloca en el centro una bolita de helado. Sírvelos y acompáñalos con el chocolate. Adorna con unas hojas de menta y con azúcar glas.

Si vas formando las bolitas de helado a medida que los vas rellenando, seguro que se descongelan. Para que esto no te pase, te recomiendo que formes las bolitas al principio y las metas en el congelador para que queden bien duras.

POLVORONES

Extiende la harina sobre la placa del horno.

Ingredientes // 30 piezas

500 g de harina
235 g de manteca de cerdo
100 g de azúcar glas
1 cucharada de aguardiente
1 cucharadita de canela
azúcar glas para espolvorear

Coloca la harina, la manteca, el azúcar glas, el aguardiente y la canela en un bol.

Elaboración

1. Extiende la harina sobre la placa del horno. Tuéstala a 100-120 °C durante una hora hasta que quede seca. Es conveniente removerla de vez en cuando. Deja templar y cuela.
2. Coloca la harina, la manteca, el azúcar glas, el aguardiente y la canela en un bol. Amasa bien hasta que todos los ingredientes queden bien integrados. Coloca la masa en un trozo de film de cocina y enróscala de manera que quede un cilindro de 5 centímetros de diámetro. Deja reposar en el frigorífico una hora.
3. Corta los polvorones y colócalos sobre la placa forrada con papel de horno. Hornéalos a 180 °C durante 10 minutos. Deja que se enfríen.
4. Con ayuda de un colador, espolvoréalos con azúcar glas y envuélvelos con los papeles de celofán de colores.

Si no quieres que la masa tenga grumos, una vez tostada la harina es conveniente tamizarla antes de mezclarla con el resto de los ingredientes.

Corta los polvorones y colócalos sobre la placa forrada con papel de horno.

Con ayuda de un colador, espolvoréalos con azúcar glas.

PUDIN DE PASAS

Ingredientes // 4 personas

200 g de bollos suizos
75 g de pasas (sin pepitas)
4 huevos batidos
9 cucharadas de leche condensada
150 ml de ron
300 ml de agua
caramelo
frambuesas
menta

Elaboración

1. Coloca las pasas en un bol y cúbrelas con el ron.
2. Pon a calentar el agua en una cazuela. Cuando empiece a hervir, separa la cazuela del fuego y pásala a un bol grande. Añade 8 cucharadas de leche condensada y remueve bien hasta que se disuelva.
3. Mezcla los bollos suizos troceados con la leche y los huevos batidos. Deja que se empapen bien. Añade las pasas escurridas y mezcla bien.
4. Unta el molde con el caramelo, rellena el molde con la mezcla y cocínalo a 180 °C en el horno al baño María durante unos 35 minutos. Retíralo, deja que se temple y desmóldalo. Sirve y decora con unos hilos de leche condensada, unas frambuesas y unas hojitas de menta.

Es preferible que los bollos suizos tengan 2-3 días para que se empapen mejor.

QUESADILLA

Ingredientes // 4 personas

3 yogures naturales
2 medidas de yogur de azúcar
2 medidas de yogur de leche entera
3 huevos
3 quesitos
120 g de mantequilla
150 g de membrillo
agua
hojas de menta

Elaboración

1. Coloca 100 gramos de mantequilla en un bol pequeño y fúndela en el microondas.
2. Coloca en una jarra los yogures, los quesitos, el azúcar, los huevos y la leche. Tritúralos con una batidora eléctrica. Incorpora la mantequilla fundida y tritura un poco más.
3. Vierte la mezcla en 4 moldes untados con mantequilla y hornéalos a 180 °C durante 25-30 minutos. Deja que se templen.
4. Funde el membrillo en un cazo con 50 mililitros de agua y adorna los moldes. Decora con unas hojas de menta y sirve.

Esta receta es perfecta para las personas intolerantes al gluten porque no lleva harina.

ROSQUILLAS DE MANZANA

Ingredientes // 4 personas

3 manzanas
200 g de harina
200 ml de nata
2 huevos
1 cucharada de levadura
3 cucharadas de azúcar
1 cucharada de canela
aceite de oliva virgen extra
sal

Elaboración

1. Mezcla el azúcar con la canela y reserva.
2. Pon en un bol la harina y la levadura, y mezcla. Añade la nata y 4 cucharadas de aceite. Mezcla bien. Incorpora los huevos y mezcla hasta que quede una masa homogénea. Sazona y reserva.
3. Pela las manzanas, retírales el corazón y córtalas en aros (como si fueran rosquillas). Introdúcelas en la masa y fríelas en una sartén con aceite bien caliente a fuego suave. Escúrrelas sobre un plato forrado con papel absorbente de cocina.
4. Pásalas a una fuente y espolvoréalas con la mezcla de azúcar y canela. Sirve.

La manzana, formada en su mayor parte por agua, es una de las frutas más ricas en hidratos de carbono, entre los que destaca la fructosa. Actúa, además, como eficaz regulador en numerosas enfermedades del intestino grueso.

SOPA DE MELÓN AVAINILLADA

Ingredientes // 4 personas

½ melón (grande)
250 ml de helado de limón
1 chorrito de licor de naranja
1 vaina de vainilla
aceite de oliva virgen extra
hojas de menta

Elaboración

1. Saca 12 bolitas del melón con una cuchara parisien. Coge 4 palillos y ensarta 3 bolitas en cada uno de ellos. Reserva.
2. Pela el resto del melón, córtalo en trozos, colócalo en el vaso batidor. Añade el helado de limón y el licor, y tritura. Enfría la mezcla en el frigorífico.
3. Abre la vaina de vainilla, sácale las semillas y colócalas en un bol. Añade un chorrito de aceite de oliva y mezcla bien.
4. Sirve la sopa, salpícala con el aceite de vainilla, acompáñala con las brochetas y decora con unas hojas de menta.

La vainilla desprende un rico aroma. Si quieres tener azúcar avainillado en casa, no tienes más que guardar las vainas de vainilla en el bote del azúcar.

SOPA DE YOGUR CON PIÑA A LA PLANCHA

Ingredientes // 4 personas

4 yogures naturales con bífidus
125 g de frambuesas
2 cucharadas de azúcar
200 ml de nata
50 ml de miel
1 rodaja de piña
1 rama de vainilla
3 trozos de cáscara de naranja
aceite de oliva virgen extra
hojas de menta

Este postre, además de muy rico, es muy práctico para las fiestas que se te presenten, porque puedes tener la sopa preparada con mucha antelación. En el momento de servir sólo tendrás que cocinar la piña.

Elaboración

1. Para el coulis, pon las frambuesas y el azúcar en una cazuelita. Cocínalas durante 5 minutos y cuela la mezcla. Reserva.
2. Calienta la nata con la vainilla y las cáscaras de naranja durante 5 minutos. Deja que se enfríe.
3. Coloca los yogures, la nata aromatizada (sin las cáscaras y sin la canela) y la miel en una jarra. Tritura con la batidora eléctrica e introduce la mezcla en el frigorífico para que se enfríe.
4. Corta una rodaja de piña. Pélala y córtala en 12 tacos. Ensarta 3 trozos de piña en cada palito de brocheta.
5. Pon un chorrito de aceite en la plancha y cocina las brochetas hasta que se doren un poco. Sirve la sopa y coloca encima una brocheta de piña. Salpica con unas gotas de coulis y decora con una hojita de menta.

TARRINA DE MELOCOTÓN Y MORAS

Si no es temporada de melocotón, no dudes en utilizar melocotones en almíbar.

Ingredientes // 4 personas

4 yogures de melocotón con bífidus
250 g de moras
1 melocotón
½ lámina de hojaldre
3 hojas de gelatina
agua
3 cucharadas de azúcar
6 galletas
2 cucharadas de crujiente de frambuesa
hojas de menta

Elaboración

1. Espolvorea el hojaldre con un poco de azúcar. Estíralo ligeramente con un rodillo y corta tiras de 15 centímetros por un centímetro, dóblalas en «V» y hornéalas a 190 °C durante 10 minutos (con el horno precalentado).
2. Cocina las moras con 2 cucharadas de azúcar durante 4-5 minutos. Remoja la gelatina en un bol con agua fría, escúrrela y disuélvela en la salsa de mora. Cuela la mezcla y repártela en 4 tarrinas. Deja que se enfríen.
3. Bate con ayuda de una cuchara los yogures y repártelos en las 4 tarrinas. Pela y pica el melocotón en daditos y repártelos en las tarrinas.
4. Pica las galletas con un cuchillo y repártelas también en las tarrinas. Coloca encima el crujiente de frambuesa. Decora con los palitos de hojaldre y con unas hojas de menta.

TARTA DE MANZANA

Ingredientes // 8 personas

4 manzanas
180 g de harina
½ sobre de levadura
2 huevos
100 g de azúcar moreno
175 ml de leche
frutos rojos
mermelada de albaricoque
mantequilla
harina
hojas de menta

Elaboración

1. Coloca la harina, la levadura, los huevos, el azúcar, 2 manzanas (peladas y cortadas en dados) y la leche en el vaso batidor. Tritura hasta que quede una masa homogénea.
2. Vierte la mezcla sobre el molde untado de mantequilla y espolvoreado de harina. Pela las otras 2 manzanas, córtalas en láminas y cubre la superficie de la tarta. Hornéala a 180 °C durante 45 minutos (con el horno precalentado).
3. Deja que se temple un poco, desmolda y con ayuda de un pincel unta la superficie con un poco de mermelada. Adórnala con los frutos rojos y unas hojas de menta. Sirve.

Si quieres dar un toque diferente a tu tarta, puedes añadir a la masa una cucharadita de canela en polvo.

TARTALETAS DE YOGUR

Ingredientes // 14 personas

14 tartaletas de pastelería
3 yogures naturales
2 huevos
125 g de azúcar
1 limón (ralladura)
125 ml de vino dulce
28 frambuesas
6 galletas de chocolate
hojas de menta

Elaboración

1. Pon los yogures, los huevos, 100 gramos de azúcar y la ralladura de limón en el vaso de la batidora. Tritura y reserva.
2. Extiende las tartaletas sobre la placa del horno forrada con papel de hornear. Rellénalas con la crema de yogur y hornea a 150 °C durante 15 minutos.
3. Pon el resto del azúcar en un cazo, vierte el vino dulce y deja reducir. Riega las frambuesas y deja macerar unos minutos.
4. Coloca las galletas en el mortero y májalas hasta que queden reducidas a polvo. Sirve las tartaletas, adórnalas con las frambuesas y el polvo de galleta. Decora con unas hojas de menta.

Si no tienes rallador para rallar la cáscara de limón, puedes aromatizar la mezcla añadiéndole un chorrito de zumo de limón.

TORRIJAS

Ingredientes // 8 personas

8 rebanadas de pan
700 ml de leche
300 ml de nata
1 rama de canela
150 g de azúcar
1 pizca de canela en polvo
huevo batido
1 limón
aceite de oliva virgen extra
1 racimo de grosellas
menta

Elaboración

1. Pon la leche y la nata a calentar con la rama de canela y 120 gramos de azúcar. Retira del fuego y vierte sobre las rebanadas de pan en un recipiente hondo. Deja que se empapen bien.
2. En una sartén con abundante aceite, añade un trozo de cáscara de limón. Escurre un poco las torrijas, pásalas por huevo batido y fríelas en la sartén. Retira a un plato con papel absorbente para eliminar el exceso de aceite.
3. Mezcla el resto del azúcar con la canela en polvo y espolvorea por encima de las torrijas.
4. Sirve las torrijas y decora con las grosellas y una hojita de menta.

La canela se debe guardar en frascos de cristal bien herméticos y en un lugar fresco.

TORTITAS DE MANZANA

Si quieres que las tortitas queden más esponjosas, puedes añadirles un par de claras montadas a punto de nieve.

Ingredientes // 4 personas

2 manzanas
1 huevo
1 cucharada de azúcar
90 g de mantequilla
150 ml de leche
100 g de harina
1 cucharada de levadura
aceite de oliva virgen extra
jalea de grosellas
hojas de menta

Elaboración

1. Coloca en un bol la harina, el azúcar, la levadura y 70 gramos de mantequilla fundida. Vierte la leche poco a poco mezclando bien para que no queden grumos. Añade el huevo y mezcla bien. Reserva la masa.
2. Pela las manzanas y córtalas en cuartos de luna. Pon el resto de la mantequilla en una sartén grande, agrega las manzanas y cocínalas a fuego suave durante 8-10 minutos.
3. Reparte las manzanas en 4 recipientes individuales. Vierte una cuarta parte de la masa encima de cada uno.
4. Unta la sartén con un poco de aceite. Vierte la mezcla de uno de los recipientes y deja que se cuaje un poco (puedes ayudarte de un molde). Dale la vuelta y retírala. Repite el proceso 3 veces más. Sirve y decora con la jalea de grosellas y con unas hojas de menta.

TRUFAS DE CHOCOLATE

Ingredientes // 4 personas

375 g de chocolate negro para postres
250 ml de nata líquida
2 nueces de mantequilla
1 chorrito de brandy
fideos de chocolate
cacao en polvo

Elaboración

1. Pon el chocolate y la mantequilla en un bol, y fúndelos al baño María o en el microondas. Mezcla bien.
2. Hierve la nata y déjala templar. Añade la nata al chocolate y mezcla bien. Vierte el brandy y mezcla hasta que quede una masa homogénea. Pasa la masa a una fuente baja y deja enfriar a temperatura ambiente durante 24 horas o enfríala en el frigorífico.
3. Pasado este tiempo, con ayuda de 2 cucharillas de postre, coloca porciones de masa sobre un plato limpio y redondéalas con las manos. A continuación pasa algunas por el cacao en polvo y otras por los fideos de chocolate. Colócalas sobre pequeñas cápsulas de papel y sirve.

Muchas veces se aconseja comer las trufas frías, pero lo mejor es consumirlas a temperatura ambiente. De esta forma se aprecian mucho mejor el sabor y la textura.

Pon el chocolate y la mantequilla en un bol, y fúndelos.

Añade la nata al chocolate y mezcla bien. Vierte el brandy y mezcla.

Con ayuda de dos cucharas de postre, coloca porciones de masa sobre un plato limpio y redondéalas con las manos.

TRUCOS Y CONSEJOS

A la hora de cocinar en casa es importante conocer algunos principios básicos que nos ayudarán a mejorar nuestros platos y, en muchos casos, ahorrando unos euros.

Lo más importante es comprar los productos en su temporada. Ahora, gracias a los invernaderos y la importación, tenemos casi de todo durante todo el año. Pero, por su abundancia, los productos en temporada son más baratos y también más frescos y sabrosos.

Tanto el frigorífico como el congelador son grandes aliados del cocinero. Gracias a su ayuda podemos conservar los alimentos más tiempo sin que pierdan sus cualidades nutricionales.

He recopilado una serie de consejos que quiero compartir y espero que te sean de utilidad.

CONSEJOS GENERALES

CALDOS

Para preparar una buena sopa hace falta tener un buen caldo, y hacer un buen caldo lleva tiempo. Las ollas a presión pueden ayudarte a reducir ese tiempo de preparación.

Los cuatro caldos básicos de la cocina son el de verduras, el de carne, el de ave y el de pescado. Dentro de estos preparados hay tantas variantes como cocineros.

Es recomendable poner la sal al final, es más fácil y así nos evitamos el riesgo del exceso.

A continuación te detallo sus ingredientes principales.

CALDO DE VERDURAS
Cebolla, zanahoria, puerro, judías verdes, sal y aceite. (Opcional: perejil, apio, cilantro, laurel, albahaca, romero, estragón, etc.)

CALDO DE CARNE
Zancarrón, hueso de caña, costilla, cebolla, zanahoria, puerro, perejil, pimienta y sal.

CALDO DE AVE
Esqueleto de pollo o gallina, un muslo de pollo, cebolla, zanahoria, puerro, perejil y sal.

CALDO DE PESCADO
Cabezas de pescados y esqueleto (rape, gallo, congrio, merluza), cebolla, zanahoria, puerro, perejil y sal.

También podemos encontrar…

- **Pasta de miso,** muy interesante para condimentar las sopas y caldos. La ventaja de utilizarla radica en que es un producto natural, ya que procede de la fermentación de diversos alimentos (arroz, soja, cebada…).
- **Dashinomoto:** es un granulado natural de pescado que se utiliza para dar sabor a caldos y salsas.

CREMAS DE HORTALIZAS

La variedad de cremas de hortalizas que podemos realizar es tan amplia como la imaginación del cocinero. En las cantidades, es cuestión de gusto y equilibrio.

Algunas reglas que conviene saber:

Lo que no deben llevar...

- Hortalizas amargas: como pimiento verde, berenjena, endibia, alcachofa, achicoria, borraja, cardo, acelga, espinaca (en todo caso, muy pocas).
- Hortalizas ácidas: no conviene añadirles mucho tomate, ni mucha cebolla, pues, aunque parecen muy dulces, el dulzor sólo aparece si están muy pochados.

Lo que deben llevar...

Calabaza de Castilla, calabacín (pelado), puerro, zanahoria, judías verdes, nabo (poco), patata, lechuga.

PURÉ DE PATATAS

Cuando vayas a hacer un puré de patatas, pela, casca y deja en remojo las patatas en un recipiente con agua durante 15 minutos por lo menos. De esta manera se le irá la fécula y cuando lo pases por el pasapurés no quedará gomoso.

VERDURAS

Lo primero que hay que hacer con las verduras frescas al llegar a casa es sacarlas de las bolsas o envoltorios de plástico que las contienen para que puedan respirar. Aunque existen excepciones como la patata, que debe conservarse en lugar fresco y oscuro, si las verduras y hortalizas se guardan a temperatura ambiente pierden agua y se ponen mustias en unas pocas horas, y sufren pérdidas considerables de vitaminas. Es por esto por lo que deben conservarse en la zona menos fría del frigorífico, es decir, en la parte inferior, durante un período que no debe exceder los 2-3 días.

Hay algunas verduras que durante su manipulación (pelado y cocción) ennegrecen.

HABAS

Si quieres que queden más verdes, hay que cocerlas durante 4 minutos (aproximadamente) en una cazuela con agua hirviendo, escurrirlas y cortarles la cocción introduciéndolas en un bol con agua fría y hielos. Después hay que cocinarlas como de costumbre (con patatas, jamón...).

ALCACHOFAS

Cuécelas con unas ramas de perejil, pues de esta manera quedarán más verdes. También se pueden cocer con unas gotas de limón.

ACELGA, BORRAJA Y CARDO

No sé por qué extraña razón estas verduras a veces ennegrecen y otras veces no. Para evitarlo, a medida que las vayas limpiando, coloca los trozos en un cuenco con agua y el zumo de medio limón. Cuécelas en abundante agua hirviendo con el zumo de otro medio limón y una pizca de sal.

TOMATE

Para usar el tomate en crudo o en guisos es mejor pelarlo.

Las pieles se pueden aprovechar para hacer una vinagreta.

Basta con triturarlas con un poco de aceite y sazonarlas. Es muy interesante para aliñar espárragos, ensaladas, macarrones cocidos...

Y si tienes ganas y fuerza, puedes ligar el resultado con una o dos yemas de huevo (como si fueras a hacer un alioli). Es perfecto para acompañar unas rebanadas de pan tostado con jamón.

Para la piel de un tomate hermoso, con medio vaso de aceite será suficiente.

LEGUMBRES

Las legumbres se mantienen en perfectas condiciones durante mucho tiempo, siempre que se almacenen en lugar fresco, seco y protegido de los insectos. Es preferible adquirirlas dentro de los 12 meses inmediatos a su recolección, ya que en este caso son más tiernas. Si son más viejas pierden bastante calidad, se dificulta su cocción y resultan más duras. Una vez abierto el envase, se deben mantener dentro de un recipiente herméticamente cerrado. De este modo se conservarán mejor. Además, si metemos unos dientes de ajo, no serán atacadas por el gorgojo, un parásito que se come el interior de las legumbres y las deja vacías. Una vez cocidas, se pueden conservar en el frigorífico durante varios días, siempre en recipientes herméticos.

Antes de cocinar, conviene ponerlas en remojo durante 8 horas por lo menos (excepto las lentejas).

Al cocinar, hay quien prefiere cambiarles el agua, pero no es necesario. En el caso de las alubias rojas, si quieres que no pierdan color es mejor ponerlas a cocer con el agua del remojo.

Cuando empiecen a hervir hay que retirarles la espuma blanca que sale a la superficie.

Las alubias y las lentejas se ponen a cocer con el agua fría, y a mitad de la cocción se añade un chorrito de agua fría para cortar el hervor. De esta manera, el caldo sale más espesito. La sal es mejor añadirla al final.

Los garbanzos se ponen a cocer en agua hirviendo y se les puede añadir sal desde el principio. Si durante la cocción necesitaran más agua, ésta tiene que estar en ebullición, si no se encallarán (quedarán duros).

PASTA

Conservar la pasta, una vez cocida, en el frigorífico es muy fácil. Aguanta 2-3 días en perfectas condiciones.

En el caso de macarrones, espaguetis, tallarines, etc., después de cocer la pasta, escurre, refresca y vuelve a escurrir. Colócala en un recipiente y riégala con un chorrito de aceite. Mézclala bien y tápala con film de cocina. Cuando la vayas a utilizar, enjuágala con agua caliente.

En el caso de canelones o lasaña, después de cocer las láminas, escurre, refresca y vuelve a escurrir. Para conservarlas en perfectas condiciones es importante que no se toquen entre sí. Para ello puedes alternar capas de pasta con trozos de film de cocina, y mantenerlas en el frigorífico hasta el momento de utilizarlas.

PESCADO

Al ir a comprar pescado hay que fijarse en los que estén en oferta o tengan un precio más asequible. Merece la pena que compres más cantidad de la habitual, ya que congelándolo bien aguanta perfectamente.

La frescura y la calidad son dos condiciones de gran importancia que hay que tener en cuenta en la compra del pescado. No dudes en preguntar en la pescadería por el origen del pescado y la fecha de captura.

Hay dos conceptos importantes que debemos observar cuando vayamos a comprar pescado fresco. Uno es el olor. Cuanto más olor a mar tiene el pescado, más fresco es; por el contrario, si es lige-

ramente agrio, debemos desecharlo. El segundo factor es la vista. Debemos fijarnos en la piel del pescado. Cuanto más tersa y brillante, mejor. Los ojos de la pieza deben estar negros, pero brillantes, y con la córnea transparente.

CARNE

Las carnes se conservan muy bien al vacío. Si por ahorrar compras una buena cantidad, seguro que tu carnicero estará encantado y te hará un buen precio. Pídele que te lo envase al vacío en raciones de 500 gramos aproximadamente. Cada vez son más los carniceros que pueden envasar el género de esta forma, así que no dudes en solicitárselo. No olvides indicar el nombre del producto y la fecha de congelación. Para descongelarla, lo mejor será hacerlo en el frigorífico.

Si te regalan un jamón ibérico, una buena solución es pedirle al carnicero que te lo deshuese, te lo corte en lonchas y algún taco y te lo envase al vacío en raciones de 150 gramos aproximadamente. Así podrás disfrutar de jamón fresco y jugoso durante varios meses. Para consumirlo en óptimas condiciones, conviene sacarlo media hora antes del frigorífico para que coja temperatura ambiente. También le puedes pedir que te dé el hueso troceado y congelarlo, envuelto en film de cocina. A los caldos y cocidos de legumbres les aporta un toque muy especial.

CARRILLERAS GUISADAS

Para limpiar bien las carrilleras (e incluso otros productos de casquería), lo mejor es lavarlas bien y después dejarlas en remojo en un recipiente grande lleno de agua con un chorro de vinagre. De esta manera se limpiarán de cualquier impureza o mancha de sangre que puedan tener.

Después de este paso, se pueden blanquear o freír.

Blanquear

Para blanquearlas, ponlas en una cazuela con agua hirviendo durante un par de minutos.

Después hay que cocerlas en la olla a presión con sus correspondientes verduras hasta que queden tiernas. Una vez cocidas hay que terminarlas en una salsa (española) que prepararemos con el caldo de cocción.

Freír

En este caso, después de tenerlas en remojo en el agua con vinagre, hay que secarlas muy bien (por-

que si no, al entrar en contacto con el aceite, salpicarán), pasarlas por harina y freírlas. No es necesario blanquearlas previamente, pero sí cocerlas con sus correspondientes verduras hasta que queden tiernas.

CONGELACIÓN

La congelación es una forma de conservar los alimentos muy práctica. Es muy importante tener el congelador limpio y sin escarcha, de esa forma nos aseguramos su buen funcionamiento. Prácticamente se pueden congelar todos los alimentos, pero no recomiendo congelar las patatas (quedan acartonadas), los huevos en crudo (se romperían al congelarse) y la pasta, a excepción de canelones y lasaña, ya cocinados.

En cuanto a los envases para el congelador, los rígidos son los más adecuados para alimentos que contengan salsas o los líquidos (caldos, sopas, etc.). Hay que tener en cuenta que cuando se congelan este tipo de comidas aumentan su volumen, por lo que no los llenaremos por completo. El papel de aluminio y el film de cocina también son muy apropiados para la congelación, al igual que las bolsas herméticas.

Antes de congelar cualquier alimento cocinado hay que dejarlo enfriar; después lo envasaremos, lo etiquetaremos y al congelador. De esta forma nos aseguramos un mejor congelado.

El etiquetado de los congelados es muy interesante, pues así sabremos de qué producto se trata y la fecha de congelación.

Para descongelar un producto antes de su consumo recomiendo sacarlo del congelador 24 horas antes y dejar que se descongele en el frigorífico.

HORTALIZAS

Hay que aprovechar para comprar las verduras cuando estén a buen precio, ya que es muy fácil congelarlas.

Haciéndolo bien, aguantan perfectamente la congelación.

Se pueden congelar tanto crudas como escaldadas. Esto es lo que se llama blanquear. Se trata de introducir durante un par de minutos las verduras frescas en agua hirviendo. A continuación, y rápidamente, se pasan por agua fría antes de congelarse.

La mayoría de las verduras y hortalizas se pueden congelar. A continuación te doy una breve lista de las más comunes.

JUDÍAS VERDES

Hay que limpiarlas, quitarles los hilos, cortarlas y escaldarlas en agua hirviendo durante 15 segundos. Para cortarles la cocción, pásalas a un bol con agua fría con hielo. Escúrrelas, guárdalas en bolsas holgadas para congelar y congélalas. Hay que cocinarlas sin descongelar, pues si se descongelan antes perderán tersura y color.

COLIFLOR

Sepárala en ramilletes. Escáldalos en agua hirviendo durante 15 segundos y enfríalos en un bol de agua fría con hielo. Escúrrelos, ponlos en bolsas especiales para congelar y congélalos. Cocínalos sin descongelar para que no pierdan tersura y color.

PUERROS
Primero hay que limpiarlos. Se pueden congelar enteros o picados. En cualquier caso, hay que utilizarlos sin descongelar.

ALCACHOFAS
Hay que limpiarlas bien y cocerlas durante 5 minutos aproximadamente en una cazuela con agua y unas ramas de perejil. Escúrrelas y congélalas en bolsas destinadas a ese fin. Para terminar su cocción, cuécelas sin descongelar.

PIMIENTOS
Los pimientos son un producto que admite bien la congelación. Para ello, límpialos y pícalos a tu gusto. Extiéndelos sobre una fuente grande y congélalos. Cuando estén congelados, pásalos a las bolsas y guárdalos en el congelador hasta el momento de utilizarlos.

En el momento de cocinarlos no hay que esperar a que se descongelen. Hay que tener cuidado porque seguramente tendrán una capita de hielo y, como ya sabes, el agua en contacto con el aceite salpica. Por si acaso, conviene tener una tapa cerca.

Los pimientos asados se pueden congelar y aguantan perfectamente. Una vez descongelados, quedan igual que recién hechos.

CEBOLLAS
Pica la cebolla a tu gusto. Congélala cruda puesta sobre una bandeja grande. Cuando esté congelada, pásala a las bolsas de congelación y guárdala en el congelador hasta el momento de darle uso.

Al cocinar hay que tener cuidado porque al entrar en contacto con el aceite salpicará. Si salpica demasiado, habrá que tapar la cazuela o la sartén hasta que el agua de la cebolla se evapore.

AJOS
Pica los ajos (como vayas a utilizarlos después). Igual que la cebolla y los pimientos, hay que congelarlos extendidos sobre una fuente o una bandeja. A continuación, introdúcelos en la bolsa de congelación y resérvalos en el congelador hasta el momento de su uso. Saca sólo la cantidad que vayas a utilizar.

Si guardas los ajos en aceite, matarás dos pájaros de un tiro: aceite aromatizado y ajos en conserva; por cierto, muy ricos, pero un poco más fuertes de sabor.

PEREJIL
Para congelarlo sólo tienes que picarlo y guardarlo en un recipiente herméticamente cerrado. En el momento de utilizarlo, rasca la parte de arriba con una cucharilla y saldrá la porción deseada (bien suelto). El resto se puede volver a guardar en el congelador porque aguanta muy bien.

LEGUMBRES

Cuando cocines legumbres aprovecha para hacer más cantidad para congelar porque con el mismo esfuerzo tendrás comida para otro día.

Es mejor congelar la legumbre sola, bien en raciones individuales, bien en raciones familiares. Conviene congelar los sacramentos (chorizo, morcilla...) por separado. Antes de juntarlos (legumbre y sacramentos), hay que descongelar todo bien.

Cuando la legumbre esté caliente, agrega los sacramentos. Si los incorporas antes, corres el peligro de que se deshagan las carnes.

También se puede utilizar el microondas para descongelar, sobre todo si se trata de raciones pequeñas.

Si hay que descongelar una gran cantidad de legumbres, es mejor sacarlas del congelador la víspera, colocarlas en el frigorífico y esperar a que se descongele del todo. Cuando las calientes, hazlo a fuego lento. Seguramente tendrás que agregar agua y rectificar el punto de sal.

ALUBIAS BLANCAS O POCHAS FRESCAS
En temporada de pochas blancas, hay que aprovechar la oportunidad para comprar una gran cantidad, ya que es un producto que aguanta perfectamente la congelación y no pierde nada.

En un buen congelador pueden aguantar fácilmente entre 8 y 12 meses. Lo mejor es colocarlas en bolsas herméticamente cerradas.

En el momento de consumirlas, hay que ponerlas a cocer sin descongelar. Si se descongelan quedarán blandas y perderán en presentación.

CALDOS

Los caldos aguantan muy bien la congelación, pero antes de hacerlo es recomendable colarlos.

Para que el caldo aguante perfectamente, viértelo (según la cantidad que vayas a usar) en bolsas especiales para hacer cubitos de hielo o para almacenar comida y congélalo.

En el momento de utilizarlo, saca del congelador sólo la cantidad que necesites. Tus salsas, arroces, sopas o guisos... ganarán mucho en sabor.

CREMAS Y SOPAS

Cremas

La crema de verduras aguanta bien la congelación.

Si al descongelarla parece que está cortada, puede deberse a que lleve muchas judías verdes o puerro, dos verduras que tienen mucha fibra y que provocan que el agua quede por un lado y la fibra por otro. Para ligar de nuevo la crema hay que colarla, ponerla a hervir y añadirle unos copos de puré de patatas. En el último momento hay que probarla y ponerla a punto de sal.

Sopa

La sopa admite perfectamente la congelación.

La de pescado es mejor congelarla sin los trozos de pescado porque después, al descongelarse, suelen quedar muy secos y rotos. Lo mejor es aprovecharlos en el momento para rellenar unos pimientos o para hacer una tortilla.

La sopa de fideos es mejor congelarla sin fideos. Al utilizarla, basta con agregar unos fideos finos en el momento en que empiece a hervir y cocerlos durante unos pocos minutos. Los fideos congelados se hinchan y pueden llegar a absorber demasiado caldo.

SALSAS

Casi todas las salsas se pueden congelar, aunque hay algunas excepciones.

Las que no se pueden congelar

- Mahonesa, porque se separa el aceite y se corta.
- Salsa pilpil, porque se separa el aceite de la gelatina y se corta.
- Vinagretas, porque no quedan bien.
- Nata sin cocinar, porque se corta.

Las que se pueden congelar

- Salsas de carne que sobren de los guisos.
- Salsas con nata en las que ésta haya hervido en su proceso de elaboración.
- Salsas de pescado, como la salsa verde o la salsa de chipirón.
- Salsas de tomate.
- Salsa de pimientos.
- Nata montada.
- Nata cruda: si tienes mucha cantidad y se te va a estropear, antes de congelarla hiérvela. Una vez descongelada sólo se podrá usar para cocinar.

Bechamel

Antes de meter la bechamel en el frigorífico, es conveniente dejarla enfriar a temperatura ambiente. Si la metes enseguida, no hará bien la reacción y no se pondrá dura para poder trabajarla adecuadamente.

Otras farsas para la bechamel

La salsa bechamel da mucho juego, ya que admite todo tipo de ingredientes:

- Bacalao: en este caso se incorporará el bacalao desmigado cuando la cebolla esté bien pochada.
- Setas: hay que cocinar las setas como para hacer un salteado. Puedes incorporarlas a la salsa bechamel cuando ésta ya lleve cociendo por lo menos 15 minutos.

• Gambas: hay que saltear 200 gramos de gambas (peladas y picadas) con un diente de ajo (picado finamente) y agregar el salteado a la bechamel cuando ésta ya lleve cociendo por lo menos 15 minutos.

• Queso: el queso rallado se agrega directamente a la bechamel a partir de que ésta lleve cociendo por lo menos 15 minutos.

• Otras posibilidades: también admite huevo cocido, carne cocida, pechuga de pollo o pescado (frito), todo bien picadito.

PASTA (LASAÑA/CANELONES)

La lasaña y los canelones se pueden congelar por raciones individuales o familiares, bien horneados o sin hornear.

Para descongelarlos, es preferible hacerlo en el horno (previamente calentado a 180 °C) durante 30-40 minutos.

Es un sistema práctico, ya que en un momento dado puede ahorrarnos mucho trabajo.

SETAS

Es importante que las setas destinadas a la congelación sean muy frescas (recién cogidas) y que estén muy sanas.

Para congelarlas crudas, hay que colocarlas bien extendidas en una placa. Cuando estén duras puedes introducirlas en bolsas especiales para congelar. Es importante que tengan la menor cantidad de aire posible. Hay que descongelarlas en el frigorífico y trocearlas antes de que se descongelen del todo, porque si no estarán muy blandas para manejarlas.

Si las vas a congelar cocinadas, será mejor no añadir ni ajo ni cebolla. Cuando las vayas a utilizar, descongélalas, caliéntalas en una sartén para quitarles el exceso de aceite (ya que durante la congelación absorben bastante) y prepara un sofrito de ajo y cebolla. El siguiente paso es mezclarlo todo (setas y sofrito) y cocinarlas como quieras (revuelto, tortilla…).

Una vez cocinadas, son ideales para añadir a guisos de hortalizas, de carne o de pescado.

PESCADO

En la conservación del pescado es muy importante que la piel no quede seca ni acartonada, ya que enseguida pierde calidad, color y brillo.

Para conservarlo en el frigorífico durante un par de días, primero hay que envolverlo con papel de cocina o un paño (humedecidos) y después con film de cocina. Además de mantenerse en perfectas condiciones, no desprenderá olor.

Para congelar el pescado en casa y que aguante por lo menos un mes sin perder ni en aspecto ni en sabor, conviene seguir las siguientes recomendaciones.

PIEZAS ENTERAS
Hay que congelarlas limpias de tripas y escamas. Si por su tamaño no entran en los cajones del congelador, hay que cortarlas por la mitad. Nunca hay que doblarlas, porque la fibra del pescado se rompe. Primero envuelve el pescado con papel de cocina humedecido y después con film de cocina. El papel húmedo hace que se forme una película de hielo sobre el pescado, que absorberá el golpe fuerte de frío, y así la piel sufrirá menos. Al descongelarlo nunca hay que hacerlo a temperatura ambiente, sino en el frigorífico, porque de esta manera el pescado no pierde la humedad.

PESCADO EN FILETES
Los filetes, al igual que las piezas enteras, antes de congelarlos hay que envolverlos con papel de cocina empapado en agua y después con film de cocina. Para descongelarlos, es mejor hacerlo en el frigorífico para que no se sequen ni pierdan humedad.

CARNE

PICADA
La carne picada también se puede congelar. Para que no se ponga oscura, congélala en cuanto llegues a casa, envolviéndola bien con film de cocina, etiquetándola y metiéndola al congelador.

ALBÓNDIGAS
Para congelar albóndigas hay que preparar la farsa, formar las bolitas y congelarlas extendidas (sin que se toquen) en una fuente grande. Una vez congeladas, se pueden envolver con film de cocina o bien colocarlas en envases destinados a la congelación. Eso sí, intentando siempre que les entre la menor cantidad de aire posible.

Cuando las vayas a utilizar, descongélalas un poco, pásalas por harina, fríelas e introdúcelas en la salsa que hayas preparado.

HAMBURGUESAS
Igual que en el caso de las albóndigas, lo primero que hay que hacer es la farsa, darles forma y congelarlas sin que se toquen. Después hay que envolverlas de manera que apenas les entre aire y meterlas en el congelador. Recuerda que es muy importante etiquetarlas indicando el nombre del producto y la fecha de congelación.

Cuando las vayas a utilizar es conveniente descongelarlas completamente en el frigorífico.

FILETES RUSOS
Sigue el mismo método que el utilizado para congelar las hamburguesas.

Cuando los vayas a usar, pásalos por huevo batido y pan rallado, y fríelos.

FARSA DE LASAÑA Y DE PASTEL DE CARNE CON PURÉ DE PATATAS
La farsa se prepara como se indica en la receta de lasaña de carne (veáse pág. 182). Lo mejor es repartir la farsa en raciones y congelarlas. De esta manera, cuando la vayas a descongelar, podrás sacar sólo la porción necesaria. Hay que descongelarla en el frigorífico.

GUISADA
Las carnes guisadas se pueden congelar y aguantan bien.

Hay que congelar la carne con su salsa, sin la guarnición (patatas, alcachofas, espárragos…). Ten en cuenta que al calentar el guiso después de descongelarlo, las verduras se rompen con mucha facilidad y el guiso puede quedar bastante feo.

Cuando lo descongeles, debes calentar primero la salsa, ya que después de haber pasado por el proceso de congelación suele quedar muy ligera. Por tanto, hay que volver a ligarla con un poco de harina de maíz diluida en agua fría, añadir la carne y dejar que se vaya calentando a fuego suave. Agrega las patatas o las verduras elegidas (cocidas) y pon a punto de sal. Nadie se dará cuenta de que no es un guiso recién hecho.

Y no olvides etiquetar correctamente indicando el producto y la fecha de congelación.

CALLOS Y MORROS

Estos productos se pueden congelar sin problema.

Cuando se vayan a utilizar, lo mejor es descongelarlos la víspera.

Al día siguiente, en el momento de calentar el plato, dale un hervor durante 4-5 minutos a fuego suave para que la salsa se ligue de nuevo.

Si ha perdido un poco de color, se le puede añadir algo de salsa de tomate.

CAZA

Para congelar cualquier animal de caza de pluma, primero hay que desplumarlo, eviscerarlo y quemarlo (un poco) superficialmente con un soplete o similar. Esto último se hace para crear una capa (barrera) con su propia grasa. Después hay que envolver bien con film de cocina (procurando que no entre nada de aire) y congelar.

Y para congelar cualquier animal de caza de pelo sólo es necesario que los trozos estén bien limpios y bien envueltos con film de cocina.

Para la congelación de platos de caza elaborados: si son de animales de pluma, es recomendable congelar las aves partidas por la mitad en un recipiente con cierre hermético. Para utilizarlos de nuevo hay que descongelarlos completamente en el frigorífico. En cuanto a los platos de animales de pelo, es importante congelarlos sin guarnición.

No hay que olvidar etiquetarlos indicando el nombre del producto y la fecha de congelación.

ÍNDICE DE RECETAS

ÍNDICE ALFABÉTICO